KB160428

16~17세기 조광조 추존사업과 정치세력의 동향

박 준 규

景仁文化社

책을 내면서

필자는 61세이던 2002년 11월 6일 대학수능시험을 보았다. 수능을 치루고 난 다음날 매스컴에서 대학수능시험 서울지역 최고령 응시자로 보도되었다. 이 보도를 접한 후 많은 사람들로부터 격려와 염려의 연락을 받았다. 대학수능시험을 본다는 것은 일반 학생들이라면 당연히 대학진학을 전제로 응시해야 하는 것이지만, 내 나이에 비하면 과연 합당한 선택이었는지 나로서도 당시의 판단에 의아해하고 있다.

그리고 그로부터 11년이 지난 2013년 2월 15일 필자는 문학박사 학위를 받았다. 그러나 그 기간 동안 필자는 언제나 좌불안석의 심리상태였다. 과연 필자가 자신의 실력과 건강으로 대학에서 무리 없이 수학修學할 수 있을까하는 불안한 생각이 계속 남아 있었기 때문이었다. 필자가 박사학위까지 도전한 것이 어쩌면 자신을 시험해 보고자 했던 일종의 만용은 아니었던지 돌이켜 보게 된다. 결국 만용의 결과가 한 권의 연구서로 나오게 된 것에 대하여 나의 가족과 주변 분들에게 송구스럽고 감사한 마음뿐이라는 것을 미리 밝혀 두고 싶다.

처음 필자가 대학 진학을 결심한 이유는, 후회를 하더라도 도전하는 것이 해보지도 않고 자족하는 편보다 나을 것이라는 판단에서였다. 그리하여 2003년 3월에 경기대학교 사회과학부에 입학하였고, 행정학과 사학을 복수 전공하였다.

당시 필자가 가장 힘들었던 것은 거주지였던 대전 유성에서 학교가 있는 수원까지 통학하는 일이었다. 통학에 소요되는 시간이 승용차로 왕복 3시간 이상, 대중교통으로는 왕복 6시간 정도였다. 학부생활 초기에는 승용차로 통학하였는데, 고속도로에서의 위험함을 가족들이 너무 염려하여 대중교통수단을 이용하게 되었다. 그런데 대중교통은 소요시간이 너무 많아 쉽게 지쳐버렸다. 게다가 복수전공을 하다 보니 이수 과목이 많아져 마침내 학교 기숙사로 들어가게 되었다. 환갑이 넘은 나이에 5학기 동안 젊은 학생들과 한방을 사용하면서 보냈던 기숙사 생활은 당시의 젊은 룸메이트들의 모습과 함께 추억의 한 장章이 되었지만, 쉽지만은 않았다.

길게만 느껴졌던 학부 4년이 지나고 학사학위를 수여받을 즈음 역사 공부에 대한 욕심이 생겼다. 마침 당시 사학과 이근수 교수님(현 경기대학교 명예교수)께서 조선시대 중종시기 개혁가 조광조를 연구해 보는 것이 어떻겠냐고 권유하셨다. 이 교수님께서는 조광조와 뜻을 같이 했던 기묘사림 이자李耔에 관한 연구를 하셨기 때문에, 나는 감사하게 그 뜻을 받아들였다. 그 권유가 바로 이 책이 나오게 된 직접적인 계기가 되었다.

조광조는 많은 사람들이 알고 있는 바와 같이 조선시대 중종시기 정치·사회개혁가였다. 그의 성리학적 이념과 개혁사상은 많은 사람들에 의하여 추승되고 있으나, 추존사업에 관한 내용은 잘 알려져 있지 않다. 따라서 필자는 이 책에서 조광조의 정치개혁이 중심이 되는 지치주의와 정치개혁·사회개혁사상과 함께 조광조가 사후 복권되는 과정과 문묘종사와 서원의 건립과 배향에 관하여, 그 과정과 구체적 내용을 좀 더 심도 있게 살펴보고자 하였다. 조광조의 사회개혁과 정치개혁, 그리고 그의 복권과 추존사업에 대한 필자의 연구가 미진 하지만, 미진한 부분이 많은 상태에서 연구 성과를 공개하는 것도 의미 있는 일이라 생각되어 출판을 하게 되었다. 여러 선학들의 따뜻한 가르침을 기다리겠다.

이순耳順이 넘은 나이에 늦깎이로 학문을 시작하였던 필자에게는 많은 어려움과 장애가 있었다. 그러한 어려움을 극복하는 데 너무나 많은 분들의 격려와 도움을 받았다. 특히 지금까지 본 연구를 시종일관 큰 격려와 지도를 통하여 초학자의 학문하는 기본자세를 알려주신 이근수(석사과정), 이재범(박사과정) 지도 교수님과 조병로, 박지훈, 남상호, 김기봉, 조성을, 박환 등 교수님께 깊은 사의를 표한다.

그리고 나의 가족들에 대하여 고마움과 미안함을 표시하지 않을 수 없다. 현재 필자는 대전 유성에서 삼대三代가 함께 살고 있다. 무엇보다도 먼저 아내 윤복순에게 감사함을 표한다. 은퇴를 하고 건강에 유의하여 할 나이에 새로운 시작을 단행한 필자에 대하여 새벽에 일어나 불평 한번 없이 뒷바라지를 해준 정말 고마운 사람이다. 그리고 대전에서 안과를 개원하고 있는 아들 용주는 경제적 지원과 격려를 잊지 않았다. 예쁘고 착한 우리 며느리 김희란도 뒷바라지 하느라 수고 많이 하였다. 손녀 지호는 필자가 수능 보던 해인 2002년에 태어나 많이 놀아 주지 못하여 좀 미안하지만 건강하고 예쁘게 잘 자라주어 고맙게 생각하며, 올해 초등학교 입학한 손자 현호 역시 건강하게 잘 자라주어 필자는 매우 행복하다. 사위 서강과 딸 진영은 서울에 학회가 있거나 발표회에 참석한 뒤 밤늦게 불쑥 찾아간 필자를 언제나 따뜻하게 격려하고 건강을 염려해 주었다. 특히 외손자 서형욱은 올해 고등학교에 입학했는데 건강하고 공부도 잘하여 필자를 즐겁게 해주었다. 더 욕심을 부린다면, 부모님과 형님 내외분이 계셨더라면 얼마나 좋았을까 하는 아쉬움이 남는다.

끝으로 부족한 원고를 하나의 책으로 출간하면서 여러모로 애써주신 경인문화사의 한정희 사장님과 신학태 부장님을 비롯해 관계자 여러분께도 감사의 뜻을 전한다.

2014년 3월   일
대전 유성 용산동에서
박 준 규

<목 차>

제1장 서 론

1. 문제제기

조선시대 정치사를 이해하는 데 조선전기 사림士林의 등장과 집권 과정은 매우 중요하다고 할 수 있다. 사림정치는 사림들이 여론의 주체로서 본인의 의사와 민중의 요구를 실천철학적 측면에서 현실 정치에 반영하고 투입하는 여론정치 내지는 언론정치라고 하는 특색을 지니고 있었다. 이렇게 여론을 중시하는 사림정치의 문화는 강력한 투입기능의 하나로서 상향적 소통수단의 하나인 상소제도上疏制度[1]를 키우고 발전시켰다.

특히 조광조를 비롯한 신하들이 군주에게 직언과 간언을 할 수 있었고, 조정이나 왕은 하위직 관료의 발언이라고 하여도 진지하고 치열하게 검토해 왕의 교서나 정책으로 받아들이고자 하는 원리였다.

---

[1] 上疏制度: 아랫사람의 실정이나 마음을 윗사람에게 소통시킨다는 의미이다. 따라서 원론적으로는 조선시대에 양반, 중인, 양인, 노비 등도 왕에게 상소를 할 수 있었다. 상소의 내용은 국가정책에 대한 건의, 인물에 대한 평가, 왕의 정치에 대한 질타 등 다양하였다. 조선시대의 경우 상소문은 왕에게 직접 올리는 것이 아니고 우선 승정원에 접수하도록 하였다. 승정원에서는 각종 상소문을 접수하여, 일단 왕에게 보고할 만한 내용인지 검토하여 보고 여부를 결정한다. 검토 결과 보고하기 적당하지 않다고 판단되면 상소를 올린 사람에게 반환하였다.

그리고 그 원리를 살아 있는 제도로 활용할 수 있었던 인적자원인 성리학으로 무장된 사림들이 존재하였다. 이러한 원리와 장치, 그리고 그것을 운영하였던 사림들이 바로 조선시대를 만든 역사적 기반이 되었다고 할 수 있을 것이다.

조선시대 사림정치가 본 궤도에 오르기 시작한 시기는 대략 초기의 제도적 안정이 사림들의 사회개혁을 통하여 그 활력을 얻게 되는 16세기 초·중반에 해당한다. 이 시기는 중종이 즉위한 이후로 그 기본이 되는 사상의 하나가 조광조의 지치주의至治主義[2]라고 할 수 있을 것이다. 중종中宗 전반기에 이루어진 제반 개혁정치 대부분에는 조광조가 관련되어 있으며, 그가 주도한 것이 많았다. 또한 성리학의 정치이념에 의한 조광조의 사회개혁은 성리학이 조선시대의 지배이념으로 체계화되어 본격적인 사림정치가 시행되는 데 있어 그 밑바탕이 되었다.

조광조는 34세가 되던 1515년(중종 10) 8월에 과거에 급제하여 관직에 진출 하여, 38세이던 1519년 11월에 일어난 기묘사화로 희생되었다. 실제로 그가 공직으로 활동한 기간은 만 4년 정도에 지나지 않았다. 역사상 특별히 기억될만한 업적을 이룩하기에는 그의 나이가 젊은 편이었고, 또 관직에서의 경력도 짧았다. 그러나 이 4년 동안 조광조는 당시 조선에서 가장 중요한 인물로 인정받았을 뿐만 아니라 세조와 연산군을 거치면서 퇴색되었던 성리학 이념을 다시금 확립하는 데 결정적인 역할을 하였다.

조광조의 정치사상과 사회개혁에 관해서는 다방면에서 선학들의

---

2) 玄相允, 『朝鮮儒學史』, 玄音社, 1982, pp. 47~49 참조. 지치주의 관해서는 현상윤의 연구에 따르면, 지치주의의 영수이며 대표자는 조광조이다. 조광조와 至治主義 학파의 주장과 특색은 文章이나 理論에도 있지 아니하고, 孔孟의 사상과 道를 정치나 경제나 敎化에 실제로 現實시킴에 있다고 하였다.

연구 성과가 있었는데,[3] 이에 관한 연구동향은 몇 가지 유형으로 분류해 볼 수 있다. 첫째, 그의 정치이념이나 사상적 기반을 중심으로 조명해 본 것이다. 군주는 반드시 현군이 되어야 하며, 대신은 군왕이 조정을 원만하게 운영할 수 있도록 보필하는 존재이고, 그 가운데에선 대간은 군왕의 이목을 밝아지게 하여 올바른 정치를 할 수 있게 한다는 정치사상과 관계된 연구가 있다.[4] 다음으로 도학정치의 철학적 기반을 고찰하고 그 기반위에서 전개된 정치사상을 한국정치사상 사적 측면에서 분석한 연구도 있다.[5] 그밖에 언론활동과 언론관에 대

---

3) 靜庵 趙光祖에 관해서는 다음과 같은 연구 성과가 있다.

이홍두, 「靜菴 趙光祖 政治改革硏究」, 弘益大學校 博士論文, 1985.

吳鍾逸, 「趙光祖의 道學思想硏究」, 成均館大 大學院 碩士論文, 1974.

李在淑, 「趙光祖의 改革思想硏究」, 梨花女大 大學院 碩士論文, 1975.

李相洙, 「靜庵 趙光祖의 政治思想硏究」, 延世大 敎育大學院 碩士論文, 1979.

金鎬城, 「靜庵 趙光祖의 政治思想論攷」『論文集』15, 서울敎大論文集, 1982.

林起煥, 「靜庵 趙光祖의 政治思想硏究」, 慶熙大 大學院 碩士論文, 1982.

金容郁, 「改革思想과 政治體制-靜庵思想을 中心으로-」『현대사회』83 봄호, 현대사회 연구소, 1983.

徐在日, 「靜庵 趙光祖의 言論觀」『湖南文化硏究』13, 全南大 湖南文化硏究所, 1983.

孫文鎬, 「靜庵 趙光祖의 政治思想硏究-士林派의 成長과 關聯하여-」, 서울大 碩士論文, 1983.

金丁鎭, 「靜庵 趙光祖의 道學思想과 春秋義理精神」『韓國의 哲學』14, 慶北大 退溪硏究所, 1986.

金鍾敏, 「靜庵 趙光祖의 至治思想硏究」, 高麗大 大學院 碩士論文, 1986.

李鍾浩, 「靜庵의 言論思想硏究」, 延世大 行政大學院 碩士論文, 1986.

曺昇鎬, 「靜庵 趙光祖의 改革政治硏究」『江原史學』6, 江原史學會, 1990, p. 38 참조.

정두희, 『조광조』, 아카넷, 2000.

4) 金光哲, 「靜庵 趙光祖의 政治思想」『釜山史學』7, 釜山史學會, 1983.

한 연구,[6] 기묘사림의 정치세력으로서의 성장과정과 이들의 출신배경과의 상관관계에 대해 분석한 연구,[7] 지치주의와 개혁사상에 관한 연구,[8] 성리학적 원리에 따라 도덕정치를 실현하고자 한 조광조의 정치구상을 분석한 연구,[9] 등 조광조가 우리나라 도학사道學史[10]의 초기에 위치하여 그가 어떻게 사색하였으며 또한 실천하고자 했는가와 관련된 연구[11] 등이 있다.

그러나 이 같은 많은 성과들에도 불구하고 기존의 연구만으로는 미흡한 부분들이 있다. 그의 성리학적 이념과 개혁사상은 많은 사람들에 의하여 추숭되고 있으나, 추존사업에 관한 내용은 잘 알려져 있지 않다. 따라서 본 연구에서는 조광조의 정치개혁의 중심이 되는 지치주의와 개혁사상과 함께 조광조가 사후 복권되는 과정과 문묘종사와 서원의 건립과 배향에 관하여 좀 더 심도 있게 구체적 내용을 살펴보고자 하였다.

조광조는 과거제도 등을 단행한 개혁적인 정치가로 평가되고 있지만, 한편으로는 기묘사화가 일어날 수밖에 없는 원인을 제공한 사람

---

5) 金鎬城,「靜庵 趙光祖의 政治思想論攷」『論文集』 15, 서울敎大論文集, 1982.
6) 徐在日, 위의 논문, 1983.
7) 宋雄燮,「中宗代 己卯士林의 構成과 出身背景」『韓國史論』 45, 2001.
8) 李振杓,「趙光祖의 治至主義 改革思想」『釜山史學』 7, 釜山史學會, 1983.
9) 최병덕,「靜庵 趙光祖의 政治認識과 道學的 政治構想」『慶北大學校』 10, 國際政治研究, 2007.
10) 金基鉉,「趙靜庵의 道學觀」, 高麗大 碩士論文 1983. 김기현의 연구에 따르면, "道學"이란 말은 흔히 우리가 "道"라고 할 때 이는 人道를 지칭한다. 그러나 인도는 개별로 존립하는 것이 아니요, 인간 주체인 나 자신이 어떻게 이를 体得하느냐 하는 것이요 이러한 체득의 이상적 목표는 天道와 合一하는 경지로 볼 수 있을 것이다. 인도는 천도에 까지 나갈 수 있는 가능성을 지닌다. 따라서 도학이란 인도를 배워서 실천하는 것이다. p. 12. 참조.
11) 金基鉉, 위의 논문, 1983.

으로 인식되었다. 조광조의 정치활동에서 폐비 신씨의 복권을 주장한 박상과 김정을 옹호하고, 문종의 비이자 단종의 어머니였던 현덕왕후의 복권을 주장하였으며, 정몽주와 김굉필을 문묘에 종사하고 소격서를 폐지하자고 주장했던 것은 상대적으로 소홀하게 취급되었다. 이 문제를 좀 더 깊이 있게 살피고 아울러 현량과의 실시 배경과 기묘사화의 전개 과정을 객관적인 입장에서 검토할 필요가 있다고 생각한다.

그동안 조광조의 정치사상과 개혁정치에 관해서는 많은 연구가 있었다. 그러나 조광조의 문묘종사와 서원배향, 서원창건 과정에서 창건주도 세력과 인물·시기·배향인물과의 관계·지역 분포 등에 대한 부분은 상대적으로 미흡한 부분이 많았다.

따라서 이 책에서는 조광조가 제시한 지치주의에 의한 사회개혁, 즉 도학적 정신의 통치이념으로서의 유학이 조선조 사회의 사회적 기반 속으로 깊이 정착될 수 있게 하였던 점에 착안하여 보다 심층적인 연구를 해 보고자 한다. 즉 16세기 더 나아가 조선 전기의 사림정치 역사를 이해하는 데 조광조의 역할에 대해 보다 명확하게 파악할 것이다.

본고를 전개함에 있어서 조광조의 제도개혁정치와 사회개혁은 어떤 과정을 통하여 실시하였으며, 그 결과는 어떠하였는지, 현대적인 의미는 무엇인지에 대해 고찰하려고 한다. 따라서 먼저 조광조의 출신과 가계 및 사승관계와 교우관계를 살펴보고 조광조의 정치활동과 사회개혁 내용 등을 살펴볼 것이다.

마지막으로 조광조 사후에 추존사업으로 이루어진 그의 복권논의 과정과 문묘종사 논의 과정을 살펴보고, 조광조의 입향서원 건립의 주도세력과 시기별·지역별·배향인물 등에 대하여 차례로 고찰하고자 한다.

2. 연구사 정리 및 연구방법

조광조는 1515년(중종 10) 8월 34세의 나이로 문과에 급제하여 관직에 진출하였다. 그는 관직에 나아간 직후부터 그릇된 이념과 잘못된 현실을 바로잡으려고 노력하였다. 세조의 찬탈이나 연산군의 학정 및 중종반정 이후의 파행적인 정국도 모두 공자의 가르침을 실천하지 않은 왕과 신료들의 잘못 때문이라고 진단하였다. 그는 성현들의 가르침을 배우고, 배운 대로 실천하는 본보기를 위에서부터 보여 주어야만 한다고 주장하였다. 당시 조선왕조 지배층이 도덕적인 각성을 촉구하였으며, 조선 왕조가 지향해야 할 유교 이념의 방향을 재확립하려고 노력하였다. 그런 의미에서 조광조는 조선 왕조의 정치사와 사상사에서 매우 중요한 위치를 차지하는 인물이었다.

조광조는 1515년 관직에 진출한 후 1519년 기묘사화때 죽었다. 따라서 정치적 활동은 4년에 불과 했다. 관직에 나가기 전 조광조의 어린 시절이나 청년 시절을 알려 줄만한 사료는 거의 없다. 그에 관련된 사료는 모두 중종 10년에서 중종 14년 말까지의 4년간에 집중되어 있다. 이러한 사료의 부족으로 인해서 조광조의 평가는 업적을 높이 찬양하는가 하면, 한편에서는 그를 상대적으로 낮게 평가한다.

조광조에 대한 기존의 평가를 보면 다음과 같다. 김기현은 조광조를 "실천적 도학자로 규정"하고, "정암이 단순히 일개의 정치가였다면 모르거니와 그는 도학자요 선비로서, 비록 짧은 정치적 생명 속에서나마 자신을 유감없이 발휘했다"고 높이 평가하였다.[12] 유명종은 "조광조의 간절한 지치주의도 끝내 성공하지 못하였다. 이상과 현실 사이가 엄청난 것을 정밀하게 살피지 못한 것이 아닐까"[13]라고 하면서

---

12) 金基鉉, 「조정암의 도학관」 『민족문화연구』 14, 고려대 민족문화연구소, 1979. pp. 196~197 참조.

도, "정암의 철저한 애민사상"은 훗날 율곡 이이에게 이어진다고 하여 조광조의 사상적 가치를 높이 평가하였다.[14]

그리고 북한의 정성철은 "조광조의 사상은 그 후의 철학 사상에 적지 않은 영향을 주었다. 그의 사상은 정통적 주자 성리학자들에 의하여 계승되었으나 그의 사회정치 사상은 16세기 철학자 이이를 거쳐 실학파 인물들에게까지 영향을 주었다"[15]고 긍정적인 평가를 하였다. 그리고 황의동은 "정암의 도학 사상은 한국 유학의 의리적 특성이 발휘된 것이라고 할 수 있고, 이는 역사적으로 연산군 시대의 불의와 비리에 대한 철저한 반성과 자각의 소산이라 할 수 있다. 의리적 가치를 위해 목숨까지 바칠 수 있는 도학적 삶의 물줄기는 시대에 따라 정의의 수호자로 진리의 화신으로 의병의 충절로 다양하게 드러났던 것이다"[16]라고까지 말하였다.

대체로 한국의 유학 사상을 연구하는 학자들이 이처럼 조광조를 높이 평가한 데 반하여 이 시대를 연구하는 역사학자들의 평가는 매우 달랐다. 신석호는 "조광조 등 소위 기묘사류가 주자학, 즉 성리학으로써 하나의 당파를 형성하여 성리학 이외의 학문은 학문으로 인정하지 않고, 그 동안 매우 번성하고 장려된 사장학을 배척했기 때문에 사장에 뛰어난 소위 사장가와 대립하여 일어난 것"이 기묘사화였다고 하면서, "『조선왕조실록朝鮮王朝實錄』에 의해서 당시의 실정을 조사해 보면 남곤南袞 일파만을 공격할 수 없고, 조광조 등에도 많은 결함이 있음을 인정해야 한다"고 주장하였다.[17]

---

13) 유명종, 『한국사상사』, 이문출판사, 1985. 제4판(초판 1981년). p. 272 참조.
14) 유명종, 위의 책, p. 274 참조.
15) 정성철, 『조선철학사-이조 편』, 도서출판 좋은 책, 1988.(원본: 과학백과사전출판사, 1987). 이 책의 간단한 書誌에 대해서는 1988년판의 「편집자 서문」을 참조.
16) 황의동, 『한국의 유학 사상』, 서광사, 1995. p. 97 참조.

조광조 사후 조선의 유학자들이 모두 그를 높이 평가하고 남곤을
비롯한 그 반대파들을 나쁘게 평가한 것에 비해 신석호는 조광조에게
도 상당한 잘못이 있다고 보았던 것이다. 이상백 또한 이 문제에 대
하여 조광조의 잘못을 크게 부각시켰다. 이상백은 조광조와 그의 추
종자들에 대하여 다음과 같이 평하였다.

> 이들은 대개 30대의 소장으로서 자임과 자신이 만만하여 왕도정치가 곧
> 목전에 닥쳐올 것을 기대하여 그 수단이 과격·졸렬하리만큼 급진적이어서 갈
> 수록 보수파의 의심과 질투와 증오를 사게 되었다. 또 이들은 성리학에 의거
> 하여 철인 군주의 이론을 왕에게 역설하였으나 이상주의에 치우친 감이 있고,
> 심지어는 왕에게 강박에 가까운 행위까지 서슴지 않았으며, 또 소인·군자의
> 변을 반복하는 나머지 남곤·심정 등 기성 귀족들을 소인으로 지목하여 마찰
> 을 일으키는 등 그 저돌적인 의욕은 도리어 역효과를 가져오게 하였다.[18]

이상백은 조광조의 업적 중에서 볼 만한 것이 없었던 것은 아니지
만, 너무나 이상주의적이고 배타적이었으며, 저돌적이어서 실패는 불
가피했다는 것이다.

한편 조선 초기의 사화를 집중적으로 연구했던 와그너Edward
Wagner는 조광조가 삼사를 거점으로 하여 간쟁을 무기로 삼아 권력
을 장악했다고 하면서 다음과 같이 말하였다.

> (조광조 세력은) 붕당을 형성하였으며 공통의 이념, 공통의 이상, 공통의

---

17) 신석호, 「己卯士禍의 由來에 관한 一考察」. 이 논문은 원래 1935년에 『青丘
學叢』 20輯에 발표된 것이나, 『신석호전집』(신서원, 1996)에 재수록 되었다.
여기서는 1996년의 것을 참고하여 인용하였다.
18) 이상백, 『한국사: 근세조선 전기편』, 진단학회, 1962. pp. 547~548 참조.

개혁안 그리고 그들과 의견을 달리하는 사람들에 대해서는 배척하는 공통적인 자세로써 더욱 공고히 결속하였습니다. 그들은 국가 운영 과정에서 다른 사람들에게 끼어들 수 있는 기회와 권리를 전혀 주지 않았으며, 따라서 (조광조 일파의 국왕일 뿐만 아니라 동시에 또 다른 정치적 특권 집단의 국왕이기도 한) 중종으로서는 결국 조광조 일파에 대한 숙청을 승인하지 않을 수 없었습니다.[19]

즉 조광조 세력이 결국 당파를 형성하였으며, 그와 반대되는 세력에 대해 지나치게 가혹한 비판을 가했을 뿐 아니라 중종에게도 지나친 압력을 가했기 때문에 그 실각이 불가피 했다는 것이다. 정치란 어느 선에서 타협과 절충이 이루어져야 한다. 그러나 조광조는 이것을 윤리적인 선악의 개념으로 몰고 갔기 때문에 정면충돌을 피할 길이 없었다는 것이다. 와그너도 이상백과 같은 입장에서 조광조를 평가하고 있었던 것이다.

이처럼 조광조에 대한 평가가 엇갈리는 것은 무엇 때문일까? 한국 유학을 연구하는 학자들은 조광조의 사상을 연구함에 있어 그가 직면했던 정치적 현실을 충분히 고려하지 않았고, 역사학자들은 조광조의 정치활동의 현상만을 보고 그 현상의 역사적 배경을 소홀하게 여겼기 때문이다. 4년에 걸친 정치활동은 유교 이념을 떠나서 생각할 수 없으며, 동시에 당시의 정치와 떼어 놓고 생각할 수도 없다. 그리고 세

---

19) 와그너Edward Wagner, 「政治史的 立場에서 본 李朝 士禍의 性格」『歷史學報』 85, 1980. p. 155. 와그너의 견해는 자신의 논문 *The Recommendation Examination of 1519: Its Place in Early Yi Dynasty History*, 『朝鮮學報』 15, 1960, pp. 42~44, 46~47에도 잘 나타나 있다. 또한 그의 저서, *The Literati Purges; Political Conflict in Early Yi Korea*(Cambridge, MA: East Asian Research Center, Harvard University Press, 1974). pp. 119~120을 보아도 조광조와 그 개혁의 성격과 그것이 미친 부정적인 영향에 대한 그의 견해를 잘 알 수 있다.

조의 찬탈, 연산군의 전제와 학정, 중종반정과 같은 수십 년 동안 쌓여 온 조선 왕조의 파행적 정치사를 염두에 두지 않고 조광조의 생애와 사상을 언급할 수는 없다. 그런 의미에서 조광조에 대한 평가가 이처럼 엇갈리는 것은 그에 대한 연구 자체가 대단히 미흡한 데 따른 것이라고 밖에 생각할 수 없다.

그러나 이러한 평가를 통하여 당시에 일어났던 사화를 다른 관점에서 보아야 할 필요성을 알게 되었을 뿐만 아니라, 조선 왕조의 역사에서 중종대의 역사가 차지하는 중요성을 발견하게 되었다. 조광조의 연구업적에 대한 효용성을 인정한다면 기존의 연구나 평가도 새롭게 검토해 볼 여지가 충분하다고 생각하게 되었다. 중요한 것은 비록 4년이라고는 하지만 조광조가 조선 왕조에 끼친 영향은 실로 컸다는 점이다.

그는 관료로서의 경험도 부족했으며 나이도 어렸고, 또 재임 기간도 짧았다. 그런데도 그 4년간 조선 왕조의 정치는 그가 앞장 서 이끌었다고까지 말할 수 있다. 유교적 왕조 체제에서 권력의 기반도 거의 없었던 조광조가 어떻게 왕과 대신들을 압도하면서 자신의 정치적 구상을 그처럼 강력하게 추진해 나갈 수 있었을까?

조광조는 관직에 나아간 직후부터 성현들의 가르침을 배운 그대로 실천해야만 나라를 바로 세울 수 있다고 주장하였다. 젊은 조광조의 이러한 활동은 커다란 반향을 불러일으켰고 그에 따라 그의 영향력도 확대되었다. 그는 권력을 행사할 수 있는 위치에 있지는 않았지만 나라의 도덕적 상징처럼 인식되었다. 이에 따라 반대파들도 함부로 그에 반대하는 생각을 드러낼 수 없었다. 조광조의 발언이 결과적으로 그들에게 불리하게 작용하더라도 이는 이해관계를 떠나 유교적 원칙을 강조하는 것으로 보였기 때문이다.

그러나 1518년(중종 13) 11월 조광조가 사헌부의 대사헌이 되자 사정이 달라졌다.[20] 이전에는 주로 홍문관원으로 활약하였지만, 대사헌이 된 이후에는 현실 정치에 직접 개입해야만 하였다. 대사헌 이라는 직책상 그는 중요 관리들의 비행을 고발하고 탄핵해야만 했다. 그러나 조광조가 이끄는 대간에 의해 탄핵된 사람들의 눈에 조광조는 더 이상 도덕적 상징이 아니라 그것을 내세워 자신들을 권력에서 내몰려는 것으로 비쳤다. 따라서 이들의 반발은 거셀 수밖에 없었다. 그럴수록 조광조는 더욱 강하게 나갈 수밖에 없었다.

조광조는 도덕적 각성을 촉구하는 것만으로는 난국을 해결할 수 없었다. 흠이 있는 사람은 물러나게 하고 새로운 정치를 펴기 위해서는 과거제를 개혁하여 새로운 사람들을 등용시켜야 한다고 믿었다. 조광조 세력과 그 반대세력은 이념적 논쟁을 통해서가 아니라 힘으로 맞부딪치게 되었다. 이 싸움에서 조광조는 패배하였다.

조광조는 왕조의 도덕적인 교사와 현실 정치가라고 하는, 성격이 전혀 다른 두 모습을 동시에 지닌 인물이었다. 이 도덕과 정치는 결코 완전하게 일치할 수 없었다. 따라서 대립과 갈등은 불가피하였다. 조광조 역시 학문적 이상과 정치적 현실 사이에서 심각한 갈등을 겪어야만 했다. 그러므로 조광조를 새롭게 이해하기 위해서는 이러한 관점에서 그의 활동을 체계적으로 고찰해보아야 한다고 생각한다.

또한 조광조의 역할에서 정몽주와 김굉필의 문묘종사를 주장했던 것은 상대적으로 소홀하게 취급되었다. 이 문제를 좀 더 깊이 있게 살피고자 한다. 조광조라는 한 인물을 통하여 조선 시대에 진정으로 학문과 정치는 일치할 수 있었던 가라는 문제를 성찰해 볼 수 있을 것으로 기대한다. 이 문제는 결국 조선 왕조 엘리트 사회의 구조와 성격, 더 나아가서는 국가 체제의 성격을 이해하는 데에도 일정한 기여를 할 수 있다고 생각한다. 그러므로 본고에서 추구하는 이러한 문

---

20)『中宗實錄』34권, 중종 13년 11월 21일 丁巳條.

제의식 속에서 만난 조광조의 모습을 통하여 조선 왕조의 역사가 또 다른 관점에서 이해되는 계기가 될 것이다.

사실 본고에서는 조광조를 조선의 사상사나 정치사의 일부로서만이 아닌 한 사람의 인간으로서 이해하고자 노력하였다. 그러나 너무나 잘 알려져 있으면서도 그의 사생활을 알 수 있는 단서는 거의 없는 것이나 다름없다. 조광조의 어린 시절에 대해서나 그의 교우 관계나 가족 관계에 대해서도 접근하기가 거의 불가능할 정도였다.[21] 조광조의 사적 생활을 제대로 알 수 있다면 그의 공적 생활을 이해하는 데도 큰 도움이 될 것이다. 하지만 실상은 그렇지 못하였다. 거기에 더하여 그의 공적 활동이란 것도 무척 짧았다. 심각한 논란의 여지가 많았기 때문에 조광조라는 사람을 이해하기는 더욱 어려웠다. 아마 이런 점들이 조광조에 대한 연구가 부진했던 이유가 되었을 것이다.

또 조광조에 관한 시비의 평가가 여전히 중요 관심사로 등장하는 이유가 아닌가 생각한다. 조광조라는 한 사람의 내면세계에 깊이 들어가고 싶었지만, 사상사나 인물사에 대한 여러 가지 지식의 한계가 있어 더 이상 발전 된 글을 보이지 못한 점 아쉽게 생각하면서, 위에 제시한 문제들을 연구의 초점을 맞추어 진행하고자 한다.

---

21) 강주진, 『조정암의 생애와 사상』(박영문고 205), 박영사, 1979, 이 책은 비교적 자세하게 조광조의 일대기를 기록했지만, 여기서도 그의 어린 시절이라든가 그 밖의 사생활 등이 달리 밝혀진 것이 없다. 그만큼 이 부분에 관한 자료가 없기 때문이다.

제2장 생애와 활동

1. 출신과 등용과정

가. 가계

조광조는 1482년(성종 13) 8월 10일 한성에서 태어났다. 아버지는
원강元綱이며 어머니는 여흥민씨驪興閔氏로 의誼의 딸이다. 조광조의
자는 효직孝直, 호는 정암靜庵, 시호는 문정공文正公이다. 문정이라는
시호는 '도덕이 있고 학식이 넓으며 올바른 도리를 행한다'는 뜻이다.
문묘에 종사되었다.

조광조의 본관은 한양漢陽으로[1] 시조 조지수趙之壽는 본래 한양인

---

1) 〈표 1〉『萬姓大同譜』參照. 漢陽 趙氏 世系譜는 다음과 같다.

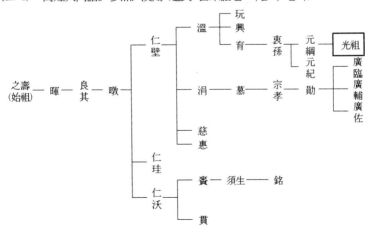

으로 고려 중엽에 고려조순대부·첨의중서사 였으나 함경도 용률龍律로 이거하여 동북면東北面의 토호로서의 기반을 구축하였다. 2대 휘暉는 몽고가 화주에 설치한 쌍성총관부의 총관이 되었으며 이는 대대로 습작 되었다. 3대 양기良琪는 13세 때 습작으로 총관이 되고, 1281년(충렬왕 7)에 부원수로서 김방경金方慶을 따라 일본정벌군으로 갔다가 군사를 온전히 해서 돌아왔다. 또한 나이 21세때 합단哈丹을 토벌하고 사로잡아 원제元帝에게 바치니, 원 세조가 '장하다'고 칭찬하고 비단 도포와 옥띠를 주었다.[2]

4대 돈暾은 쌍성 수복에 공을 세워 중앙관직에 진출하게 되었다. 홍건적을 격파하여 일등공신에 올랐으며, 예의판서로 검교 밀직부사를 겸하였으며 용성군龍城君에 봉封해 졌다. 이리하여 돈은 고려후기의 전형적인 무인세력으로 성장하였다.[3]

5대 인벽仁璧, 인옥仁沃은 부친 돈과 더불어 공민왕대에 쌍성 수복의 수훈을 세웠다. 이후에도 여러 차례 전공을 세워 선조의 기반 위에서 막강한 무장의 지위를 확보하고 있었다. 그러나 조씨가문은 동북면의 토호적 기반이었다는 점에서 당시 중앙정부에 진출하여 유력한 가문으로 성장하기에는 여러 차례 힘겨운 과정을 겪었을 것이다. 당시의 여건은 지방에서 중앙으로 진출하는 것이 쉽지 않았을 것으로 생각되기 때문이다.

따라서 인벽·인옥은 같은 동북면의 토호세력인 이성계가와 연결을 가지면서 가문의 세력을 보다 확장시키고, 나아가 조선 개창에도 공훈을 세우게 된다. 인벽은 위화도 회군에 참여하여 공신에 봉해지고, 수차례에 걸친 왜구 토벌과정에서 공을 세워 유력한 무장세력으로 성장하였다. 또 그는 이성계와는 매서妹壻로서 이씨가와 밀착되어

---

2) 『靜菴文集』 부록 권5, 年譜.
3) 『高麗史』 열전 권111, 趙暾·仁沃條.

이성계의 막강한 무력 후원자가 된다. 인벽의 동생 인옥 역시 위화도 회군에 참여했다. 또한 정도전鄭道傳·조준趙俊 등과 더불어 척불숭유·전제田制개혁을 적극 지지하여 신진세력이 기반을 구축하는 데 중심 인물로 활약하였다. 그리하여 조선건국 후 개국공신 일등에 책봉되었다.[4)

인벽의 아들 온溫도 개국2등 공신에 책록되었다. 1·2차 왕자의 난 때는 태종을 도와 정사공신·좌명공신에 올랐으며, 인벽의 2자 연涓도 개국공신에 책봉 되었다.[5) 이처럼 한양 조씨가는 이성계가와 혈맹 관계를 유지하고 상보적인 세력을 이루면서 조선개국의 중요 세력이 되었다. 또 건국 초기의 정치적 진통 과정에서도 거듭 공신에 책봉되어 조선초에 가장 많은 공신을 배출한 가문의 하나로 그 성세가 대단하였다.

여기서 주목해야 할 부분은 한양 조씨가가 언제부터 경성京城과 기내畿內에 세력 기반을 확보 했는가 이다. 돈과 인벽때만 해도 동북면에 근거하였으나[6) 온과 연때에 이르러서는 한양사족으로 그 위치를 확고하게 정립하였던 것 같다. 즉 누대累代에 걸친 공신 책봉으로 한양 조씨 일가는 공신에 지급된 막대한 공신전과 과전 등을 통해 경기도내에 경제적 기반을 확보 하였던 것으로 보인다.[7)

---

4) 『太祖實錄』권10, 太祖 5년 10월 己巳條.
5) 『太祖實錄』권14, 太祖 7년 5월 甲戌條.
　『世宗實錄』권46, 世宗 11년 10월 甲申條.
6) 『高麗史』열전 권111, 趙暾·仁沃條. 暾은 동북면 龍律로 은퇴하였고, 仁璧도 襄陽으로 退去 하여 말년을 보냈다. 이것은 아직까지 東北面에 자기 기반을 둔 것을 뜻한다.
7) 許興植, 「趙溫定社功臣錄券所在」 『韓國中世社會史資料集』 參照. 趙溫의 定社功臣錄券을 보면 그가 賜給받은 田畓은 대개 楊洲, 坡州, 廣州, 利川, 江華, 水原 등 주로 京畿道에 해당되는 것을 알 수 있다. 특히 楊洲, 坡州, 廣州지역에 많은 土地가 분급됨을 볼 수 있는데 대개 이 地域을 중심으로

선조의 토지를 통한 경제적 기반은 가문의 쇠퇴 속에서도 계속 유지되어 조광조 대에 이르러서도 용인·양주·한양 등지에 자기 토지 기반을 갖고 있었던 것으로 보인다.[8]

조선왕조는 체제를 정비하는 과정에서 관료정치를 통한 사회구조를 확립하여 갔다. 이시기 가문의 세력을 유지하는 길은 과거를 통하여 관계로 진출하는 길과 계속해서 공신의 대열에 참여하는 두 가지 길이 일반적이었다.

실제로 태조 초기부터 성종대에 이르기까지 8차례에 걸친 공신 책봉이 있었다.[9] 이 과정에서 새로운 가문이 대두되기도 하였고 기존의 가문이 몰락하기도 하였다.

그러나 한양 조씨가는 이 두 가지 길에서 모두 실패하였다. 연의 아들 혜惠만이 판서와 판중추원사를 역임하였을 뿐이었다. 충손衷孫·원기元紀를 제외하고는 문과의 급제자조차 제대로 배출하지 못할 만큼 가문이 쇠퇴하였다. 특히 계유정난은 조씨가의 쇠퇴를 더욱 촉진시켰다.

이 정변에서 조광조의 조부 충손은 안평대군의 일당으로 몰려 관직을 삭탈당하고 변방에 유배되었으며, 인옥계의 수생須生, 명로銘 등도 안평대군의 우익으로 지목되어 사사되었다.[10]

家門의 기반을 구축하였던 것으로 추측 된다.

8) 『靜菴文集』 권5, 年譜. 趙光祖는 漢城에서 出生, 成長하였으며 龍仁의 農莊에서 趙廣輔, 廣佐 兄弟와 교유하였다. 『정암선생속집부록』 권4. 重修四隱亭記에서 참조.

9) 朝鮮 前期의 역대 王 중에서 名分에 缺陷이 없는 왕은 文宗, 端宗 뿐이었다. 2王을 제외한 太祖부터 成宗까지는 非合法的인 정치적 鬪爭에 의하여 즉위하였거나 傍系로 王位에 올랐다. 특히 太祖, 太宗, 世祖는 격렬한 政治的 투쟁 끝에 왕위에 올랐기 때문에 많은 功臣의 冊封이 있었다.

10) 『端宗實錄』 권8, 端宗 원년 10월 丙申, 戊戌, 庚申條.

계유정난을 계기로 한양 조씨가는 중앙정계에서 완전히 도태되었으며 전조前祖의 명망으로 간신히 가문의 형세가 지탱되는 정도였다.[11]

이러한 가문의 쇠퇴는 한양 조씨가가 이시기 전개된 성종대에 새로운 성리학풍을 수용하게 되는 계기를 이해할 수 있는 바탕이 된다고 하겠다. 세조의 계유정난은 연산군의 학정과 더불어 사림형성의 계기가 되는 중요한 정치적 사건이다. 계유정난과 연산군의 학정은 훈구가문으로 성장한 집단이 사림으로 변신할 수 있는 하나의 계기로 작용했다. 이것은 사육신·생육신 등에서 나타나는 당시의 사상적 변동과 관련하여 이해해야 한다.

이와 같이 볼 때 계유정난으로 직접적인 타격을 받았던 한양 조씨가가 이 사건을 계기로 신진 성리학풍을 쉽게 흡수하게 되는 과정을 이해할 수 있다. 성리학의 최고목표는 윤리학에 있었다고 할 수 있다. 따라서 계유정난은 윤리도덕으로 볼 때 도저히 용납 할 수가 없었을 것이다.

그리고 가학家學의 학문적 전통이 박약하여 큰 갈등 없이 새로운 학풍에 젖어들게 되는 것도 한 요인이 될 수 있다.

한양 조씨가는 김종직金宗直과는 직접적인 관련을 맺고 있지 않으나 그의 문인인 남효온·김일손·정여창鄭汝昌 등과 같은 사림세력과 연결되었다. 조광조의 숙부 조원기趙元紀는 남효온 등과 교유하였으며 무오사화 때에도 피죄하는 등 이 시기의 사림파와 행동양식을 같이 하였다. 한양 조씨가에 성리학적 분위기를 조성시킨 이는 조광임趙廣臨이었다.

---

11) 李泰鎭, 「15世紀 後半期의 巨族과 名族意識」『韓國史論』3, 1976 참조. 漢陽 趙氏家는 成俔이 파악한 我國巨族의 姓氏에 속한다. 그러나 이것은 當代의 盛勢보다는 國初의 盛勢에 기인한 것으로 보인다.

조광임은 정여창의 문인이었으며 특히 김일손과는 깊은 친교를 맺고 있었다. 그는 당시의 일반적인 사림들과 마찬가지로『소학小學』을 존중하고[12] 이의 실천을 추구하였으며 과거지학科擧之學이 아닌 이학에 몰두 하였다. 그는 일찍 병사하였으나 그의 동생 광보·광좌에게 소학을 가르치는 등 한양 조씨 일문에 성리학을 보급하는 데 중요한 역할을 한 것으로 보인다.[13]

이와 같이 조광조가 김굉필金宏弼 문하에서 수학하기 이전에 한양 조씨 일문은 이미 성리학적 분위기에 젖어 있었으며, 이 영향 속에서 조광조도 기본적인 성리학적 소양을 갖추고 있었던 것으로 보인다.[14]

조광조가 성리학에 보다 깊이 몰두하게 된 계기는 17세 때 당시 희천熙川에 유배된 김굉필의 문하에서 수학하면서 부터이다. 이때 그는 공부에 독실하고 절문근사切問近思하여 기송記誦이나 사장詞章에는 전혀 마음을 쓰지 않았으며, 주위에서 과거를 권하여도 스스로 문장을 익히지 못하였다고 사양하였다. 이후 그는『소학』·『근사록』·『사서』·『성리군서』·『통감강목』 등을 중심으로 독서하고 성리학을 궁구하였다.[15]

그러나 조광조가 김굉필로부터 수학한 것은 대체로『소학』의 전수에 그치는 것으로 추측된다. 왜냐하면 김굉필을 비롯한 초기 사림은

---

12)『소학』의 존중은 성리학적 윤리질서 정착을 목표로 한 것이었다.『소학』은 중국 남송시 대 朱熹의 감수 아래 그의 제자인 劉淸之 등이 편찬한 책으로 小學書라고도 한다. 1185년에 대략 탈고하고, 그 뒤 일부 수정을 가하여 1187년 주희가 58세 때 완성했다. 소학이란 대학에 대응시킨 말이며, 아동의 초보교육을 위해서 아동에게 일상적 예의범절과 어른을 섬기고 벗과 사귀는 도리 등을 가르치는 것을 목적으로 했다.

13)『續東文選』권20, 墓誌「趙與叔墓碣」.

14)『靜菴文集』권6, 行狀,「神道碑銘」.

15)『靜菴文集』권5, 年譜.

『소학』에 의한 성리학 체득을 중요한 학문적 자세로 견지하고 있었다. 특히 김굉필은 『소학군자小學君子』로 일컬어질 만큼 『소학』의 가치를 새롭게 인식한 인물이다.

이 시기의 학문적인 사우師友관계는 김굉필-조광조의 경우와 마찬가지로 『소학』의 전수에 의하여 맺어지는 것이 보편적인 경향이다. 더욱이 조광조는 19세 때 부친상을 당하여 김굉필에게 수학할 수 있는 기간은 불과 2년도 못되었다. 때문에 전반적인 학문 전수는 불가능 하였을 것이다. 조광조의 학문은 대체로 자득自得에 의하여 성취되었으며[16] 그의 학문 수준은 역시 자학自學으로 일가一家를 이룬 김식과 더불어 당대에서는 최고 수준에 이른 것이었다.

또 그는 부친상을 당하매 그 예를 주자가례에 의거하여 철저히 준수하였으며, 일상의 행동규범과 학문적 자세가 소학의 실천에 철저하여 당시 유사들의 흠모를 받았던 것으로 보인다.[17] 이때는 사화 직후라 사람들은 그가 공부에 독실함을 보고 '광인狂人'이라거나 혹은 '화태禍胎'라 하였다. 친구들과도 자주 교류가 끊겼으나 전혀 개의치 않고 학업에만 전념하였다 한다.[18]

조광조는 1499년(연산군 5) 나이 18세 되던 해 첨사 이윤형李允泂의 딸과 결혼하였다. 1515년(중종 10)에 큰 아들 정定이 태어났고, 1518년(중종 13) 둘째 아들 용容이 태어났다. 큰 아들 정은 현감 권흡權恰의 딸에게 장가들었으나 후사없이 일찍 죽었고, 둘째 아들 용은 음蔭으로 벼슬을 받아서 문천군수文川郡守에 이르렀다. 대호군大護軍 이경李鏡의 딸과 결혼 하였다. 두 딸만 낳았고 후사가 없어서 사촌 희안希顔의 아들 순남舜男으로 양자를 삼았다.

---

16) 『靜菴文集』 권4, 「深書院講堂記」.
17) 『中宗實錄』 권22, 中宗 10년 6월 癸亥條.
18) 『燃藜室記述』 권2.

장녀는 좌랑 허감許鑑에게 시집가서 아들 하나를 낳으니 윤昀이라 하고, 차녀는 진사 홍원洪遠에게 시집가서 두 딸을 낳았다. 부인은 선생보다 38년 뒤에 돌아가셨다.[19]

나. 성리학적 정통성을 통해서 본 사승관계

조선은 주자학 즉, 성리학의 나라였다. 성리학은 도학으로 불리기도 하고 이학으로 불리기도 한다. 경우에 따라서는 이단과 대립되는 정학正學이라고도 한다. 이렇게 성리학은 때로는 도의 이름으로, 때로는 진리의 이름으로, 경우에 따라서는 정의의 이름으로 정당화 되었다.

이러한 성리학 즉 정학이 체제교학體制敎學으로 인정받아 국가제도 전반의 이념적 기반으로 기능하게 되면서 성리학 이념에 대해서도 이해의 정도가 높아져 갔다.

성리학의 정통에 대한 이해가 심화된 결과 조광조와 그의 일파인 사림세력이 성리학의 정통을 자임하면서 그 내용을 이념적으로 정당화하기 위해 그 성리학적 정통을 자신들의 현실을 해석하고 설명하는 방법론으로 도입한 것이다. 이런 성리학적 정통을 통해서 중종대에 정몽주로부터 조광조에 이르는 정통의 계보학적 사승관계를 살펴보고자 한다.

정몽주는 조선 건국 후 태종대에 복권되어 충신의 전형으로 인정받았다. 그런데 중종 때부터 그에 대한 새로운 이미지가 강조되기 시작하였다. 그것은 이학자·성리학자라는 개념이다. 충신의 개념과 성리학자의 개념은 정몽주를 표상하는 대표적인 이미지로서 대체로 엄격하게 구분하여 다루어지지 않았다.[20] 이미 『고려사』 열전에서 그를

---

19) 『靜菴文集』 권6, 年譜. 李珥의 묘지명에서 참조.
20) 『宋子大全』 137, 序, 「圃隱先生詩集序」.

'동방이학東方理學의 조祖'라고 부른 바 있었으나,[21] 그 이후 한동안 성리학자로서의 정몽주라는 이미지는 보이지 않았다. 그러다가 성리학자로서의 정몽주가 중요한 의미를 가지기 시작하였는데, 그것은 중종대에 와서의 일이었다.

1510년(중종 5) 10월 18일 정언 이려李膂는 정몽주를 동방이학의 으뜸이라고 하며 문묘에 종사할 것을 청하였다.[22] 이여는 정몽주가 상례를 고정考定한 사실을 근거로 들어 언급하였지만, 그의 발언이 의도하는 전체적인 뜻은 이학의 으뜸이라고 일컬어지는 정몽주를 높여서 이학이 중시되는 분위기를 조성하고자 했던 것으로 보인다. 성리학자로서의 정몽주라는 이미지는 문묘에 종사하여야 한다는 주장과 자연스럽게 연결된다.

이에 대해 같은 날 중종의 전교로 삼공三公과 해당 관부인 예조가 이 안건을 논의하게 되었는데,[23] 삼공은 다음날 이 논의가 쉽게 결론 낼 수 없는 사안이며 정몽주의 평생 사적을 상고한 다음 신중하게 결론을 내어야 하므로 시일이 걸릴 것이라고 답하였다.[24] 두 달 가량 지난 12월 21일에야 삼공은 그 사안에 대해 논의할 수 있었다. 논의 결과 정몽주가 문묘에 종사될 정도의 공은 있으나 문묘종사는 공이 있다고만 하여 쉽게 결정할 수 없는 것이라고 하여 문묘종사에 반대하였으며, 중종도 이러한 결론에 동의하였다.[25] 정몽주가 공이 있다고는 하나 그것이 문묘에 종사할 정도는 아니라고 본 것이다.

이후 1514년(중종 9)에 다시 정몽주의 문묘종사가 건의되었다.[26]

---

21) 『高麗史』 30, 列傳 鄭夢周.
22) 『中宗實錄』 권12, 중종 5년 10월 18일 辛丑條.
23) 『中宗實錄』 권12, 중종 5년 10월 18일 辛丑條.
24) 『中宗實錄』 권12, 중종 5년 10월 19일 壬寅條.
25) 『中宗實錄』 권12, 중종 5년 12월 21일 癸卯條.
26) 『中宗實錄』 권21, 중종 9년 11월 12일 庚午條.

이때의 논의는 정몽주의 문묘종사가 어떠한 의도에서 추진되었는지 보다 분명하게 보여준다. 이때의 논의에서 정몽주는 일찍부터 성리학에 뜻을 두고 교관이 되어 여러 사람들에게 강론을 하였으며, 나중에 중국의 주해註解가 수입되었을 때 성리학에 대한 그의 견해가 중국의 그것과 일치할 정도로 올바른 학문적 지향을 가졌다고 평가되었다.[27] 그러한 점 때문에 당시 사림들이 그를 높여 학문의 종장으로 삼았다고 하였다. 문묘종사를 건의하는 주요 목적은 바로 정몽주를 문묘에 종사함으로써 중종대의 학문적 경향을 그러한 방향으로 이끌고자 하는 것이었다.

1510년(중종 5년) 정몽주의 문묘종사가 논의될 때 정몽주는 다른 어떤 누구와도 연결되어 논의 되지는 않았다. 중종 9년에 있었던 김구金絿의 발언에도 그의 학문을 누가 이어받았는지에 대해서는 언급된 바가 없다. 그런데 1517년(중종 12) 2월 14일 기준奇遵은 경연석상에서 정몽주를 동방 이학의 종주로 표현하면서 김종직을 그와 견줄 수 있는 인물이라고 하였다.[28]

이때 기준은 정몽주와 김종직을 성리학의 계보로 직접 연결하였다기보다는, 정몽주와 김종직이 비슷한 학문적 경향을 가지고 있었으며 그들의 업적으로 인해 후배들로부터 기림을 받는다는 점에서 견줄만하다고 평가한 것으로 보인다. 정몽주와 김종직의 학문은 이학·성리학·치신지학治身之學이라는 공통점을 가지고 있지만, 유숭조柳崇祖의 학문은 경서의 장구를 연구하는데 중점을 둔 것으로 이들과 구별된다고 하였다. 특히 유숭조의 학문적 경향을 장구章句만 아는 학문이요 몸을 다스리는 학문이 아니라고 했다.

---

27) 『成宗實錄』 권82, 성종 8년 7월 21일 丙戌. 중국의 주해란 胡炳文의 『四書通』을 가리킨다.

28) 『中宗實錄』 권27, 중종 12년 2월 14일 庚申條.

1517년(중종 12년) 2월 20일 야대에서 시강관 홍언필洪彦弼은 정몽주 이학이 동방의 주종이라고 하였다.[29] 그는 『성리대전』이 수입되어 강론하고 싶어도 그것을 해석할 사람이 없다고 한탄하면서 전에 정몽주가 중국에서 도입한 서적의 뜻을 바르게 해석했던 사실을 지적하였다. 그러면서 그의 이학이 동방의 주종이라고 평가하였던 것이다.

같은 해 8월부터 정몽주와 김굉필을 함께 문묘에 종사하는 논의가 일어나기 시작하였다. 앞서 말한 정몽주-김종직의 경우와는 다르게 이때는 정몽주와 김굉필이 학문적으로 연결되었다고 보는 견해가 제시되었다. 김굉필은 자가 대유大猷이고 서흥瑞興인이며 한훤당寒暄堂이라고 자호自號하였다. 그는 김종직에게 배웠는데, 무오사화 때 김일손金馹孫이 밝힌 바에 따르면 김종직이 상을 당하였을 때부터 그에게 배웠다고 한다.[30] 김종직이 부친상을 당하였을 때는 김굉필이 아직 어릴때이므로,[31] 김일손의 말대로라면 김굉필이 김종직에게 수업하러 온 때는 그가 모친상을 당한 시기인 1479년(성종 10) 무렵일 것이다.[32]

김굉필은 "『소학』을 읽고는 깨달은 바가 있어서 몸을 닦고 집을 다스림에 모두 예법을 따랐으며, 학문에 오랫동안 정력을 쌓으면서도 오히려 미치지 못할 듯이 하였다"[33]고 한다. 그리하여 소학동자라는 별칭을 얻게 되었다. 무오사화 당시 김굉필에 대한 실록의 평가는 "충신忠信하고 독행篤行하여 학문으로 몸을 닦고 사람을 다스리는 것

---

29) 『中宗實錄』 권27, 중종 12년 2월 20일 丙寅條.

30) 『燕山君日記』 권30, 연산군 4년 7월 17일 辛亥條.

31) 김종직이 부친상을 당한 것은 1456년(세조 2) 3월이었는데, 김굉필은 1454년 (단종 2) 5월생이었으므로 당시 3살밖에 되지 않았을 때이다.

32) 『佔畢齋集』 附錄, 年譜. 『점필재집佔畢齋集』의 연보에 따르면 정여창과 김굉필이 김종직에게 와서 배우기를 청한 때가 1472년(성종 3)이라고 한다.

33) 『高峰集』 3, 文

을 근본으로 삼을 뿐, 급급히 진출을 구하지 아니하고, 그 입심立心의 바름과 제행制行의 높음을 옛사람 가운데서 찾아야 하겠다"[34] 라고 하였다. 이러한 예에서 알 수 있듯이 그는 성리학적 원리를 생활에 적용하여 몸을 바로 하였고, 또한 많은 제자를 양성하여 명성을 얻었다.

김굉필은 1494년(성종 25)에 유일遺逸로 천거되어 남부참봉에 제수되었다. 김굉필을 은일지사隱逸之士로 천거한 경상도 관찰사 이극균李克均은 그가 '성리학에만 전일專一하여 마음을 집중하였고 조행操行이 방정하여 굽혀서 기용되기를 구하지 않았다'는 것을 천거의 이유로 들었다.[35] 1494년(연산군 원년) 10월 전생서참봉으로 옮겼다가 얼마 후 이조의 천거로 6품관에 서용되고, 1496년(연산군 2) 봄에는 군자감 주부에 임명되었으며, 사헌부 감찰로 옮겼다. 1497년 봄에는 형조 좌랑으로 전직되었다.

1498년 무오사화 때에 김종직의 문하에서 수학했다 하여 붕당을 지었다는 죄명으로 희천熙川으로 유배되었고,[36] 얼마 후에 승평부昇平府(順天)로 이배되었으며,[37] 갑자사화를 만나 죽임을 당했다.[38] 당시 나이는 51세였다.[39] 김굉필은 관직에 오른 지 4년 만에 무오사화를 만났다. 하지만 실제 관료로서 주목받는 활동을 한 것은 6품직으로 발탁된 이후였다. 그렇게 본다면 그가 중앙정치 무대에서 활동을 한 시기는 고작 2년 정도였다. 그러한 그가 정몽주와 함께 성리학의 정통을 이은 성현이라고 하여 문묘에 종사되어야 한다는 요청이 나온

---

34) 『燕山君日記』 권31, 연산군 4년 8월 16일 己卯條.
35) 『燕山君日記』 권30, 연산군 4년 7월 26일 庚申條.
36) 『燕山君日記』 권30, 연산군 4년 7월 26일 庚申條.
37) 『燕山君日記』 권37, 연산군 6년 5월 7일 庚申條.
38) 『燕山君日記』 권56, 연산군 10년 10월 7일 甲子條.
39) 『고봉집』 2, 문. 『燕山君日記』 권12, 연산군 2년 1월 5일 甲申條.

것이다.

1517년(중종 12) 8월 7일 성균관 생원 권전權磌은 김굉필의 문묘종 사를 주장하는 상소문을 올렸다. 이 상소문은 김굉필의 문묘종사를 주장하는 최초의 글이기도 하다.[40] 이 상소문은 당시 김굉필을 문묘 에 종사하고자 하는 의도를 가졌던 사람들의 생각을 정리된 형태로 볼 수 있는 좋은 자료이다. 따라서 먼저 상소의 주요 내용을 검토해 보기로 하자.

상소문은 도통의 연원에 대해 먼저 말하고 있다. 즉 요순으로부터 시작하여 공자-맹자로 이어지던 정통의 맥이 천여 년 동안 끊어져 있 다가 송대宋代에 와서 주돈이-정호-정이-주희로 이어졌다는 것이다. 그리고 그러한 정통의 인식이 송宋 이종理宗 때 그들의 문묘종사로 공 인된 사실을 언급하고 있다. 이러한 정통은 '성리학적 정통'의 내용과 매우 비슷하다.

이러한 정통의 맥을 조선에서 이은 이가 정몽주라는 것이다. 권전 은 정몽주를 유종儒宗이라 일컬었는데, 그가 그러한 평가를 받아야 하 는 이유를 몇 가지 제시하고 있다. 첫째, 그는 성리학을 연구하여 그 깊은 뜻을 혼자 깨우쳤는데 그것이 성현의 이론과 그대로 일치하였다 는 것이다. 둘째, 끝내 고려를 버리지 않은 큰 절개를 보였다는 것이 다. 셋째, 『주자가례』를 근거로 성리학적 의례 제도를 도입하였다는 것이다. 넷째, 학교를 세우고 성리학을 일으켜 후학을 양성하였다는 것이다.

다음으로 김굉필이 정몽주의 연원을 이었다는 주장을 펼친다. 권 전 등은 상소문에서 아래와 같이 말하였다.

---

40) 『中宗實錄』 권29, 중종 12년 8월 7일 庚戌. 실록에 있는 상소문은 요약된 것 으로 전문은 『己卯錄別集』, 「諸賢奉祀」조에서 찾아볼 수 있다.

　　　　그 뒤로 얼마 동안 조정과 민간에 명인名人·길사吉士로 일컬을만한 자가 어
　　찌 없겠습니까마는, 도道를 자기 임무로 삼아 은연隱然히 멀리 (정)몽주의 계통
　　을 잇고 깊이 염락濂洛의 연원淵源을 찾은 자는 김굉필이 그 사람입니다.[41]

　　즉 맹자 이후 끊어졌던 정통의 맥을 송대의 성리학자들이 다시 이
은 것과 마찬가지로 끊어졌던 정몽주의 계통을 김굉필이 다시 이었다
고 하였다. 그리고 정몽주의 계통은 거슬러 염계濂溪 주돈이周惇頤와
낙양洛陽 출신 정호程顥·정이程頤의 계보와 연결 된다고 보았다.
　　상소에서는 김굉필에 대해 크게 세 가지 부분을 이야기하고 있다.
첫째, 그의 사람됨이다. 단정하고 엄숙한 태도, 성리학에 뜻을 두고
독실하게 실천해 나간 태도를 기리고 있다. 둘째, 그가 뒷사람들을 가
르친 내용이다. 『소학』·『대학』을 우선하여 짜임새 있게 성리학을 제
대로 가르쳤다는 것이다. 셋째, 그가 어지러운 세상에서 보였던 태도
이다. 그는 환난에 처해 결국 죽음에 이르게 되었음에도 끝내 단정한
태도와 성리학 공부를 흐트러뜨리지 않았다는 것이다.[42]
　　사람됨이나 교육의 태도, 환난에 처해 죽음에 이르게 되었을 때의
태도 등으로 문묘종사를 요청한다는 것은 지나치게 일반적인 내용이
라고 볼 수 있겠다. 그러한 인물이 정몽주 이후에 김굉필만 있겠는가
하는 생각도 든다. 하지만 상소에서는 김굉필이 그런 태도를 당시의
시대적 의미와 연결 지어 중시하고 있다. 상소에서는 김굉필을 중종
대의 새로운 학풍과 정치의 사상적 기반이 되는 존재로 평가하고 있
다. 즉 당시 학자들에 의해 김굉필은 새로운 경향을 이끈 공로로 태
산북두와 같이 여겨졌다. 그러한 새로운 경향은 바로 중종대 새로운
정치적 기풍의 근거가 되었으니, 중종의 새 정치는 바로 김굉필의 힘

---

41) 『中宗實錄』 권29, 중종 12년 8월 7일 庚戌條.
42) 『中宗實錄』 권29, 중종 12년 8월 7일 庚戌條.

에서 비롯한 것이라는 논리가 성립되는 것이다.

이런 이유로 정몽주와 김굉필을 문묘에 종사할 것을 주장하였다. 그리고 정몽주와 김굉필의 성리학에 대한 공헌은 개별 개인의 업적을 높이는 형태가 아닌 도통의 담론을 통해 인정되게 되는 것이다. 이것은 송대에 북송오자北宋五子[43]로 불렸던 주돈이 등이 문묘에 종사되었던 의미와도 같다는 것이다.

마지막으로 상소는 송 이종이 정통의 성현을 문묘에 종사하였으면서도 정작 진덕수眞德秀·위료옹魏了翁과 같이 성현의 계보를 잇는 사람들을 중용하지 못하였음을 지적하였다. 그것은 바로 정몽주, 김굉필을 문묘에 종사하고 그들의 계보를 이은 세력에게 정치적 정통성을 부여하라는 요청이다.

상소를 올린 이들은 송대의 정통 이념을 제시하면서 그와 같은 정통의 계보를 조선에서도 형성하려는 노력을 펼치고 있다. 그들이 송대의 도통 이념을 원용하여 조선의 정통적인 성리학 계보를 구성한 것은 여러 의미에서 효과가 있다. 이는 당시 이 상소를 올렸던 이들이 성리학에서 정통이 차지하는 비중과 의미를 완벽하게 이해하고 그것을 당시의 현실적인 요구를 반영하기 위한 효율적인 기제로 이용하였음을 뜻한다.

첫째, 정몽주와 김굉필의 계통이 송대 성리학의 정통을 조선에서도 이었다는 것을 뜻한다. 따라서 주돈이로부터 주희로 이어지는 송대의 정통을 인정한다면 정몽주도 인정하여야 할 것이라는 논리가 형성된다. 성리학을 국가 이념으로 표방하는 조선에서 이러한 논리가 성립한다면 매우 강력한 이념적 근거가 될 것이다.

둘째, 조선의 성리학 전승도 중국과 같이 도통의 시각으로 인식할 수 있다는 관점을 제시한다. 그리하여 정몽주에서 김굉필로 이어지는

---

43) 北宋五子는 周惇頤, 程顥, 程頤, 張載, 邵雍을 가리킨다.

계보를 상정하게 된 것이다. 김굉필과 그의 학문을 이어받은 이들은 정몽주라는 강력한 지원을 얻게 되었고, 정몽주와 김굉필은 당시의 성리학 정통주의자들에 의해 권위를 부여받게 되는 것이다.

셋째, 송 이종이 성리학 전승을 문묘종사라는 형태로 공인하였음을 지적하며 조선에서도 문묘종사라는 사건을 통해 그러한 효과를 얻을 수 있을 것임을 주장한다. 정몽주와 김굉필을 문묘에 종사하자는 주장은 이러한 맥락에서 의미를 가지게 되는 것이다. 그들이 문묘에 종사된다면 그들로부터 학문적 권위를 이어받을 수 있는 세력은 성리학의 정통이라는 무기를 가지게 되는 것이다.

한편, 정몽주의 문묘종사 논의가 한창이던 때에 조광조는 정몽주-길재-김종직이 학문적 사승 관계를 가진다고 주장하였다. 즉, 1518년 (중종 13) 4월 28일 석강에서 참찬관 조광조는 임금이 마음을 바로잡고 시비를 가려야 군자와 소인을 가려 쓸 수 있다고 주장하였다.

> 김종직은 처음 길재吉再에게 수업하였으나, 길재는 정몽주의 문인입니다. 그러나 종직이 전업專業한 연원淵源은 실로 그 근원이 있는 것입니다. 지금에 와서 조금이라도 선행을 할 줄 아는 자는 그의 문하에서 수업한 사람들입니다.[44]

이것은 조광조가 김종직 등이 당을 결성하였다고 공격받았던 사실을 언급하면서 김종직의 무리가 선사善士의 무리였다는 증거로 제시한 것이다.[45] 이때에도 김종직의 무리를 선한 이들로 인정하는 이유로 정몽주의 권위가 이용되었다. 즉, 김종직의 학문적 배경이 성리학의 종주인 정몽주와 연결되는 것만 보더라도 그의 학문과 정치적 태

---

44) 『中宗實錄』 권32, 중종 13년 4월 28일 丁酉條.
45) 『中宗實錄』 권32, 중종 13년 4월 28일 丁酉條.

도가 옳다는 주장이다. 이러한 주장을 전개하면서 정몽주-길재-김종 직으로 이어지는 계보가 제시되었다.

그러나 기묘사화로 조광조 일파가 실각하면서 한동안 언급되지 못 하였다. 기묘사화 이후 그러한 논의가 다시 나오게 되는 것은 1539년 (중종 34)에 이르러서였다. 그해 9월 20일 석강에서 특진관 유인숙은 동방에서 이학을 처음 제창 한 사람은 정몽주였고 그것을 이은 김굉 필이 성종조에 있었기에 인재들이 많이 배출될 수 있었다고 하였다. 또한 이학이 쇠퇴하게 된 원인은 무오년에 사림이 참화를 입었기 때 문이라고 말하였다.[46]

유인숙은 기묘사화에 대해서는 전혀 언급하지 않았다. 하지만 그 가 말하고 있는 정통 시각의 학문 전승 계보는 정몽주-김굉필의 문묘 종사를 주장하던 조광조 세력의 논리를 되살리는 것이다. 이것은 조 광조 세력이 주장하던 정치적 주장을 직접 언급하지 않고도 그들을 옹호할 수 있는 좋은 방안이었을 것이다. 그런 의미에서 그가 말하고 있는 무오년의 일은 쉽게 기묘년의 일을 연상시킬 수 있었을 것이라 고 짐작할 수 있다.

이에 대해 중종은 이학이 문제라기보다는 선비들의 학문이 전반적 으로 이전만 못하다는 식으로 답하고 있다. 기묘년에 있었던 일에 대 해 자신의 잘못을 인정하지 않는 이상 정통 계보를 받아들이기 어려울 것이며, 정통 계보를 받아들이지 않는다면 현재의 문제를 이학이 성하 지 못한 것으로 돌리는 주장에 동의할 수 없기 때문일 것이다.

그러나 몇 년 지나지 않아 기묘년의 일을 정식으로 거론하며 조광 조의 신원을 요청하는 상소가 나오게 된다. 그만큼 정치적 지형에 변 화가 있었던 것을 알 수 있다. 중종은 말년에 기묘년에 연루되었던 인사를 복권하는 조치를 취하면서도[47] 기묘년에 대한 전면적인 재평

---

46) 『中宗實錄』 권91, 중종 34년 9월 20일 甲寅條.

가는 결국 받아들이지 않았다.[48] 중종의 이런 조치들은 기묘년에 있었던 일에 대한 전면적 재평가를 요구하는 상소들이 나오게 하였다. 이 과정에서 과거의 인물들에 대한 평가가 개진되었으며, 정통의 계보가 보다 상세한 형태로 구성되는 계기가 되었다. 1544년(중종 39) 5월 29일 성균관 생원 신백령辛百齡 등은 조광조의 신원을 요청하는 상소를 올렸다.

> 조광조는 평소에 뜻과 행신에 있어 숭상하는 바가 있었고, 학업이 크게 이루어졌는데, 신들은 진실로 흘러온 연원이 있음을 알고 있습니다. 우리나라에 군자인 사람이 없었다면 그가 어떻게 그처럼 되었겠습니까. 우리 도道가 동방으로 온지 오래인데 또한 전승이 이었습니다. 대개 조광조는 김굉필에게서 받고, 〈김굉필은 연산조 때의 사람이고 벼슬은 좌랑에 이르렀는데 살해되었다. 김종직을 스승으로 섬겨 성리학에 정밀하였고 또한 실천하는 공부가 많았다. 금상 기묘년에 일찍이 정몽주와 동시에 문묘에 배향하려고 했는데, 대신 정광필이 '비록 실천하여 자신을 닦은 착실한 공부가 있기는 하지만, 사문斯文에 도움을 준 공로가 없다'고 하여 실현하지 못했었다.〉 김굉필은 김종직에게서 받고, 김종직은 전조前朝의 신하 길재에게서 받고, 길재는 정몽주에게서 받았습니다. 염낙濂洛의 흐름을 거슬러 보고 수사洙泗의 근원을 탐구해 보고서, 그 욱이 안顔·민閔이 배우던 바와 이윤伊尹의 뜻하던 바를 자기 자신이 하기로 한 사람이니 어떻다 하겠습니까? 진실로 정몽주 이후에 이 사람 하나뿐입니다. 재질은 본시 왕좌王佐인 사람이고 도학은 족히 사람들의 스승이 될 수 있었습니다. 비록 그의 나머지 강비糠粃만 가지고도 오히려 당唐·우虞시대와 같은 다스림이 될 수 있었는데, 하물며 지극히 성명聖明하신 전하를 친히 만났으므로 기필코 요순과 같은 임금, 요순시대와 같은 백성을 만드는 것으로 자신의

---

47) 『中宗實錄』 권86, 중종 32년 12월 15일 庚申條.
48) 『中宗實錄』 권102, 중종 39년 4월 7일 乙亥條.

임무를 삼아 마음과 힘을 다하여 해간 것이 아니겠습니까.[49]

이 글에서 신백령은 기묘년의 일을 임금의 잘못으로 규정하고, 선량한 신하를 죽인 것도 잘못이지만 아직까지 용서하지 않고 있는 것도 큰 잘못이라고 지적하였다. 그러면서 조광조가 선량한 신하임에 대한 첫 번째 증거로 그의 학문적 연원을 제시하고 있다. 조광조는 젊어서부터 도를 구하는 뜻이 있어서 김굉필에게서 수업하였다. 김굉필은 김종직에게 배우고, 김종직은 그 아버지 사예 숙자에게서 전해 받았고, 숙자는 고려의 문신 길재에게서 전해 받았으며, 길재는 정몽주의 문하에서 수업했다. 정몽주의 학문은 실로 우리 동방의 조종이 되었으니, 그 학문의 연원은 이와 같다는 것이다.

이는 염락수사濂洛洙泗[50]로 표현되는 송대 성리학의 정통 계보를 조선에서 어떻게 계승하였는지를 제시하고, 조광조 또한 그러한 정통의 계보를 이은 인물이라고 주장한 것이다.

1544년(인종 원년) 성균관 진사 박근朴謹 등의 상소에서 정통의 계보에 또 다른 인물이 추가된다. 이때에는 김종직의 아버지인 김숙자金淑滋가 길재와 김종직으로 이어지는 정통 계보에 삽입되었다. 사실 김종직의 학문이 길재에게서 비롯하였다는 주장이 여러 차례 제기되었지만 그것은 사실과 다른 것이었다. 길재에게 직접 수학하였던 사람은 김종직의 아버지 김숙자였다.

아, 조광조의 학문이 바른 것은 전해온 데에 유래가 있습니다. 젊어서부터

---

49) 『中宗實錄』 103권, 중종 39년 5월 29일 丙寅條.
50) 濂洛은 濂溪와 洛陽으로 宋儒學을 일으킨 周惇頤와 그의 제자 程顥·程頤 형제가 강학하던 곳이며, 洙泗는 孔子의 舊基인 闕里가 있는 곳이다. 따라서 염락과 수사는 宋學과 先秦儒學의 대명사로 쓰인다.

개연히 도를 찾는 뜻이 있어서 김굉필에게서 수업하였습니다. 김굉필은 김종
직에게서 수업하고 김종직의 학문은 그 아비 사예司藝 숙자에게서 전해졌고
숙자의 학문은 고려의 신하 길재에게서 전해졌고 길재의 학문은 정몽주에게
서 전해졌는데 정몽주의 학문은 실로 우리 동방의 시조이니, 그 학문의 연원
이 이러합니다.[51]

이 기사는 앞의 상소에서 조광조의 학문적 연원을 서술하고 있는
부분이다. 이전의 여러 상소들에서는 학문적 연원에 대한 설명이 구
체적인 계보를 천명하고 계보에 대해 명확한 서술을 하기보다는 여러
가지 증거를 어지러이 대면서 그 계통을 설정하려고 애쓰고 있다는
인상을 주었다. 반면, 이 상소에서 보이는 정통 연원에 대한 언급은
매우 정연한 구조를 가진 선언이라는 느낌을 준다. 어느 정도 정통의
계보가 형식화되었다는 의미가 아닌가 싶다. 정몽주-길재-김숙자-김종
직-김굉필-조광조라는 학문적 사승 관계를 통해 성리학이 전승되었다
는 주장 즉, '조선성리학계보朝鮮性理學系譜'가 정연하게 드러나 있다.
이러한 주장은 이후 선조대에도 하나의 이념으로 지속적으로 천명
되었다. 다음 사료는 선조 초기 기대승奇大升이 새 국왕에게 성리학의
계보를 거듭하여 제시하였다는 사실을 말해 준다.

고려 말기에 정몽주는 충효의 큰 절의가 있었고, 정주程朱의 학문을 배워
동방 이학理學의 조종이 되었는데, 불행하게도 고려가 망하려는 때를 당하여
살신성인 했습니다. 우리 왕조에 들어와서 정몽주의 학문을 전수하여 익힌 사
람을 김종직으로 학문은 연원이 있고 행실 또한 방정했으며, 후진을 가르치는
데 정성을 쏟았습니다. 성묘成廟께서 그가 어진 것을 아시고 판서를 삼았으나
오히려 세상과 화합할 수가 없었습니다. 연산조에 이르러 사화가 발생하여 사

---

51) 『仁宗實錄』 권1, 인종 원년 3월 13일 乙亥條.

림이 죄를 받았는데 화가 그의 문도에게서 나왔기 때문에 김종직에게까지 미쳤습니다. 또 김굉필이 있는데 바로 김종직의 제자로서 김종직은 대체로 문장을 숭상했으나 김굉필은 힘써 실천을 하던 사람이었습니다. 성묘께서 중하게 여기셔서 좌랑佐郎을 삼으셨는데 연산조에 이르러 김종직의 문도로서 화를 당했고, 갑자년에 이르러 끝내 큰 죄를 받았습니다. 중묘中廟께서 즉위하시어 그의 어진 것을 애석히 여겨 표창하고 우의정에 증직했습니다. 조광조는 또 김굉필의 제자인데 독실한 공부가 있어 세도世道를 만회, 이욕의 근원을 막으려고 했으나 그렇게 하지 못하고 죽었습니다.[52]

기대승이 아뢰기를, "… 동방의 학문이 서로 전해진 차서로 말하면, 정몽주가 동방이학東方理學의 조조祖로서 길재가 정몽주에게서 배우고 김숙자는 길재에게서 배우고 김종직은 김숙자에게서 배우고 김굉필은 김종직에게서 배우고 조광조는 김굉필에게 배웠으니 본래 원류가 있습니다. 그 이후로 유사儒士들이 성현의 학문을 하고자 하게 되었으니 위에서 능히 교화를 주장하시면 지금이야말로 복고復古할 수 있는 기회라 하겠습니다. 학문에 힘쓰는 사람들이 비록 많지 않은 듯하나 지금 의논을 들어보면 학문을 아는 장자長者들이 기묘년에 비해 많다고들 합니다."[53]

첫 번째 인용은 1567년(선조 즉위년) 10월 23일 조강에 입시하였던 기대승이 기묘년의 시비를 분명히 할 것을 주장한 내용이다. 여기서 정몽주-김종직-김굉필-조광조의 계보가 천명되었다. 기대승은 이날 선조와의 만남에서 정통 계보에 대한 것 외에도 기묘년에 부당하게 죄를 입은 이들에 대한 신원과 복권을 주장하였다. 따라서 정통 논의에는 정치적으로 화를 입은 정몽주-김종직-김굉필-조광조의 계보가

---

52) 『宣祖實錄』 권1, 선조 즉위년 10월 23일 甲辰條.
53) 『宣祖實錄』 권3, 선조 2년 윤6월 7일 乙酉條.

제시 되었다. 이러한 논의는 곧이어 조광조에 대한 관직 복구와 문묘[54] 종사 주장으로 연결된다.

두 번째 인용문은 『논어』를 어전에서 진강하는 과정에 임문했던 기대승의 발언에서 나왔다. 기대승은 위에서 보듯이 동방의 학문이 정몽주-길재-김숙자-김종직-김굉필-조광조라는 차서를 따라 전해졌다고 하였다. 이 주장은 고려시대는 사장을 주로 하다가 우탁, 정몽주에 의해 성리학이 전해지고 조선 세종 때 예악과 문물이 일신되었다는 설명에 바로 이어져 나온다. 바로 앞에서 역사적 사실에 대해 설명하고 이와 별개로 정통 계보를 언급하고 있다는 것이 흥미롭다. 정통 계보의 천명이 이념적임을 말해 주는 증거의 하나라고 해야 할 것이다.

이처럼 기대승이 말하는 성리학 계보는 중종·명종대를 거치면서 형성된 성리학 계보의 완성된 형태를 보여주고 있다. 중종 초기에는 정몽주-김굉필의 문묘종사 요구로 발전하였다. 그리고 이 시기 정몽주-길재-김종직으로 이어지는 계보가 제시되었다. 기묘사화 이후 중종말부터 조광조를 포함한 보다 본격적인 조선 유학의 정통 계보가 구상되었는데, 이것은 점차 정몽주-길재-김숙자-김종직-김굉필-조광조로 이어지는 학문적 연원의 사승師承관계로 발전해 갔다.

다. 교우관계

조광조는 여러 계층의 사람들과 상당히 폭넓은 교유를 하고 있었다. 왕족인 종남부수 이창수李昌壽가 젊은 나이로 죽자 그를 잊지 못하여 노수신의 장인인 이연경李延慶의 손을 잡고 눈물을 흘리며 애석해한 바도 있었다.[55] 김식 또한 조광조가 출사하기 전부터 교유하였

---

54) 문묘는 공자의 사당이므로 문묘종사의 기준은 당연히 공자의 도를 지키고 발전시키는데 얼마나 큰 공헌을 했는가가 좌우 된다.

던 것으로 보인다.[56]

조광조가 순지順之의[57] 남행길을 배웅하면서 지은 시 오수五首[58] 중 삼수三首를 인용하면,

기其 삼三

사랑하는 어머니가 적자를 보호함에,	慈母保赤子
배우지 아니해도 아기의 심정 잘 맞춘다.	莫學中兒情
우리의 백성들도 또한 입을 가졌으니,	吾民且有口
내 뜻 먼저 마땅히 밝히리라.	我志當先明
만물을 구제함은 진실로 해야 할 일,	濟物固分事
평소에 배운 것을 이제야 행하리라.	素學爲今行
교화를 선양함은 그대 능치 아니 하냐?	化宣君能不
무엇보다 중요함은 부자와 형제로다.	最父子兄弟
일찍이 대아를 듣잡지 못했으니,	大雅曾未聞
더럽고 물든 것을 무엇으로 맑히려나.	汚染何由淸

기其 사四

그대의 남행길이 때 마침 봄철이라,	君行屬春時
하늘과 땅에서도 인과 화를 길러낸다.	天地養仁和
강물은 새로 흘러 활력의 기름 되고,	活油江新流
언덕에 돋아나는 봄풀이 무성하다.	丰茸草生坡
갈 길은 멀고멀어 천리를 다하나니,	道逈千里盡

55) 『靜菴文集』 부록 권1. 事實參照.
56) 『中宗實錄』 권2, 중종 2년 정월 庚午條.
57) '順之는 곧 安處順이니, 이때 부모봉양을 위하여 求禮 고을에 부임하였다.
58) 『靜菴文集』 권1, 詩 參照.

그동안 안중에 얼마만큼 열력한고?	眼中幾歷多
오직 군자의 마음 멀고도 멀어,	君子惟心遠
가륵한 그 마음 어디 아니 이를 손가!	無非意所加
이다음 다른 해에 잘한 정치 들리거든,	他年聞報政
오늘의 이 노래를 부디부디 생각하소	須憶此日歌

기其 오五

만났다가 헤어짐이 무단한 일이어니,	聚散無端事
헤어지는 슬픈 정을 견딜 수 있을 손가.	分離可堪情
창박한 감정이야 주기도 먼 것인데,	悵朴周期遠
하물며 이번 행차 육년 기한[59]아니던가!	況有六載行
남방의 즐거움은 모자분이 함께 하고,	南懽同母子
북방의 즐거움엔 연영[60]의 강학이라.	北樂講延英
충효의 두 가지를 함께 보존 어렵나니,	忠孝難全保
저 마다 처지 따라 정성을 기울라.	隨居各傾誠
호남 사람들이 서울 소식 묻거들랑,	湖人問洛息
님의 뜻 곧으시다 그대가 전해주소	君傳聖志貞

내 본래 시를 할 줄 모르고, 또한 좋아하지도 아니한다. 그러므로 비록 시를 요구하는 이가 있어도 다만 입으로만 말할 뿐이오, 감히 시를 하지 아니하였다. 그런데 순지順之가 농재儂齋에 찾아와 자면서 굳이 수장數章의 시를 요구하니 순지의 뜻은 아마도 한번 작별로 오래도록 육년이나 격조隔阻하게 되면, 붕우朋友 간에 서로 밝혀주는 것을 멀고 아득하게 할 수가 없을 것이므로 이것으로써 그리운 생각을 위로하는 한편 마음이 태만하여질 때 경계하는 도

---

59) 地方縣에 補官이 되면 5, 6년이 걸렸음.
60) 宮殿의 이름으로 인군이 上奏를 받는 곳.

움이 되게 하려고 하는 것이 아니겠는가? 이에 졸렬함을 불고하고 그날 밤의 이야기를 써서 순지의 후일 경계로 삼으려 한다. [정암양노靜菴養老]에서 썼 다.[61]

이 시는 지방관으로 내려가는 친구에게 써준 것으로 우정과 더불어 "순지의 후일 경계로 삼으려 한다."는 조광조의 교우관계를 볼 수 있다. 안처순安處順은『기묘제현록』에 파직된 20인 중 한 사람으로 자는 순지順之요 호는 사재思齋이다. 묘당廟堂 문과에 급제하였다. 홍문 관 박사로 있을 적에 지방관으로 나가 구례현감이 되었다가 파직 되었다. 안당의 재종질이다.[62] 안순지에게 답장한 조광조의 편지를 살 펴보자.

　　오래도록 생각하다가 그대의 편지를 얻어 보니 위안의 기쁨을 무어라 할 까? 전일에 약속을 어긴 것이 지금껏 한스럽고 서운해서 장구하게 정진하지 못한 탄식이 있습니다. 나도 또한 깊은 병으로 날마다 배운 것을 잃어버리는 데 이제 헌장憲長[63]이 되었으니 어찌 능히 여러 벗들의 기대에 응할 수 있겠 습니까? 백성을 기르는 공사를 깊이 아프게 여기오니 도와서 마칠 수 있는 것 이 여기에 이르렀습니까? 보내주신 부채는 대단히 감사하고 감사합니다. 내리 살피소서.[64]

편지를 보면 정사에 대한 고민과 친구 간의 우정이 돈독함을 알 수 있다. 조광조의 교우 관계를 보다 깊이 이해할 수 있는 것으로는

───────────────

61)『靜菴文集』권1. 順之의 南行길을 보내는 五首의 詩에서 參照.
62)『靜菴先生續集』부록 권5.
63) 大司憲.
64)『靜菴文集』권2.

『음애집陰崖集』 연보에 있는 사은정四隱亭에 관한 기록이 있다. 사은정은 조광조가 도를 강론하던 곳으로 구성駒城[65]의 치소治所에 있었다. 남쪽 취봉산翠鳳山, 보개산寶盖山 양산兩山의 가운데에 절벽이 높고 층층한 바위와 맑은 내와 구부러진 물의 승경勝景이 있다.

정자 이름을 사은이라 한 것은 숨어서 농사짓고, 나무하고, 나물 캐고, 낚시질 한다고 하여 선생께서 숨는 뜻을 붙여서 즐겨하신 것이다. 기록에 의하면 1516년(중종 11) 10월경, 조광조와 조광보·조광좌 형제는 향리에 사은정을 짓고 서로 가까이 지냈다고 한다. 이들 형제는 한양 조씨 세계보에서 보이듯이 조광조와는 사종四從이 된다. 이들은 모두 용인에 선산과 전장田莊을 두고 있었다.

이자李耔는 기묘사화 이후 조광좌의 아들 조항趙沆에게 보낸 편지에서 사은정을 지은 연유와 4인의 우정을 다음과 같이 전하였다. 조광조와 이들의 교우관계를 알 수 있는 것이기에 인용해 본다.

> 일전에 자네 선친과 나의 교유를 말하다가 갑자기 소란스러운 일이 있어 자세히 말하지 못하였기 때문에 지금 글로 간단히 말하고자 한다. 나와 정암靜菴, 자네 선친 형제와의 의는 형제와 같았고 실로 도가 부합하였다. 정암과 나의 선산은 용인에 있었고, 중익(조광보) 형제의 전장도 역시 용인에 있었는데, 서울에서도 하루도 만나지 않는 날이 없었고, 향리에 내려오면 서로 어울려 두암斗巖에서 천렵川獵하고 심곡深谷에서 화전을 해 먹었으며, 방동方洞에서 꽃을 보곤 하였다. 그 때는 실로 한가롭게 논 것이 아니라 서로 도움이 되는 치열한 공부와 지극한 즐거움이 그 안에 깃들어 있었던 것인데 그것은 다른 사람들로서는 알 수가 없었다. (중략) 그 이전에 중익과 정암·계량과 나는 한 칸 와실窩室을 두암 위에 지어 놓고 여기서 낚시도 하고 나물도 캐고 나무도 하고 농사도 하는 이 네 가지를 즐기기로 약속하고 정자 이름을 사은四隱이라

---

65) 龍仁의 舊號를 말함.

고 붙였다. 중익은 스스로 주인이 되어 일생을 여기서 보내려고 하였는데, 기묘년의 액을 당하여 정암은 유배처에서 죽고 계량은 장살 당하였으며, 중익은 어머니를 모시고 고향으로 돌아왔으나 얼마 되지 않아 세상을 떠났다. 나 홀로 늙어도 죽지 않았다. 여기까지 말하니 눈물을 금할 수가 없구나.[66]

이들의 관계가 "의는 형제와 같았고 실로 도가 부합하는 사이"였으며, 서울에서나 향리인 용인에서 늘 함께 하면서도 "서로 도움이 되는 치열한 공부와 지극한 즐거움이 그 안에 깃들어 있었던" 돈독한 지우였기에 이 무렵 사은정을 짓고 평생 동안 뜻을 함께 하고 길을 같이 하려는 인간적 동지였다는 것을 알 수 있다.[67]

여기서 조광보의 행적을 간략하게 살펴보면 조광보는 지사志士로서 1507년(중종 2) 박경朴耕의 옥사에 연루되어 조사를 받았다. 옥사의 내용은 대략 다음과 같다.[68]

첫째, 좌의정 박원종이 전왕인 연산군의 나인들을 많이 데리고 있으며 빈객들을 모으고 있다. 둘째, 유자광이 반정의 공을 포상할 때, 그 고향 사람들이 많이 포함되었다. 그러나 반정 당일 시위 군사 중에는 오히려 공을 인정받지 못한 사람들이 많아 이들이 이를 분하게 여기고 있다. 셋째, 정미수鄭眉壽를 장수로 삼아 반정의 주역이었던 박원종과 유순정을 제거하려 한다는 등의 내용이었다.

조광보는 문초를 받기위해 영의정 유순 이하 조정의 대신들 앞에 끌려나왔으나 곧 큰소리로 외치기를,

---

66) 『陰崖集』 권2, 「答趙秀才書」.
67) 李根洙, 「己卯士林 李耔와 政治活動과 改革意識」『京畿史論』第8號, 京畿大學校史學會, 2004년 12월.
68) 『中宗實錄』 권2, 중종 2년 정월 庚午條.

소인 유자광이 어떻게 이런 자리에 있을 수 있는가? 무오년 (사화에서 네가) 어진 신하들을 모함하여 김종직 같은 이들이 모두 죽게 되었는데 지금은 또 무슨 (나쁜) 일을 꾸미려하느냐? 나에게 상방검尙方劍[69]이 있다면 이 간사한 너의 머리를 베어 버리고 어진 임금을 모시고 어진 정승을 얻으면 좋은 정치가 이루어지는 것을 보게 될 것이다.[70]

라고 하였다. 또한 문서귀文瑞龜와 박경은 조선왕조의 인재 등용 문제점을 언급하면서 과거 제도를 폐하고 능력이 있다면 귀천을 가리지 않고 등용해야 한다는 의견도 서로 주고받았음을 고백하였다.[71] 즉 이것은 조광보는 유자광 같은 사람들이 공신이 되어 거들먹거리는 현실에 대한 불만은 자기들만이 아니라 뜻있는 사람들은 모두 공유하고 있다는 전제에서 행동하였음을 명백히 보여주는 것이다. 그러므로 조광보와 김공저金公著 등이 느끼는 현실에 대한 불만은 당시에 있어서 매우 광범위하게 퍼져 있는 여론을 반영한 것이라 할 수 있겠다.

조광보는 이 옥사 사건으로 파직된 후 학문에 몰두하였으며, 동생 조광좌는 1519년(중종 14) 사헌부 지평이 되었는데, 형제 모두 기묘사화에 연루되어 고초를 겪었다.

조광조는 1515년(중종 10) 6월에 성균관 유생의 천거와 이조판서 안당安瑭의 적극적인 추천을 받아 김식·박훈朴薰 등과 함께 조지서 사지에 초임初任되었으나,[72] 본격적인 관직 생활은 같은 해 알성시에 급

---

69) 상방은 임금의 일상생활에 관한 물건을 저장하고 봉양하는 곳을 말하는데, 한나라 成帝 때에 朱雲이 임금에게 "상방에서 말을 베이는 칼 '斬馬劍'을 신에게 빌려 주시면 아첨하는 신하 한 사람의 머리를 베어 버리겠습니다." 라고 한 고사에서 온 말이다.

70) 『중종실록』 권2, 중종 2년 윤정월 己巳條 참조.

71) 『중종실록』 권2, 중종 2년 윤정월 己巳條.

72) 『中宗實錄』 권22, 중종 10월 6월 癸亥條.

제하면서 부터였다. 성균관·대간·홍문관을 거쳐 입사入仕한 지 3년 5개월만인 1518년(중종 13) 11월에는 대사헌에 임명되었다.[73] 이는 상궤를 벗어난 급속한 진출이어서 그 자신도 기성관료와 훈구파의 반발을 상당히 우려할 정도였다.[74] 이러한 조광조의 급속한 진출에는 안당·김정·이자·신상申鏛·김안국 등의 후원이 있었다.

특히 안당이 당시 재상들의 반대에도 불구하고 조광조 등의 사림파를 적극 후원한 사실은 주목된다. 안씨 일가와 사림파와의 관계가 어떠한 이유로 밀착 되었는지는 알 수 없으나 양자 사이에는 정치적으로 상보적인 관계가 유지되고 있었던 것으로 보인다.[75] 조광조를 비롯한 당시의 신진사림파는 대간·홍문관 등 언관직과 정조政曹의 낭관직을 거의 독점하다시피 하며 자파 세력의 확대를 위해 현량과의 설치, 향약 보급 등을 추진하였다. 한편으로는 훈구세력을 약화시키기 위하여 1519년(중종 14) 10월 정국공신 위훈삭제를 시도하였다. 조광조는 이 일련의 개혁운동에서 항상 선봉의 역할을 하였으며 특히 경연에 머무르면서 중종의 계도와 새로운 정치사상의 보급에 힘을 기울였다.

---

73) 『靜菴文集』 권5, 年譜.
74) 『中宗實錄』 권34, 중종 13년 7월 戊申條.
　　『中宗實錄』 권34, 중종 13년 11월 戊午條.
175) 『中宗實錄』 권34, 중종 13년 11월 戊午條. 安氏一家와 士林派와의 관계는 보다 詳考를 요하는 문제이다. 安塘은 조광조를 비롯한 사림파의 政界進出를 적극적으로 후원하였고 한편으로는 金淨, 朴祥 사건에서 사림파를 옹호하기도 하였다.
　　『中宗實錄』 권32, 중종 13년 3월 庚戌條. 安塘의 아들 處謙, 處誠은 成均館 在官시절부터 조광조의 지지자였으며, 조카 處善도 조광조 등 사림파와 行動을 같이한 인물이었다. 따라서 사림파가 安塘을 右議政으로 지지하고, 또 안당의 3兄弟를 賢良科에 급제시킨 것은 이 같은 관계 속에서 이루어진 것으로 보인다.

라. 등용

일반적으로 중종 대는 조선왕조에서 사림 중심의 정치 체제의 특징이 확립된 시기로 이해되고 있다. 이 시기는 조광조의 개혁 정치와 기묘사화로 잘 알려져 있다. 중종은 연산군을 폐위시킨 반정의 주역들에 의하여 옹립된 왕이다. 그러므로 왕위에 오른 뒤에 자신의 정치적 경륜을 펼쳐나갈 여유가 없었다. 이는 왕위에 올랐다 하더라도 자신의 정치적 구상을 실천에 옮길 수 있는 배경이 전혀 없었음을 의미한다. 권력은 모두 반정공신들이 장악하였고 이들에 의해 정권이 좌우되었다. 아직 계유정난에 대한 논란이 끝나지도 않은 때에 다시 연산군이 폐위되는 사건이 일어났으므로 이러한 위기는 더욱 심각한 것이었다.

즉위 후 10년이 채 되기도 전에 5차례 이상의 역모사건이 발생한 것은 그 징후의 하나라고 할 수 있다. 첫 번째 옥사는 1507년(중종 2) 윤정월에 있었던 의관 김공저·유생 조광보·서얼 박경 등의 옥사로 시작되었다.[76] 이들이 반정공신인 유자광·박원종·노공필 등을 제거하려는 것을 탐지한 남곤·심정·김극성金克成 등이 밀고하여 김공저·박경은 극형에 처해지고, 조광보는 추국과정에서 양광佯狂으로써 모면했으나, 이장길李長吉은 제주도로 귀양갔다.[77]

두 번째 옥사는 1507년(중종 2) 8월에 서얼 노영손盧永孫이 이과李顆·하원수河源守·손유孫洧·신희철申希哲 등이 견성군甄城君 돈惇을 왕으로 추대하고자 역모를 꾸몄다고 고변한 옥사로,[78] 이과·하원수 찬 등은 능지처사 당하고 신희철은 귀양 갔다.[79] 이 공로로 노영손은 광원

---

76) 『中宗實錄』 권2, 중종 2년 윤정월 己巳條.
77) 『中宗實錄』 권3, 중종 2년 5월 癸卯條.
78) 『中宗實錄』 권3, 중종 2년 8월 丁酉條.

군光原君에 봉해지고 정난공신 1등에 녹훈되었으며, 당시 추관이었던 유순·박원종·유순정·홍경주 등은 공로에 따라 정난공신 2·3등에 녹훈되었다.[80] 1508년(중종 3) 11월에는 신복의辛服義의 옥사가 있었다.[81] 이 사건은 반정 이후의 논공행상에 관한 조정 내의 치열한 대립과 반목이 벌어지던 때에 당시 정국을 장악하고 있던 박원종·유순정·홍경주·성희안 등이 신복의를 고발하면서 시작되었다. 그러나 이는 음모 사건이라기보다는 관련자들이 정국에 불만을 품고 함부로 이야기한 것이 흘러 나와 확대된 사건이었다. 1509년(중종 4) 10월에는 왕실의 종친들이 연루된 옥사가 있었다. 이 사건의 관련자들은 대개 종실의 서얼들이었다.[82]

1513년(중종 8) 10월에는 박영문朴永文·신윤무辛允武의 역모 사건이 있었다. 이 사건은 의정부의 노비 정막개鄭莫介가 박영문·신윤무 등이 조정의 문신들을 제거하고, 영산군寧山君 전恮을 추대하려는 역모를 꾸몄다고 고변한 사건이다. 박영문은 재물을 탐내고 간흉하여 대간의 논박을 받아 공조판서의 벼슬에서 체직 당했는데, 신윤무의 집에서 이를 원망하는 말을 발설한 적이 있었다. 이것을 정막개가 듣고 대역죄로 꾸며 무고한 것이다. 뚜렷한 증거 없이 정막개의 고변만으로 심문하여 박영문, 신윤무를 대역죄로 처형하였다.[83] 이 공로로 정막개

---

79) 『中宗實錄』 권3, 중종 2년 8월 庚子條.
80) 『中宗實錄』 권4, 중종 2년 9월 壬寅條.
81) 『中宗實錄』 권7, 중종 3년 12월 丙寅條.
82) 이 사건의 전말과 취조 과정은 모두 『중종실록』 권9, 중종 4년 10월 丙辰條 참조. 이 기사의 중간과 끝에는 사신의 평이 기록되어 있는데, 모두 이 사건이 고발 그대로의 역모사건은 아니며, 고문을 못 이겨 많은 사람들을 끌어들였을 뿐이며, 고발자인 상산령 말손도 천출로서 믿을 만한 사람이 못되며, 주모자 석손의 아들 흔도 경솔하고 문자도 모르는 사람인데, 이들의 말에 의거하여 사건을 확대시켰음을 비난하고 있다.
83) 『中宗實錄』 권19, 중종 8년 10월 丙辰條.

는 종량從良되어 정3품 당상관인 절충장군 상호군에 제수되었으며, 추관이었던 송질宋軼·정광필·이사균李思均·유운 등도 각각 차등 있게 상을 받았다.[84]

중종 초기에 역모 사건이 연이어 일어난 배경을 이해하지 않고서는 중종대 정치사의 특징을 이해하기 어려울 것이다. 중종이 적극적으로 자신의 정치적 구상을 실현하기 위하여 조광조를 발탁하고 개혁 정치를 시도한 것은 1515년(중종 10)부터였다. 이때는 다섯 번째 역모 사건인 박영문과 신윤무의 옥사가 있었던 1513년(중종 8) 10월로부터 불과 1년 정도가 지난 다음이었다. 그러므로 조광조의 등장과 개혁 정치, 기묘사화로 특징 지워지는 당시의 정치가 얼마나 복잡하고, 불안 했는가를 잘 보여주는 것이라 할 수 있을 것이다.[85]

공신들은 중종 즉위 후 조정의 권력을 모두 장악하였다. 그리고 이들은 정국공신, 원종공신의 명목으로 117명이 공신에 책봉되고 그들 자신과 친족들에게까지 각종 혜택을 베풀었다. 이런 이유로 반정의 주역들은 정치적·도덕적으로 권위 자체가 흔들리게 될 수밖에 없었다. 반정의 목적이 자신들의 이익을 도모하기 위한 것이라는 의심과 비판을 불러일으켰다. 때문에 대간에 의하여 이런 비판이 제기되었을 때 이들은 속수무책이었다.

이들은 조정의 요직을 다 차지하고 있었지만 새로운 정국을 이끌어갈 권위를 상실해 가고 있었다. 동시에 반정 세력에 의해 왕이 된 중종은 제대로 정치력을 발휘할 수 없었다. 실제 공신 문제를 둘러싼 논쟁에서 왕은 늘 권력의 주변에 있는 인물에 지나지 않았다. 공신들의 권력 독점과 지나친 포상은 중종 초에 이들의 수가 너무 많다거나

---

84) 『中宗實錄』 권19, 중종 8년 10월 己未條.
85) 정두희, 『『조광조』 – 실천적 지식인의 삶, 이상과 현실사이에서 – 』, 아카넷, 2000, pp. 25~26 참조.

포상이 지나치다는 거센 반발이 일어났으며, 이 반발에 단호하게 대처하지 못하는 원인이 되었다. 그러므로 이 문제가 중종 초 대신들의 정치력을 약화시키고 있었던 것이다.[86]

중종 초의 정치가 온통 반정 후의 논공행상의 잘못을 따지고, 연산군대의 학정의 책임을 묻고, 또 무오사화에 관한 논쟁에 집중되면서 대간의 주장이 관철되지 않은 것이 없었다. 그리고 연이어 발생한 다섯 차례의 역모사건으로 조정의 권위는 크게 실추되었다. 반정 주역의 핵심인물인 박원종·유순정·성희안이 1513년을 전후하여 모두 사망하였다는 것은 심각한 문제가 아닐 수 없었다.

바로 이런 배경에서 1513년 4월 중종은 자신의 친정 체제를 강화하겠다고 선언하였다.[87] 정국공신들의 굴레에 갇혀 지냈던 중종은 반정공신의 핵심인물들이 잇따라 세상을 떠난 이때를 기점으로 자신의 정치적 영향력을 확대하려고 하였던 것이다. 중종은 자신의 친정체제를 구축하기 위해 기존의 공신들이 아닌 조광조와 같은 사림들을 크게 등용하여 정치적 동반자로 삼았다. 이로써 조광조가 조선 왕조의 정치에 전면으로 등장할 수 있는 무대가 마련되었던 것이다.

조광조의 이름이 사서에 처음 나온 것은, 1507년(중종 2) 김공저와 조광보의 옥사 때였다. 이때 연루된 조광좌를 문초하는 과정에서 조광조의 이름이 거명되었다. 조광좌는 문초를 받는 과정에서 박경의 권유로 김식의 집에서 조광조와 문서귀 등을 만났다고 답변하였다. 이 일로 조광조는 문초를 받게 되었다.

그는 이 자리에서 문서귀와 함께 박경의 집에 갔음을 시인하였다.[88] 조광조는 더 이상 이 사건에 관련되어 불려가거나 조사를 받지

---

86) 정두희, 앞의 책, p. 67 참조.
87) 『中宗實錄』 권18, 중종 8년 4월 乙亥條.
88) 이상 조광좌의 공초에 관련된 사실은 『중종실록』 권2, 중종 2년 정월 庚午

않았으며, 아무 혐의가 없음이 드러났다. 그러나 이 사건은 조광조가 당시 중종반정 이후에도 여전히 조정의 핵심에 자리하고 있던 연산군 대의 중신들을 비판하는 사람들과 잘 알고 지내고 있었음을 말해 주고 있다. 조광좌의 답변 가운데는 조광조의 생애를 이해하는 데 매우 중요한 점을 암시하는 내용이 들어 있다.

> (제가 집을 빌리는 문제로 박경의 집을 갔을 때) 박경이 "문서귀가 지금 김식의 집에 왔으니 함께 가보자"고 하여 (김식의 집에) 갔습니다. (거기에는) 문서귀와 조광조가 먼저 와 있었습니다. 제가 박경에게 학문하는 법을 묻자, 박경은 "학자는 마땅히 『중용』과 『대학』을 읽어야 한다. 배우는 사람들의 학업이 높아지지 않는 것은 (모두가) 과거 공부에만 열중하기 때문이다'라고 답하였습니다. (이에) 문서귀가 박경에게, "예전에는 향거리선鄕擧里選의 제도가 있었는데, 지금의 과거 제도는 파해야 할 것인가? 순자법循資法 역시 폐지해야 할 것인가? 서얼庶孼 중에 재능 있는 사람을 뽑아 써야 할 것인가?"하고 물었습니다.[89]

위의 내용을 보면 이들이 모여서 현행 과거 제도의 문제점과 그것을 대신할 천거제에 대한 대화와 의견을 주고받았음을 알 수 있다. 이 내용이 비록 당시 조광조의 생각이 아닌 박경의 입을 통해 나왔지만, 훗날 조광조가 현량과를 실시하는 등 새로운 인재 등용 법을 시행하고자 노력했던 사실과 무관해 보이지 않는다.

조광조와 같은 젊은 학자들은 『중용』과 『대학』 등 성리학의 기본 경전을 읽고 배우며, 더 나아가 조선 왕조의 현실적인 폐단을 시정해야 한다는 생각을 갖고 있었음을 위의 사료를 통해 알 수 있다.

條.
89) 『中宗實錄』 권2, 중종 2년 윤정월 庚午條.

1510년(중종 5), 조광조는 29세의 나이에 진사시에 합격하였다. 그는 성균관에 입학하기 이전에 소학·근사록·사서·성리군서性理群書·통감강목 등을 중심으로 독서하고 성리학을 궁구하였다. 성리학에 대한 조광조의 명성은 높아졌고 이를 듣고 원근에서 내학來學하는 사람들이 많았다고 한다.[90] 또한 그는 옛 성인들의 언행을 배우고 익히며, 더 나아가 그대로 실천하면서 살기 위해 남다른 노력을 기울였던 것 같다.

1510년(중종 5) 10월 경연에서 참찬관 김세필金世弼은 "우리나라 선비들이 기풍이 지나치게 사장을 중요시하고, 유교 경전에 대한 공부를 제대로 하지 않아 성현들이 세워 놓은 네 번째 도학의 깊은 뜻을 제대로 아는 사람이 없다."고 개탄하면서, 더 나아가서는 성현의 언행을 흠모하여 따르고자 하는 사람을 오히려 비웃고 있는 현실을 지적하였다. 그리고 나서 김세필은 이런 폐단을 극복하기 위해서는,

> 마땅한 사람을 골라 사표師表로 삼아 학문을 진작시키고 인재를 양성한다면 어찌 그 효과가 없겠습니까? 옛 선인들은 사표가 될 만한 사람을 가리켜 유자儒者의 영수領袖라 하였으니, 전하께서도 마땅한 사람을 뽑아 오늘날의 유자의 영수로 삼으십시오.[91]

라고 건의하였다. 당시 성리학의 가르침을 열심히 배우고, 그에 따라 자신의 일상적 삶을 살아가기 위해 실천하는 사람들을 세상에서는 비웃고 있다는 현실을 김세필은 우려했던 것이다. 그런데 위의 사료 끝

---

90) 『靜菴文集』 권5, 年譜
91) 『중종실록』 권12, 5년 10월 癸巳條. 김세필은 우리나라 선비들의 기풍이 지나치게 詞章을 중요시하고, 유교 경전에 대한 공부를 제대로 하지 않아 성현들이 세워 놓은 네 번째 도학의 깊은 뜻을 제대로 아는 사람이 없다고 개탄하였다.

에 있는 사론을 보면 조광조를 이해하는데 도움이 되는 사료가 있다.

> 이때 생원 김식, 조광조 등이 김굉필의 학문을 이어받아 언행을 함부로 하
> 지 않고, 관대를 벗지 않으며, 종일토록 단정하게 앉아서 마치 손님을 대하는
> 것처럼 하였다. 그것을 본받는 자들이 있어서 말이 자못 달랐다. 성균관이 그
> 들이 스스로 사성십철四聖十哲[92]이라 일컫는다고 하여 홍문관·승문원·교서관
> 과 어울려 이들을 죄로 몰아넣으려 하였으나, 뜻을 이루지 못하였다. 그러므
> 로 경연관(김세필을 가리키는 것 같다.) 이 힘써 그렇게 말한 것이다.[93]

이 사론을 보면 조광조가 성리학적인 가르침에 따라 그의 몸가짐
과 일상생활을 어떻게 영위하고 있었는지를 대강 짐작할 수 있다. 그
리고 이러한 그의 행동은 주변 사람들에게 비웃음을 사고 있었을 뿐
아니라, 심지어는 죄악시되기까지 하였다는 사정을 알 수 있다. 그러
므로 조정 내에서는 조광조가 어떤 사람인지는 제법 잘 알려져 있었
다고 생각된다. 조광조는 진사시에 합격한 이후 성균관에 나아가 공
부를 하였다. 1510년(중종 5) 11월, 왕이 사정전에서 사유師儒와 성균
관의 유생들에게 강의를 시켰는데, 이때에 조광조는『중용』을 강하였
다.[94] 그리고 그 이듬해인 1511년(중종 6) 4월에는 성균관에 명하여
유생 조광조를 비롯하여 김석홍金錫弘, 황택黃澤 등을 천거토록 하였
다.[95] 그 이틀 후 사경司經 황여헌黃汝獻은 이 세 사람은 "학문과 조행

---

92) 四聖이란 중국고대의 성인으로 일컬어지는 伏犧氏, 周나라의 文王과 周公,
   그리고 孔子 네 사람을 말함. 10철은 공자의 제자들 중 여러 면에서 뛰어난
   10명의 제자들, 즉 顏淵, 閔子騫, 冉伯牛, 仲弓, 宰我, 子貢, 冉有, 季路, 子
   游, 子夏가 그들이다.
93)『中宗實錄』권12, 중종 5년 10월 癸巳條.
94)『中宗實錄』권12, 중종 5년 11월 丁卯條.
95)『中宗實錄』권13, 중종 6년 4월 庚辰條.

이 없으므로" 천거할 만한 인재가 되지 못한다고 하면서, 특별히 조광조에게 대하여는 다음과 같이 평가하였다.

> 조광조는 학문에 뜻을 두고 있어 쓸 만한 인재이기는 합니다. 그러나 학문을 (중도에) 그만두고 벼슬길에 나가는 것은 그도 역시 바라는 바가 아닐 것입니다. 대개 (사람을) 천거할 때에는 마땅히 재주와 행실이 두드러진 사람을 택해야 하며, 평범한 사람을 골라서는 안 될 것입니다.[96]

말하자면 조광조는 다른 천거 대상자와는 달리 뛰어난 인재이기는 하지만 아직까지는 좀 더 학문에 열중할 때이지 관직에 나아갈 때는 아니라는 것이 황여헌의 뜻이었다. 그러나 조광조를 등용시켜야 된다는 여론은 끊이지 않아서, 이번에는 예조와 성균관이 함께 유생 조광조·민세정閔世貞·박찬朴璨 등을 천거하였으며, 왕은 이들을 발탁하라고 명하기까지 하였다.[97] 그러나 헌납 이언호李彦浩는,

> 민세정·박찬 같은 이는 효행이 있고 나이도 40이 다 되어 등용할 만하지만, 조광조는 비록 그 행실이 뛰어난 점이 있다고는 하여도 아직 30세도 되지 않았습니다. 그리고 (그는) 지금 학문에 큰 뜻을 두고 있으므로, 지금 만약 그 뜻을 빼앗아 미미한 관직에 임명하게 되면 반드시 (학문에 전념하고자 하는) 그의 뜻이 꺾이게 될 것입니다. (더욱이) 조광조 자신도 벼슬길에 나아가는 것을 즐겨하지 않을 것이니, (그를 임용한다는 것은) 국가가 인재를 배양한다는 도리에도 어긋날 것입니다. 지금 갑자기 임용하지 말고 (학문을 이루고자 하는) 그의 뜻을 펴게 하십시오. 그리고 그의 학문에 대한 명성이 크게 알려진 다음에 등용하여도 결코 늦지는 않을 것입니다.[98]

---

96) 『中宗實錄』권13, 중종 6년 4월 壬午條.
97) 『中宗實錄』권13, 중종 6년 4월 庚寅條.

라고 하여 조광조의 천거에 반대하였다. 이에 왕은 민세정과 박찬은 관직에 임명하되, 조광조는 임용하지 말라고 명하기에 이르렀다.[99] 그러나 조광조의 관직 임용 여부를 두고서는 논란이 끊이지 않았다. 며칠 후 검토관 공서린은 조광조가 남다른 점이 있기 때문에 거듭 천거를 받았으니 임용하는 것이 옳다는 뜻을 건의하였다. 이에 대하여 대간에서는, 조광조를 등용하지 말자는 것은 "덕을 더 쌓아서 뒷날에 크게 쓰일 인물"로 만들자는 것이라고 주장하였다.[100] 사실 조광조와 함께 천거되었던 민세정과 박찬은 각기 별좌와 참봉직에 임명되었지만, 이러한 미미한 관직은 그다지 세인의 관심을 끌 수 없는 것이었다. 그러기에 공서린은,

> 별좌別座와 참봉은 캄캄한 밤에 권세 있는 집을 몰래 찾아다니며 관직을 구걸하고 다니는 사람들도 천하게 여기는 것이니, (천거된 자들에게 이런 미천한 관직을 주는 것은) 천거한 본의에도 어긋나는 것이 아니겠습니까? 저의 생각으로는 이들을 바로 6품직에 올려 현감에 임명한다면, 비록 작은 임무이기는 하나 이들이 평소에 지녔던 뜻을 펼 수 있을 것입니다.[101]

라고까지 건의하게 되었던 것이다. 공서린의 주장에 대해 정국을 이끌었던 재상 성희안은 성종대에 김굉필이 경전에도 박학하고 행실도 뛰어나 천거를 받자 바로 6품직에 임명되었다는 예를 들면서, 조광조를 (참봉과 같은) 미미한 자리에 임명할 수는 없다고 거들었다. 이로부터 당분간 조광조의 천거 문제는 논의되지 않았다. 그러나 그 후에

---

98) 『中宗實錄』 권13, 중종 6년 4월 庚寅條.
99) 『中宗實錄』 권13, 중종 6년 4월 庚寅條.
100) 『中宗實錄』 권13, 중종 6년 4월 丁酉條.
101) 『中宗實錄』 권14, 중종 6년 6월 壬寅條.

도 천거된 사람을 6품직에 바로 임명하는 것이 좋겠다는 논의가 있었
다. 안당安瑭이 조광조를 다시 천거하면서, "마땅히 문신을 등용하는
것과 다름이 없어야 된다."고 하자, 중종이 수락하였다.[102] 그리하여
조광조는 조지서 사지로 임명되었다.[103] 이렇게 본다면 조광조가 계
속된 천거에도 관직 임명을 받지 못했던 것은 그가 배척당했기 때문
이 아니라, 천거 후에 임용될 관직이 너무나 한미하기 때문이었다.

조광조는 처음 관직에 임명된 지 두 달 뒤인 1515년(중종 10) 8월에
알성문과에 급제하여,[104] 성균관 전적으로 임명되었다. 이로써 조광
조는 34세의 나이에 정치 무대에 나서게 되었다. 조광조의 정치무대
등장은 그 자신뿐 아니라 조선 왕조의 운명에도 커다란 영향을 미치
는 계기가 되었다.

2. 정치활동과 사회개혁

가. 정치활동

(1) 위훈삭제僞勳削除

기묘사림이란 기묘사화 이전의 세력인데, 후대의 용어를 인용하여
일반적으로 기묘사화에 연루되어 피화된 신진사류들을 지칭한다. 이

---

102) 『中宗實錄』 권22, 중종 10년 6월 癸亥條.
103) 『中宗實錄』 권22, 중종 10년 6월 癸亥條.
104) 『靜菴文集』 부록 권5, 年譜에 보면, 그가 造紙署의 사지로 천거, 임명되었
    을 때의 일화를 이렇게 소개하고 있다.
    "선생이 탄식하며 이르기를, 나는 근본적으로 이익과 영달에 마음을 쓰지
    않았는데 갑자기 이 일을 맡게 되었다. 그러니 이 길로 나가려면 과거를
    보지 않을 수 없다. 헛된 명예로 세상에 알려지는 것을 나는 매우 부끄러
    워한다."

들은 중종반정 이후 1519년(중종 14) 기묘사화까지의 정치과정에서 결집되고 구체화된다. 중종반정으로 정권을 장악한 쪽은 공신으로 책봉된 세력이었다. 전례 없이 117명에 달하는 공신의 구성요소는 복잡하여 성종·연산군대처럼 훈구 대 사림의 정치구도와는 달랐다.

중종 초부터 중종 10년경까지 정국운영의 추이는 박원종·유순정·성희안의 이른바 반정 3대장과 일부 공신계가 요직을 독점하고 비공신계의 인사들이 나머지 관직을 구성하는 형세를 이루었으며 종래의 훈구계열이 공신계의 한 축을 형성하는 정치구조였다. 1514년(중종 9)까지의 정조政曹는 공신 중심의 지배체제가 유지되었기 때문에 비록 소수의 사림세력이 등장하고 있었다 하더라도, 그 세력이 미약하여 영향력을 제대로 행사할 수는 없었다.

그러나 중종 9년을 기점으로 공신세력이 쇠퇴하고 비공신계 훈구세력이 정치의 주축세력을 형성하였다. 이런 상황에서 정광필·안당 등 사림에 대하여 깊은 이해를 하고 있는 훈구계 정치인들은 사림세력 진출의 결정적 계기를 마련해 주었다. 그러나 이들 사림세력은 정조의 상위까지는 진출하지 못하고 낭관까지만 진출할 수 있었다. 한편 언관으로 진출은 정조에 비해 훨씬 활발하였다. 1513년(중종 8년)까지는 언관도 훈구세력에 의해 독점되었으나, 상위 직에 정광필·안당 등이 재직하면서부터 사림파의 진출에 직·간접으로 긍정적 작용을 하게 되었다. 하위직에서는 김안국·김정국·김정·권벌·공서린·박상朴祥 등 사림파와 그들과 정치적 성향을 같이하는 이사조李思鈞 등이 진출하였다. 이러한 사림파의 언관 진출은 조광조의 등장 이후부터 본격화 하였다. 삼사三司의 장관은 김정·이성동李成童·이자·조광조·김식·김구·공서린 등 사림파에 의해 장악되었으며, 하위직에서는 사림세력의 진출이 더욱 두드러지게 나타났다.

이들 대부분은 사림세력의 지원에 의해 진출했거나, 아니면 조광조 등장 이후 사림이 세력기반을 구축한 후 진출한 소장 층이었다. 이들은 수적으로는 적으나 상대세력을 비판하는 활동을 강화함으로써 사림세력의 성장을 촉진하였으며, 이로 인해 훈구세력은 그들을 적대적 존재로 인식하게 되었다. 결국 사림세력은 대간과 언관을 장악하고 언론활동을 통하여 정조의 공신 및 훈구계열인 보수 세력을 견제하면서 언관우위의 지배체제를 굳히려 했다. 그러나 실무행정을 담당하는 정조에서의 약세, 특히 세력유지 및 증대에 필요한 전주권銓注權과 병권 등을 장악하지 못한 한계를 드러내고 있었다.

이 기간의 주된 정치적 과제는 연산군 지배하에 파생된 각종 폐정과 그 이전부터 누적되어 온 인습 및 구제도의 모순 해결이었다. 그러나 정권을 장악한 공신세력 자체가 비정과 얽혀 있어 그것을 청산하는 데에 적극적이 못했으며, 국가를 이끌어 나갈만한 정치적 이념이나 통치 질서 수립을 위한 능력 또한 갖고 있지 못하였다. 그들은 반정으로 연산군에 의해 파탄에 처하였던 정치 체제를 회복하는데 만족했을 뿐 더 이상의 정치변화에는 관심이 없었다.

공신중심의 고식적 정국에서 벗어나 변화를 구하려는 시도는 오히려 중종에 의해 선도되고, 공신계가 아닌 신진정치세력인 사림세력이 그를 뒷받침하였다. 중종 초부터 군주권을 견제하던 박원종·유순정·성희안의 3대장이 1513년(중종 8)경 차례로 죽고, 반정 일등공신인 신윤무·박영문이 역모를 꾀하다 처형되면서부터 공신세력은 현저히 약화되었다. 중종은 친정을 통해 인사권의 행사를 강화하기 시작하였다. 중종은 그 해 4월 1일 교教를 통해 지금까지 관행적으로 해 오던 인사행정의 상정常政을 지양하고 왕이 직접 행사하는 친정을 하겠다는 입장을 분명히 하였다. 즉, 반정공신의 영향력이 현저하게 줄어 든 1513년 이후 친정을 통한 왕권강화에 대한 강한 의지를 표명하였다.[105)]

중종으로서는 왕권강화를 추구하고 동시에 정치 혁신을 바라는 민심에 부응하기 위해서는 이를 뒷받침하여 줄 정치이념과 지지 세력이 필요하였다. 이런 경우 기존의 정치집단 만으로는 부족하였다. 관료사회에 새로운 바람을 불러일으킬 신진 정치세력이 필요했다. 성균관 대사성 이하 유생 200여 명의 공동 천거에 의해 조광조·김식·박훈의 3인이 경명행수經明行修한 선비로 추천된 것은 바로 이런 시점이었다.

성균관의 천거로 조지서 관원에 임명된 조광조는 2개월 후인 1515년(중종 10) 8월에 과거에 합격하여 성균관 전적에 임명되었으며, 그해 11월 사간원 정언에 제수되면서 정국을 주도하였다. 그해 말 이른바 "신씨복위상소사건愼氏復位上疏事件"을 통하여 후에 기묘사림이라 불리는 정치세력을 결집하고 그 전면으로 부상하였다.[106] 조광조를 비롯한 기묘사림의 정치세력 결집은 개혁과 연결되었으며, 당장 정치사회적인 제반 문제를 야기 시킨 위훈문제를 처리하지 않을 수 없었다. 따라서 이들이 정국을 주도하려면 어떠한 대가를 지불하더라도 위훈문제를 피해 갈 수는 없었을 것이다. 중종반정 직후에 책봉된 정국공신은 무려 117명으로 정치사회적인 제반 문제를 야기하였다. 이러한 위훈문제를 처리하지 않고는 제반 개혁을 수행할 수 없었기에 성리학적 이념을 기반으로 한 지치至治의 실현을 위해서는 불가피한 일이었다.

조의제문을 지어 군주에 대한 절의를 표방하던 김종직 계열을 잇고 지치의 재현이란 목표를 내걸어 도학정치를[107] 표방하던 조광조의

105) 李根洙,「陰崖日記와 己卯士林의 改革政治」『陰崖李耔와 己卯士林』, 지식산업사, 2004, pp. 11~13 참조.

106) 정두희, 앞의 책, pp. 103~106 참조.

107) 김용곤,「朝鮮前期 道學 政治思想 硏究」, 서울대학교 博士學位論文, 1994. 조광조의 도학정치 실현에 관해서 김용곤은 다음과 같이 말하고 있다. 조광조와 사림파는 도학정치의 실현을 목표로 小學, 師友, 鄕約의 道를 시행

정치이념은 바로 위와 같은 중종의 정치적 욕구와 그 궤를 같이 하고 있다. 즉 왕권의 강화와 정치적 혁신을 바라는 민심에 부응하기 위해서는 이를 뒷받침하여 줄 정치이념과 지지 세력이 꼭 필요했다.

여기서 조광조의 정치이념인 도에 관해서 살펴보자. 조광조는 현실정치에서 지치의 실현이 가능하다고 확신하고 있었다. 그러기 위해서는 국왕의 마음 다스리는 공부가 중요하다고 보았다. 국가를 다스린다고 하는 것은 결국 하늘과 사람과 그리고 국왕과 백성을 관통하고 있는 '도道'를 실현하는 것인데 이 도란 마음이 아니고서는 달성되지 않기 때문이다. 이 점을 그는 다음과 같이 말하고 있다.

> 도는 마음이 아니면 의지하여 설 수가 없고 마음은 지성이 아니면 또한 힘이 되어 시행될 수가 없습니다. 인군人君이 되어 진실로 천리天理를 관찰하여 그 도에 처해 나가고 그 지성으로 말미암아 그 일을 행해 나가면 국정國政을 하는 데 무엇이 어렵겠습니까?[108]

그런데 그가 내세우고 있는 도가 구체적으로 무엇인가 하는 점인데 이 점은 그의 지치의 내용을 이해하는 아주 중요한 문제이다. 이 점에 대해 그는 다음과 같이 답하고 있다.

에 갔다. 이러한 움직임은 물론 그러한 道가 근거하고 있는 心學의 기초 위에서 행해진 것이었다. 그리고 그들은 그들의 학문인 심학을 공인받으려고 하였다. 이것이 중종대 전개된 文廟從祀運動의 배경이요 목적이었다. 그리고 그들 학문의 공인은 그들의 정치적인 입장을 강화시키는 계기가 될 것이었다. 그들의 정치적 입장이란 왕도정치를 실현하기 위한 일련의 제도적 장치를 마련하는 것을 뜻하는 것이었다. 천거과의 실시라든가, 향약의 시행기구로서 사마소의 설치는 그 例에 지나지 않는다. p.143. 참조.

108) 『靜菴文集』 권2, 對策 謁聖試策(乙亥).

　　나라를 다스리는 것은 도입니다. 이른바 도라는 것은 천성을 따르는 것을
말합니다. 대개 천성이 있지 않는 것은 없기 때문에 도도 있지 않는 것이 없
습니다. 크게는 예악형정禮樂刑政과 작게는 제도, 문화사업이 인력을 빌지 않
는 것이 없으며 각각 당연한 이치가 있지 않는 것이 없사온데 이것이 곧 고금
의 제왕들이 다 같이 실천하며, 정치를 하시던 것으로서 하늘과 땅에 가득 차
고 옛날과 지금을 관찰하는 것으로서 실은 일찍이 내 마음 안에서 벗어나지
않습니다.[109]

　　즉, 도라는 것이 국가의 제반 제도나 예악형정 속에 반영된다는 것
으로서 그의 경세經世와 제도와의 상관관계가 밀접함을 보여주고 있
다. 사실 지치도 구체적으로 국가를 통치해가는 과정에서 제도개편이
라는 형태를 띠고 전개될 수밖에 없는 것이고, 이 점은 조광조의 일
련에 제도개편을 통해서 확인되고 있다. 제도개편이야 말로 지치의
실현을 의미하는 것이었기 때문이다.[110]
　　반정 직후에 추진되었어야 할 폐정 개혁과 새로운 정치이념 제시
가 이때 와서 자리 잡게 된 것이다. 공신 지배체제하에서 간간이 표
출되어 오던 개혁을 향한 분산된 목소리들이 이제 한 접점에서 수렴
되어 정치적인 큰 힘을 발휘하게 된 것이다. 그 구심점에는 조광조가
있었고 여기서 후일 기묘사림이라고 불리는 정치집단이 형성되게 된
다. 보통 기묘사림으로 불리는 사람들은『중종실록』에 자주 등장하는
'광조지배光祖之輩'라는 표현에서 알 수 있는 대로 조광조의 정계진출
이후 전개된 정치 상황에서 결집된 정치세력이었다. 이들은 조광조를

---

109)『靜菴文集』권2, 對策 謁聖試策(乙亥).
110) 趙光祖의 제도개편에 대한 자세는 아주 적극적이어서 만약 현실에 맞지
　　않는다면 變改해야 한다는 입장을 나타내고 있다.『정암문집』권3, 經筵陳
　　啓 檢討官時啓 4.

구심점으로 하여 끊임없이 사회개혁과 정치활동을 전개한 정치 세력
이었다. 그의 정치 활동 중에서 위훈삭제를 빼놓을 수 가 없다.

　중종반정 직후에 책봉된 정국공신은 무려 117명으로 이들은 부자,
형제, 숙질, 조손, 사촌 등의 친족집단과도 같은 성격으로 구성되어져
중종 초부터 정치문제화 되었다. 훈구세력에 의한 요직의 독점과 토
지의 광활한 점유는 훈구세력의 권귀화, 과거제도의 문란, 국가세수
입의 감소 및 지방민의 유민화, 사습土褶의 문란을 가져왔다. 따라서
이것을 시정하고 기강을 확립하기위한 방법으로 위훈삭제를 실시하
게 된 것이다.

　위훈삭제라는 정치적 사건은 1519년(중종 14) 10월 25일 대사헌 조
광조가 대사간 이경동李瓊소과 함께 정국공신을 전면적으로 개정할
것을 요구하면서 표면화되었다. 정국공신 중에는 반정에 공도 없는
연산군대에 총신들이 많이 포함되어 있었다. 조광조는 정국공신을 개
정해야 하는 이유에 대해 다음과 같이 말하고 있다.

　　　이 일(잘못된 정국공신을 개정하지 않는 것)은 정사의 잘못과 같지 않아
　　사람마다 다만 이익이 있다는 것을 알고 인의가 있다는 것을 알지 못하게 됩
　　니다. 이것으로 습속을 이루게 되면 장차 하지 못할 일이 없을 것입니다.[111]

　　이익의 근원이 열리는 것은 국가의 고질병입니다. …… 만약 이익
　의 근원을 과감하게 막지 않으면 사람들이 이욕에 쉽게 빠져 반드시
　차마 말할 수 없는 일이 있게 될 것입니다.[112]

　　　정국공신은 (책봉된 지) 비록 오래 되었다고는 하지만 이 공신 중에는 패

---

111) 『靜菴文集』 권2, 「인부종개정공신사직계 2」, 16ab.
112) 『靜菴文集』 권2, 「양사청개정정국공신계 2」, 14b.

주(연산군)의 총신들이 많은데, 이들의 죄를 논하자면 결코 용서할 수가 없습니다. 비록 폐조의 총신이라 하더라도 반정할 때에 공을 세웠다면 공신으로 기록될 수 있겠지만, 이들은 아무런 공도 없지 않습니까? 대개 공신을 중하게 여기면 공을 탐하고 이로움을 탐해서 왕을 시해하고 나라를 빼앗는 일이 이로 말미암아 일어나게 됩니다. (그러므로) 임금이 만약 나라를 잘 다스리고자 한다면 (이러한) 이의 근원을 막아야 하는 것입니다. 성희안은 당시에도 그렇게 하려고 하지는 않았지만 유자광은 그 자제와 인아姻婭를 귀하게 만들기 위해 그렇게 하였으니, 이는 전적으로 소인이 모의에 참여하였기 때문입니다. 지금 상하 모두가 잘 다스려지기를 바라는 때에 이를 앞세워 정국공신을 개정하지 않는다면 국가를 유지할 수 없을까 걱정입니다.[113]

정국공신을 개정해야 하는 이유를 밝힌 위 언급은 서로 다른 세 가지 차원의 의미가 착종돼 있다.

첫째, 정국공신을 개정하자는 주장은 이욕의 제거와 의리의 추구라는 명분으로 제기됐다. 즉 공신 개정을 둘러싼 대립은 선[의리義理]과 악[이욕利慾]의 대립인 것이다.

둘째, 악의 제거는 실제로 그 악의 담지자인 공신을 정치 영역에서 배제시키는 것이다. 선과 악의 대립은 실질적으로 사림세력과 훈구세력의 대립이고 투쟁이다.

셋째, 공신 개정을 왕에게 직접 요구한다는 것이다. 개정하지 않으면 궁극적으로 나라가 망하게 된다는 것은 왕에게 정치적인 결단을 촉구하는 것이다. 이는 대립의 구도가 현실적으로 사림세력과 왕 사이에 형성되었다는 것을 의미한다.

실질적으로는 훈구세력의 제거라는 목적이 두드러지지만, 이념적으로는 선과 악의 투쟁이고, 겉으로 드러나는 것은 왕과의 투쟁이다.

---

113) 『中宗實錄』 권37, 중종 14년 10월 乙酉條.

사림세력과 훈구세력의 대립은 실제로 사림과 왕의 대립이라는 형태로 진행이 된 것이다.

조광조와 기묘사림은 정국공신 2·3등 중에 개정할 자가 많으며 4등 50여 명 대부분은 공이 없는데도 함부로 기록된 자들이라고 밝혔다.[114] 대사헌 조광조와 대사간 이성동의 주장에도 중종이 정국공신의 개정을 반대하자 부제학 김구도 대간의 뜻을 따를 것을 왕에게 촉구하였다.[115] 이튿날에는 대간에서 이 문제를 다시 거론하고 나섰다.[116] 그래도 중종이 반대하자 이번에는 승정원과 홍문관에서도 정국공신 개정을 주장하였다.[117] 이런 주장이 받아들여지지 않자 대간은 전원 사직을 요청하였다.[118] 심지어 조광조와 이성동은 밤이 깊어 이미 삼고三鼓가 지났는데도 불구하고 중종에게 거듭 정국공신 문제를 거론하였다.[119] 대간이 사직하고 조광조를 비롯하여 홍문관, 승정원 등에서 거듭 정국공신 개정을 요구하자 반대만 하던 중종도 한 발 물러서지 않을 수 없었다.

1519년(중종 14) 11월 8일, 왕은 70여 명에 달하는 공신 전원을 개정할 수는 없으므로 물의가 있는 사람만을 개정하자는 절충안을 제시하였다.[120] 그리고 유순·김감金監·구수영具壽永 등 19명의 명단을 내리면서도 중종은 정국공신의 개정을 반대한다는 뜻을 다시 분명하게 밝혔다.[121]

---

114) 『中宗實錄』 권37, 중종 14년 10월 乙酉條.
115) 『中宗實錄』 권37, 중종 14년 10월 乙酉條, 부제학 金絿도 대간의 뜻을 따를 것을 왕에게 촉구 하고 나섰다.
116) 『中宗實錄』 권37, 중종 14년 10월 丙戌條.
117) 『中宗實錄』 권37, 중종 14년 10월 丁亥條.
118) 『中宗實錄』 권37, 중종 14년 10월 丁亥條.
119) 『中宗實錄』 권37, 중종 14년 10월 己丑條.
120) 『中宗實錄』 권37, 중종 14년 11월 戊戌條.

1519년 10월 25일, 조광조가 정국공신을 개정할 것을 요구한 이래 대간, 홍문관, 승정원 등에서 그 뒤를 이어 이 문제를 집요하게 거론하였다. 그러나 이것은 쉽게 결론을 볼 수 있는 문제가 아니었다. 1519년 11월 9일, 조광조를 중심으로 한 대간에서는 특별한 공로가 없다고 판단되는 정국공신의 이름을 거론하면서 이 문제를 크게 확대시켜 나갔다.[122]

이 문제가 중종이 반대한다고 해서 결코 진정되지 않을 것으로 보이자, 사태를 관망하던 영의정 정광필은 공신 중에서 삭제할 만한 사람들의 명단을 구체적으로 작성하여 제출하기에 이르렀다.[123] 1519년 11월 10일 정국공신 개정이 최종 마무리되기 하루전날 대사헌 조광조·대사간 이성동·부제학 김구 등이 중종을 만났다. 아래 내용은 시사하는 바가 크다.

> 조광조가 아뢰기를, "대신이 옳지 않게 여기는데 임금의 뜻을 고집하시니, 아마도 임금의 뜻이 치우치게 매인 곳에 계신 듯합니다."
> 하고, 이성동이 아뢰기를, "성려聖慮에 조금이라도 치우치게 매인 사의私意가 계시다면 크게 두려운 일입니다."
> 하였으나 임금이 답하지 않았다.[124]

그 이후 정국공신 개정 논의는 급물살을 탔고, 다음날 중종은 정국공신을 개정한다는 전지를 내렸다.[125] 최종적으로 공신자격이 박탈된

---

121) 『中宗實錄』 권37, 중종 14년 11월 乙亥條. 柳順·金鑑·具壽永 등 19명의 명단을 내리면서도 중종은 정국공신의 개정을 반대한다는 뜻을 다시 분명하게 밝혔다.
122) 『中宗實錄』 권37, 중종 14년 11월 己亥條.
123) 『中宗實錄』 권37, 중종 14년 11월 己亥條.
124) 『中宗實錄』 권37, 중종 14년 10월 更子條.

사람은 76명이며, 이에 앞서 여러 이유로 삭훈 된 12명을 포함하면 정국공신에서 퇴출된 사람은 모두 88명이었다. 그리하여 29명만이 정국공신으로 남게 되었다.[126] 정국공신의 대 몰락이라고 할 만하다.

그러나 정국공신 개정 문제가 결정된 후 4일 만에 조광조를 비롯한 그의 추종자들은 체포되었다. 기묘사화라고 알려진 정치적인 숙청이 시작되었던 것이다. 6일 후인 1519년 11월 21일 정국공신 개정은 완전히 취소되었다.[127]

기묘사화로 조광조가 죽고 그 일파의 몰락은 사림의 정계진출과 정국공신의 위훈을 삭제하여 왕도정치를 행하려던 제반 제도개혁과 사회개혁이 실패로 끝났음을 의미한다.

비록 조광조의 정치개혁은 실패했지만 성리학 이념에 기초한 성리학적 정치질서는 성리학 이념이 보편화되고, 성리학파들이 정국을 주도하였던 이황의 시대에 적극적으로 수용되었다.

(2) 정몽주·김굉필의 문묘종사 건의

김종직을 비롯한 성종대 진출한 사림들은 연산군대를 거치면서 큰 타격을 입었다. 자신들의 정당성·정통성을 주장하기 위하여 도입된 도통의 담론은 신료들에게 공감을 얻지 못하였다. 또한 성종대 어느 정도 용인되었던 논의들이 연산군때에는 '난언亂言'을 범하였다거나, '붕당朋黨'을 맺었다는 명목으로 단죄되었다. 그들이 주장하는 도통의 담론은 연산군대에 이르러서는 완전히 봉쇄되고 말았다. 이러한 상황은 중종반정 직후까지 별다른 변화없이 그대로 유지되었다.

중종반정을 이끈 핵심세력은 연산군대의 훈신들이었다. 그들은 무

---

125) 『中宗實錄』 권37, 중종 14년 11월 辛丑條.
126) 이종호, 『정암 조광조』, 일지사, 1999, pp. 217~218 참조.
127) 『中宗實錄』 권37, 중종 14년 11월 辛亥條.

오사화와 갑자사화에 대한 책임을 져야 하는 입장에 처한 사람들이었다. 따라서 그들은 연산군을 몰아내고 중종을 세우는데 공을 세워 공신으로 책봉되었지만, 연산군대의 실정에 대한 책임에서 자유롭지 못한 이중적인 입장에 놓여 있었다. 그들은 반정을 통해 연산군을 폐하고 중종을 즉위시켰지만, 국가와 정치를 바라보는 그들의 이념이 바뀌지는 않았다.

중종반정 이후 자연스럽게 연산군의 폐정을 이전으로 되돌려 놓으려는 움직임이 생겨났다. 그들은 성종대 이후 점차적으로 확산되다가 연산군에 의해 갑자기 중단된 그들의 정치적 전망을 되살리려 하였고, 연산군에 의해 희생된 이들을 복권함으로써 그들의 정당성을 회복하려고 하였다. 그러나 연산군대의 대표적인 사건인 무오사화와 갑자사화를 잘못된 것으로 비판하게 되면서 김종직의 「조의제문弔義帝文」에 보이는 세조대에 대한 평가를 어떻게 볼 것인가 하는 문제가 제기된다. 세조대에 대한 평가가 바뀌지 않는 한 김종직의 행위는 반역으로 볼 수밖에 없었다. 그렇다고 세조대를 연산군 때와 같이 볼 수도 없었다. 중종도 엄연히 세조의 후손이었기 때문에 세조의 왕위 계승을 찬탈로 규정할 수 없는 것이다. 반정 초기의 역사 논쟁은 연산군대뿐만 아니라 세조대를 어떻게 평가할 것인가 하는 문제도 얽혀 있는 복합적인 사안이었다.[128]

중종반정 직후 무오사화 때 화를 입은 이들의 복권 조치는 취해졌다.[129] 그러나 거기에 김종직, 김일손은 포함되지 않았다.[130] 김일손의 행위는 여전히 유죄라고 보았기 때문일 것이다. 이러한 인식은 반

---

128) 정두희, 앞의 책, pp. 49~68. 이러한 관점에 대해서 참조.
129) 『中宗實錄』 권1, 중종 원년 10월 2일 丁未條. 『中宗實錄』 권1, 중종 원년 10월 7일 壬子條(김굉필은 이때 승정원 도승지로 추증되었다).
130) 『中宗實錄』 권3, 중종 2년 6월 11일 癸未條.

정을 주도하였던 훈구세력들 즉 훈구대신들이 강하게 주장하였다. 중
종 초년에 유자광은 자신에 대한 반대파의 비판에 대처하면서 그들을
김종직의 여당이라고 몰면서 김종직의 반역 행위를 강조하고 있다.

> 무령부원군武靈府院君 유자광이 '김종직의 여당餘黨이 비밀히 중상하려 하
> 니, 안심하고 서울에 있을 수 없다.' 하면서 시골로 물러가기를 청하고 이어
> 상소하였는데, 그 사연에 … "생각하면 김종직은 일찍부터 세조에 대하여 원
> 망을 가지고, 그 간사한 재주로 거짓 몽사夢事를 칭탁하고 없는 말을 꾸며대어
> 시詩와 부賦로 경외京外에 전파하였습니다. 그리하여 문사들로 하여금 전송傳
> 誦하지 않는 이가 없게 하며 나아가서는 일국의 역사를 더럽히기까지 하였습
> 니다. 그리고 그 심복인 허반許磐·김일손金馹孫·권오복權五福·권경유權景裕·이
> 목李穆 등이 서로 칭찬하며, 종직을 추존推尊하여 공자孔子라고 하였습니다. 종
> 직이 죽은 뒤 그의 당파 이원李黿·표연말表沿沫 등은 그의 시호諡號를 '공자'라
> 고 할 것을 의논하기까지 하였으니, 통탄스런 일입니다. 종직은 세조의 원수
> 역적이요, 그 악이 시해弒害와 반역보다도 더한 자로서 세조에게 원수일 뿐만
> 아니라 또한 세조의 성자신손聖子神孫 대대로의 원수인 것입니다. 그리고 세조
> 를 섬긴 공경세가公卿世家의 공동 원수로 삼을 자일뿐만 아니라 또한 세조의
> 성자신손을 섬기는 신민이 공동 원수로 삼을 자인 것입니다. 통탄할 일입니
> 다. 종직이 베인지 이미 10년인데, 어찌하여 아직도 그 여당餘黨이 있어 속으
> 로 신을 죽이려 하면서 잊지 못하고 반드시 신을 죽을 곳에 넣은 뒤에야 그만
> 두려는 것입니까? (윤)필상·(노)사신·(한)치영은 이미 죽었으니, 외로이 서 있
> 는 신 한 몸이 어찌 당해내겠습니까?"[131]

당시 영상 성희안도 무오사화의 일을 중종에게 설명하면서 "김종
직이 유생으로 있을 때 지은 「조의제문」의 본의가 무엇인지를 모르겠

---

131) 『中宗實錄』 권2, 중종 2년 2월 2일 丙子條.

습니다마는, 김일손의 무리가 그것을 부연한 것은 그 죄가 베일만한 것이었습니다." "김종직이 죄를 받은 것은 옳았고, 그것을 부연한 사람 역시 죄주어야 합니다."[132]라고 하여 김종직과 김일손이 유죄라는 점을 분명히 하였다. 이에 대해 예문관 봉교 김흠조金欽祖·정충량鄭忠樑, 대교 이희회李希會·김영金瑛, 검열 이말李抹·윤인경尹仁鏡·정웅鄭熊·윤지형尹止衡 등이 상소하였다.

> 성종 대왕께서 몸소 「조의제문弔義帝文」을 보시고 오히려 혐의하지 않으셨습니다. 성종대왕께서 알지 못하신 것이 아니로되 죄를 안 주신 것은 반드시 다른 뜻이 있으신 것인데, 그 뒤 대신이 위의 뜻을 짐작, 영합하고 유도하여 김종직 등을 무거운 죄로 얽어 꾸미어대었으니 이는 성종을 그른 임금으로 만든 것입니다. 김일손金馹孫 등의 사초史草의 허실虛實은 신 등이 논할 바 아닙니다. 그러나 만세의 공론으로 말하면, 당시에 사국史局을 맡은 자가 진실로 근엄하고 비밀리에 진위를 가리어 사실대로 쓰고 깎고 하였더라면 위로는 조종에게 욕되지 않고 아래로는 역사를 더럽히지 아니하여, 사가史家의 쓰고 깎음이 모두 바르게 되었을 것이고, 대신 된 사람 역시 사국의 일을 누설할 수 없다고 주장하여 법을 잡고 흔들리지 않았더라면, 위로도 잘못이 없고 아래로 덕을 잃지 않아 후세의 조롱을 면할 수 있었을 것입니다.[133]

이들은 성종이 「조의제문」을 보고도 문제 삼지 않았다는 것과 사초의 내용과 사국의 일은 비밀로 하여야 한다는 원칙을 가지고 무오사화의 잘못을 논하고 있다. 그러면서 그들은 무오사화 때 화를 입은 이들에게서 거두어 공신들에게 상으로 주었던 재산을 주인에게 돌려줄 것, 사법史法을 어지럽힌 자를 벌할 것, 사관으로 죽은 자를 봉작하

---

132) 『中宗實錄』 권2, 중종 2년 2월 26일 庚子條.
133) 『中宗實錄』 권3, 중종 2년 6월 10일 壬午條.

고 증직할 것, 사국의 법을 다시 분명히 세울 것을 해결책으로 제시하였다.

하지만, 그들은 "신 등이 김일손 등을 애석하게 여기는 것이 아니라, 사가의 필법이 이로부터 모두 없어져 만세의 공론이 사라지고 전하지 못할까 깊이 두렵습니다."라고 하여 김일손 등의 행위가 당시로서도 정당성을 얻기 어렵다는 점에는 동의하는 태도를 취하였다.

이들의 주장에 대해 훈구세력들인 박원종·유순정·성희안 등이 의논한 내용도, "김종직 등을 무거운 법으로 다스린 것은 참으로 마땅합니다. 그러나 그때 적당한 율문律文을 찾지 못하여 반역으로 논죄하였지만, 가산을 적몰한 것은 죄가 과중하니 그 토지·노비·가사를 되돌려 주는 것이 마땅합니다. 또 추관을 1등 공신에 비겨 상을 논한 것은 지극히 외람되니, 역시 하사한 물건은 도로 거둠으로써 여망에 맞추어야 하겠습니다." 라고 하여 몰수한 재산을 돌려주자는 주장을 받아들이면서도 김종직 등이 유죄라는 입장은 바꾸지 않았다.[134]

중종대 조광조와 사림세력들이 연산군대의 역사적 상황을 비판하고 내심 세조의 집권을 비판하는 것은 과거사에 대한 단순한 비판을 넘어 조선시대 정치와 군신관계를 규정하는 보다 근본적인 정치이념의 측면에서 이전과 차이를 보이고 있기 때문이다. 조광조가 중종의 신임을 받기 시작하면서부터 조광조와 사림세력은 자신들의 이념을 현실에 실현시킬 수단을 얻게 되었다. 그들이 생각하는 이상적인 정치란 어떤 형태를 뜻하는 것일까. 조광조는 야대에서 중종에게 고려사를 강독하면서 사기의 진작과 관련하여 아래와 같이 말하였다.

사기士氣는 국가에 관계되는 바가 큰 것입니다. 폐조廢朝에서 거의 다 죽인

---

134) 『中宗實錄』 권3, 중종 2년 6월 18일 庚寅條. 결국 김종직, 김일손을 포함한 무오사화의 피화인 전원이 가산을 돌려받는 조치를 받았다.

일을 겪고부터는 사기가 저상沮喪하였으니 만약에 진작할 방법을 생각하지 않는다면 위란危亂을 당하더라도 누가 감히 특별히 일어나서 위란을 부지하겠습니까? 사기라는 것은 유생에게 달려있을 뿐 아니라 삼공三公일지라도 역시 사士이며, 상上의 한 몸을 말하더라도 바로 사기의 종주宗主이시니 기풍을 진작하는 기미는 다 상께 달려 있습니다. 성종成宗께서 사기를 진작하심이 지극하였으므로 한때의 선비가 모두 서로 추양推讓하고 격려하였는데, 그 근본은 당초부터 다름 아닌 성종께서 북돋아 기르신 공에 있습니다.[135]

　조광조는 조선의 정치가 선비들의 기운에 유지된다고 규정하였다. 그리고 성종을 비롯한 모든 관료와 심지어 임금까지도 선비들의 기운을 거슬러서는 안 된다고 하였다. 선비들의 기운을 북돋기 위하여 서로를 격려하는 것도 중요하지만 임금이 그것을 인정하고 실천하여야 한다고 보았다. 조광조는 조선의 정치를 임금이 통치하고 신료들이 보좌하는 구도가 아니라 임금과 대신 그리고 넓은 의미의 지배신분인 사대부계층이 모두 하나의 원칙에 따라야 한다고 하였다. 여기서 그 원칙, 즉 도가 무엇이며, 그 이념을 누가 규정하는가 하는 문제가 매우 중요하게 등장한다. 국왕은 도의 정통을 계승한 군자가 누구인지, 그렇지 못한 소인이 누구인지를 분명하게 구별하여 군자에게 힘을 실어주고 소인을 내쳐야 한다고 주장하였다. 따라서 누가 도의 정통인가를 해석하는 이른바 도통의 이념이 위력을 발휘하게 되는 것이다.
　반정 초기 중종은 권력을 장악한 훈구세력들에게 의지하지 않을 수 없었지만, 연산군대와 달리 성리학 이념을 국가의 체제 이데올로기로 인정하는 이상 이러한 이념적 구도를 부정할 수 있는 방법은 없었다. 조선은 주자학의 나라였다. 주자학은 도학으로 불리기도 하고 이학 즉 성리학으로 불리기도 한다. 경우에 따라서는 이단과 대립되

---

135) 『中宗實錄』 권25, 중종 11년 6월 2일 壬子條.

는 정학正學이기도 했다. 성리학은 때로는 도의 이름으로 때로는 진리의 이름으로 경우에 따라서는 정의의 이름으로 정당화 되었다.

　도통은 그 특성상 자신과 자신에게 반대되는 편을 정통과 이단으로 가르게 된다. 자신들이 정통성을 인정받지 못하면 이단으로 몰리거나 붕당을 엮은 죄목을 받을 수 밖에 없다. 따라서 그러한 구조 속에서 그러한 정치사상을 주장하기 위해서는 자신들이 사도斯道를 자임하는 정통으로 인정받는 것이 필수적으로 요구되었다. 정통성을 확립하기 위한 성리학적인 방법이 자신의 세력을 중심으로 도통의 계보를 수립하는 것이다. 그것이 자파의 정치 사상적 정통성을 확보하는 길이었다.

　조광조도 집권하면서 자신들의 정통성을 확립할 필요가 있었다. 성종대에 김종직을 중심으로 시도되었던 도통의 수립은 무오사화를 거치면서 실패로 돌아갔다. 중종반정을 거친 이후에도 「조의제문」을 지어 세조를 비판하였다는 점 때문에 김종직을 전면에 내세우기가 어려웠다. 그러므로 정몽주·김굉필의 문묘종사는 도학의 정통을 사림 세력에게 부여하여 기존의 정치구도를 넘어서는 권위의 원천을 마련하는 작업이었다.

　개인을 복권하는 것과 그를 문묘에 종사하는 것은 차원이 다른 일이다. 문묘는 공자와 그 제자들, 그리고 유학적 소양을 근본으로 후대에 이름을 남긴 소수의 인물들, 이른바 성현들위 위패가 모셔진 곳이다. 그곳에 종사된다고 하는 것은 누구도 넘볼 수 없는 절대적인 권위를 획득하게 되는 것이다. 더욱이 시간이 지나면서 종사된 유학자들의 계보에 도통의 해석이 더해지면서 그들은 단순히 학문을 전승한 것이 아니라 도를 전승한 것으로 간주되었다. 따라서 이러한 문묘에 종사된다는 것은 그가 도를 이해하고 실천했던 인물이었다는 점을 공인하는 절차인 것이다.

　　고려 말 조선 초의 많은 성리학자들과 연산군대에 희생된 수많은 사람 중에 유독 정몽주·김굉필이 문묘에 종사되어야 하는 도통의 정통이라고 주장한 것은 어떠한 의미를 추구하는 것으로 보아야 할까.

　　정몽주에 대해서는 이미 몇 가지 점에서 강점을 가지고 있었음을 앞에서 지적한 바 있다. 그는 태종과 세종대를 거치면서 전대의 충신으로 자리매김 하였고, 성종대를 거치면서 충신의 전형으로 인정받았다. 여러 세대를 거치면서 국왕과 조정의 주도로 진행된 정몽주에 대한 추숭 사업은 당시의 누구라도 정몽주에 대해 정면으로 비판하기는 어려운 상황이었다. 이러한 기반 위에 중종대의 사림세력은 그를 조선 도학의 선구자로 자리매김하였던 것이다. 조선 건국초에는 왕을 포함한 집권층으로부터 주목 받지 못하였지만 처음부터 성리학자로서의 이미지를 지니고 있었고, 중종대의 사림세력은 그것을 도통의 이념에 포함시켜 그를 조선 도학의 조종祖宗으로 추대하였던 것이다.[136)]

　　그런데 여기서 중요한 것은 그가 고려를 위해 절의를 지켰다는 이미지를 가지고 있다는 사실이었다. 정몽주가 고려의 충신이었다는 말과 고려를 위해 절의를 지켰다는 말은 같은 역사적 사실을 가리킨다. 하지만 어떤 것을 선택할 것인가에 따라 뉘앙스가 아주 달라지며, 또한 그와 연결되는 이후의 논리가 극명하게 구별된다. 태종과 세종은 정몽주를 고려의 충신으로 왕에 대한 무조건적 충성을 다하는 신하의 전범으로 규정지으려 했다. 그러나 중종대 사림세력은 정몽주를 고려에 대해 절의를 지킨 신하라고 하여 세조대의 사육신이나 연산군대 김종직, 김굉필, 정여창 등의 죽음과 연결시키고 있었다.

　　이러한 이미지는 세조대와 연산군대의 역사를 재평가하려는 사림세력의 의도와도 부합된다. 정몽주의 절의는 쉽게 사육신의 절의와

---

136) 『中宗實錄』 권30, 중종 12년 11월 8일 庚辰條.

연결되어 사육신의 정당성을 주장하는 데 힘이 될 수 있기 때문이다.[137]

중종대 사림세력은 문묘종사를 추진하면서 조선 전기를 거치면서 국가에 의해 구축된 충신과 절의라는 정몽주의 표상을 사림세력이 새로이 해석하고 거기에 도학의 조종이라는 도통의 표상을 더하여 새롭게 하였다. 성리학을 국가의 이념으로 하는 조선사회에서 태종·세종이라는 선대先代의 인정을 받은 정몽주를 도통으로 해석하겠다는 것을 쉽게 무시하기는 어려웠을 것이고 그것은 그대로 정몽주를 문묘에 종사하려는 사림세력에게 힘이 되었다.

그렇다면 김굉필이 문묘종사 논의의 대상자로 이름을 올린 것은 무슨 까닭일까. 김굉필이 정몽주의 계승한 후계자로 선택된 이유를 선대의 인물들과 김굉필의 관계 속에서 찾기는 어렵다. 김굉필의 학문적 경향이 특별히 정몽주와 비슷하다고 볼 수도 없고, 김굉필이 김종직의 중요한 제자들 중에 포함된다 해도 다른 제자들을 압도할 특별한 위상이나 가치를 드러내지도 못하였다. 범위를 좁혀서 김종직의 계승자가 왜 정여창이 아니고 김굉필인가 하는 물음도 대답할 근거를 찾기 어렵다. 또한 학문적 업적이 남달리 뛰어나다고 보기도 어렵다. 그는 성리학과 관련하여 별다른 발언이나 저술을 남기지 못하였다.

중종대 문묘종사의 논의 과정에서 김굉필의 종사를 반대하는 주된 의견이 바로 그러한 내용이었다. 당시의 대신들은 김굉필에 대해 "어

---

137) 『石潭日記』 下, 萬曆四年(선조 9년 1576년. 병자 6월) 태종·세종대 국왕의 의도에 따라 강조된 '忠臣'의 이미지가 사림세력에 의해 어떻게 이용되었는지 잘 보여주는 사례이다. 金宗直은 成三問의 행위를 정당화하기 위하여 국왕에 의해 구축되어 왔던 '忠臣'의 이미지를 전유하고 있다. 그는 성종에게도 성삼문과 같은 '忠臣'이 필요할 수도 있으며, 자신이 기꺼이 그러한 역할을 맡겠다고 하며 성종을 만족시켰다. 이 과정에서 '성삼문은 충신'이라는 명제가 받아들여지게 된다.

질기는 하나 학문이 넉넉하지는 않으며, 이웃의 자제를 모아서 가르치기는 하였으나 도를 강론한 곳은 없다"고 평가하였다.[138]

김굉필은 「조의제문」의 작성과 사초에 수록되는 과정에 개입하지 않았지만 무오사화때 희생되었기 때문에 희생자의 이미지가 강하였다. 그는 정몽주나 사육신 등과 절의의 이미지로 서로 겹치는 부분이 있었다. 그는 중종반정 직후에 승정원 도승지로 추증되고 문묘종사 논의가 시작될 즈음에 우의정으로 추증되었다.[139]

그러나 김굉필이 도통의 계보에 포함된 가장 중요한 이유는 그의 제자인 조광조에서 찾아야 할 것 같다.[140] 그러므로 조광조를 중심으로한 사림세력이 정통성을 확립하기 위해서는 그가 도통의 계보에 포함되는 것이었다. 이러한 문묘종사 논의를 반대파에서는 아래와 같이 해석하였다는 점에서 이러한 설명을 뒷받침한다.

> 사신은 논한다. 당시의 학자가 흔히 조광조趙光祖의 무리를 사모하여 이학理學을 숭상하고 사장詞章을 귀하게 여기지 않았으며, 처음으로 학문하는 어떤 사람 중에도 그의 이름을 사모하여 글을 읽지 않고 마치 참선參禪하듯이 종일 단좌端坐하는 자가 있으므로 사장師長들이 다 민망하게 여겼으나 감히 그 폐단을 바로잡지 못하였다. 권전權礥이 조광조의 무리와 교유하였고 반궁泮宮에서 수업한 때가 있어서 조금 이학의 문호를 알고 힘써 고론高論을 숭상하였으므로 동배同輩 중에서 명망이 가장 중하였는데, 그 용모가 못나고 마음이 좁고 행동이 괴이하여 사람들이 흔히 그가 간사한 줄로 의심하였으나 감히 지적하

---

138) 『中宗實錄』 권29, 중종 12년 9월 24일 丁酉條.

139) 1517년 중종 12년 丁丑(『旅軒先生文集』 12, 碑銘·墓碣·墓誌, 「寒暄堂金先生神道碑銘 并序」).

140) 조광조가 김굉필의 제자라는 표현은 『中宗實錄』에 여러 차례 등장한다. 『中宗實錄』 권12, 중종 5년 10월 10일 癸巳條. 『中宗實錄』 권12, 중종 5년 11월 15일 丁卯. 『中宗實錄』 권25, 중종 11년 6월 2일 壬子條.

여 말하지 못하였다. 홍문관이 김굉필 등을 문묘에 종사할 것을 청하니 권전이 그 말에 따라 앞장서 주장하여 상소에서 청한 것이다. …당초에 생원生員 안처겸安處謙·안정安珽 등이 관중館中에 들어가서 맨 먼저 정몽주·김굉필을 종사할 것을 주장하여 그날로 의논을 정하려 하였으나, 유생들이 '정몽주는 부끄러울 것이 없겠으나 김굉필은 두드러진 일이 없으므로 문득 논의할 수 없으니, 차차 듣고 보아서 의논해야 하겠다.' 하여 불쾌한 기색을 품으므로 안정安珽 등이 감히 강제하지는 못하였으나 크게 성을 내고 공손하지 않은 말을 하였었다. 그 뜻은 김굉필을 종사하게 하고 그것을 빙자하여 당을 세우자는 데에 있었는데, 처음부터 정몽주를 위하여 계책을 세운 것은 아니다. 그 뒤 며칠이 지나도 의논이 정해지지 않고 관중의 유생들이 서로 말하기를 '종사 여부는 조정에 달려 있는 것이고, 우리가 알 바 아니다. 의논이 순연하지는 못하나 상소하는 것이야 무엇이 해롭겠는가?' 하였으므로 이때에 이르러 상소하였는데, 이것은 대개 안정 등이 홍문관의 한 두 시종侍從의 풍촉諷囑을 듣고서 한 것이다.[141]

정몽주·김굉필의 문묘종사가 제기되기 시작하여 정몽주의 문묘종사가 결정된 1517년(중종 12) 8월 무렵은 이전부터 제기되던 여러 문제가 서로 얽히면서 새로운 방향으로 분출하는 모습을 보인다. 12년 8월 5일 조강에서는 정몽주와 길재의 절의를 숭상하는 문제와 관련하여 성삼문·박팽년의 절의를 포장襃奬하는 문제가 함께 논의 되었다. 이때 대부분의 젊은 관료들은 성삼문·박팽년의 자손을 현직에 오를 수 있게 하는 조치를 취해야 한다고 주장하였다.[142]

같은 날 중종은 위의 문제를 포함한 일련의 문제를 가지고 군신에게 연방延訪하였다. 이때 이조참의 김안로는 성삼문·박팽년의 후손을

---

141) 『中宗實錄』 권29, 중종 12년 8월 7일 庚戌條.

142) 『中宗實錄』 권29, 중종 12년 8월 5일 戊申條.

관직에 등용해야 한다는 주장을 펼치면서 김굉필·정여창의 후손도
죄를 지어 복주復誅된 사람의 후손에 적용하는 예가 아니라 현자의
후손에 적용하는 예에 따라 등용하여야 한다고 주장하였다.[143] 다음
날인 8월 6일 조강에서 참찬관 김정은 다시 한 번 성삼문·박팽년의
재평가를 주장하면서 영사 정광필과 이 문제를 놓고 대립하게 되었
다. 이때 중종은 정광필의 의견에 동조하는 듯한 발언을 하였다.[144]
하지만 이날 중종은 승정원에 전교하여 김굉필·정여창을 현자로 정
의 내리고, 그들의 후손을 각별히 녹용할 것이며 관작을 포증褒贈하고
처자를 존휼存恤하는 일도 아울러 하라고 지시하였다.[145]

　　1517년 8월 7일 성균 생원 권전權磌은 김굉필의 문묘종사를 주장하
는 상소문을 올렸고,[146] 다음 날인 8월 8일 조강에서 영사 정광필과
조광조는 이 문제를 가지고 치열한 논쟁을 벌였다. 이때 조광조가『소
학』에 대해 말하면서 사표가 될 사람이 나와서 운운한 것도 김굉필을
염두에 두고 한 것이 아닌가 한다.[147] 8월 9일에는 임금이 의정부, 육
조판서, 대간, 홍문관을 소명하여 정몽주·김굉필의 일을 의논하게 하
였다.[148] 이때 정광필·신용개·김전·고형산·이계맹·안당·조계상 등은
정몽주가 공이 있어 문묘에 종사하여도 부끄러울 것 없으나 지금까지
빠진 것은 몸소 신씨辛氏를 섬겼다는 큰 흠결이 있어서가 아니겠냐고
주장하였다. 김굉필에 대해서는 성경聖經을 드러나고 사도斯道를 도운
공이 드러났다는 것을 듣지 못하였다고 하였다. 한편, 최숙생·문근·
유관柳灌·소세양蘇世讓·이우李佑·허위許渭 등은 정몽주의 문묘종사에

---

143)『中宗實錄』권29, 중종 12년 8월 5일 戊申條.
144)『中宗實錄』권29, 중종 12년 8월 6일 乙酉條.
145)『中宗實錄』권29, 중종 12년 8월 6일 乙酉條.
146)『中宗實錄』권29, 중종 12년 8월 7일 庚戌條.
147)『中宗實錄』권29, 중종 12년 8월 8일 辛亥條.
148)『中宗實錄』권29, 중종 12년 8월 9일 壬子條.

는 찬성하였지만 김굉필에 대해서는 문묘에 종사될 정도의 공효功效가 없다고 주장하였다. 이에 반해 윤은필尹殷弼·정순명鄭順明은 정몽주와 김굉필의 문묘종사에 찬성하였다. 홍문관에서도 정몽주, 김굉필의 문묘종사를 주장하였으며 덧붙여 정여창에 대해서도 김굉필과 같은 정도로 벼슬과 시호를 높여줄 것을 주장하였다. 이에 대해서 정광필·신용개·김전·고형산·이계명·안당·조계상 등은 김굉필과 정여창에 대해 추가로 증작하고 아내에 대해 해마다 곡식을 지급하며, 자손을 다시 녹용하는 조치를 취하자고 주장하였다. 이는 문묘종사 주장에 대한 타협책으로 제시한 것으로 보인다.[149]

같은 달 11일 조강에서 다시 이 문제가 거론된다. 지평 이우李佑가 먼저 정몽주를 배향하지 말자는 대신의 주장이 그릇되었다고 하였다. 이에 대해 영사 정광필은 그것이 개인의 사사로운 의견이 아니라 선유先儒의 견해를 자기가 들은 것이라고 주장하였다. 이에 대해 조광조는 정몽주를 변호하며 선유의 견해가 그릇될 수도 있다고 주장하였다.[150] 8월 12일 조강에서 김정은 정몽주의 문묘종사에 반대한 대신들의 논의가 그릇되었다는 뜻으로 임금에게 자신의 논리를 펼쳤다. 김정, 정응, 정광필, 조방언, 정순봉, 윤은필 등이 정몽주와 김굉필의 문묘종사에 대해 논하였다. 중종은 문묘종사를 미루는 쪽으로 의견을 피력하였다.[151]

1517년 8월 18일 조강에서 정몽주의 문묘종사를 다시 논의하였다. 이때는 주로 정몽주가 신씨를 섬겼다는 혐의에 대한 변론이 주를 이루었다.[152] 또한 같은 날 성균 생원 권전 등이 상소를 올려 정몽주와

---

149) 金泳斗,「조선전기 도통론의 전개와 문묘종사」, 서강대학교 박사학위 논문, p. 130. 이러한 관점에 대해 참조.
150)『中宗實錄』권29, 중종 12년 8월 11일 甲寅條.
151)『中宗實錄』권29, 중종 12년 8월 12일 乙卯條.
152)『中宗實錄』권29, 중종 12년 8월 18일 辛酉條.

김굉필의 문묘종사를 주장하였다.[153] 이에 대해 중종은 정몽주의 문묘종사를 다시 논의하라고 지시를 내렸다. 이에 대해 승정원은 육조의 참의 이상과 학교의 장관이 모여 의논하게 하자고 하였다.[154] 중종의 전교 내용을 보면 앞서 문묘종사에 부정적인 시각을 보였던 그의 생각은 어느 정도 바뀐 것처럼 보여 진다.[155]

　같은 달 20일 중종은 '정몽주·김굉필을 문묘에 종사해야 할 것인가를 정부, 육조의 참의 이상, 한성부의 당상, 성균관의 장관에게 물으라.'하는 전교를 내리며 유생의 상소를 내려 보냈다.[156] 유생의 소는 이틀 전 권전 등이 올린 상소를 말하는 것으로 보인다. 이에 대해 이점李坫·한세환韓世桓·유미柳眉·김극핍金克愊·방유영方有寧·허굉許硡·김안로 등은 정몽주의 문묘종사는 찬성하고 김굉필의 문묘종사는 일단 보류하는 것으로 의견을 내었다. 남곤도 같은 취지의 발언을 하였다. 이자견李自堅과 이자화李子華는 정몽주와 김굉필의 문묘종사에 반대하였다. 이사균李思均과 정광국鄭光國도 문묘종사는 쉽게 결정하기 어려운 일이라고 하여 두 사람의 문묘종사에 완곡하나마 반대 의견을 피력하였다.[157]

　지금까지 살펴본 바와 같이 1517년 8월에는 정몽주·길재의 절의를 높이고 성삼문·박팽년의 행위를 절의로 평가하는 문제, 김굉필·정여창의 증직 수여, 정몽주·김굉필의 문묘종사 등 많은 문제들이 한꺼번에 논의되었다. 이러한 논의와 논쟁들은 모두 세조대와 연산군대의 역사를 보는 관점을 다시 세우고 과거의 결정을 바로 잡기위한 노력이라는 공통점을 가지고 있었다. 이러한 과정을 통해서 조광조와 사

---

153) 『中宗實錄』 권29, 중종 12년 8월 18일 辛酉條.
154) 『中宗實錄』 권29, 중종 12년 8월 18일 辛酉條.
155) 『中宗實錄』 권29, 중종 12년 8월 18일 辛酉條.
156) 『中宗實錄』 권29, 중종 12년 8월 20일 癸亥條.
157) 『中宗實錄』 권29, 중종 12년 8월 20일 癸亥條.

림세력은 군신관계와 국가의 운영에 대한 근본적인 개념의 변화를 추구하고 있었다.

그것은 비록 겉으로 보기에 과거에 대한 논의처럼 보이지만 실제로는 중종대 국왕과 신하가 어떠한 관계로 맺어져야 하는지에 대한 개념의 변화를 추구하는 것이었다. 또한 이러한 시도는 당시 진행되고 있던 사림세력과 훈구세력의 갈등 속에서 사림세력의 정통성을 확립하고 국왕으로 하여금 그것을 인정하게 하려는 노력이기도 하였다. 조광조와 사림세력은 역사적 사실을 새롭게 평가하는 자신들의 정치적·이념적 지위를 공고히 하고, 사림세력의 권력을 강화하기 위한 수단으로 문묘종사를 이용하였던 것이다.[158)]

문묘종사 논의는 정몽주만을 문묘에 종사하는 것으로 결론이 났다. 김굉필의 문묘종사는 결국 받아들여지지 않았다. 그것은 결국 1517년에 이르러서도 조광조와 사림세력의 도통의 담론이 국왕과 정부에 의해 받아들여지지 않았다는 점을 시사한다. 정몽주에 대해서는 이미 선왕에 의해 내려진 평가가 있기 때문에 굳이 도통의 해석을 거치지 않더라도 문묘에 종사할 가능성은 열려 있었다고 볼 수 있다. 그러한 가능성 때문에 조광조와 사림세력도 정몽주와 김굉필을 함께 문묘에 종사하자고 주장하였던 것이었다.

---

158) 정두희, 앞의 책, pp. 144~146. 정두희는 당시의 사건에 대해 다음과 같이 평가하였다. "정몽주와 김굉필의 문묘종사 문제에 대한 토론을 통하여 학문적으로 성리학이 그리고 행실로는 절의가 가장 중요한 덕목임이 드러나게 되었다. 조선 왕조의 건국에 끝까지 따르지 않았던 정몽주와 연산군대에 사형을 당한 김굉필이 이처럼 높이 평가를 받았다는 것은 중종대에 이르러 세조대의 정치에 대한 청산이 이루어지고 있다는 새로운 분위기를 보여주는 것이다. … 이것은 중종에게 국가 통치의 방향과 인재 등용에 있어서 새로운 기준을 분명하게 제시하라고 요구하는 것이었다. 그리고 이러한 요구를 받아들인다는 것은 과거의 정치와 과거의 정치세력과는 결별함을 의미하는 것이었다."

　　비록 김굉필의 문묘종사는 이루지 못했지만, 조광조와 사림세력들
은 최소한의 목적은 달성했다고 할 수 있다. 그들은 김굉필의 문묘종
사 추진 과정에서 우리나라의 도학이 정몽주를 거쳐 김굉필로 이어진
다는 것을 충분히 각인시켰고, 이는 정몽주로부터 시작되는 우리나라
의 도통이 자신들에게 이어지고 있음을 천명한 것이기 때문이었다.

　　1517년 9월 17일 정몽주는 문묘에 종사되었고 국왕은 사신을 보내
제사를 지냈다.[159] 김굉필의 문묘종사가 끝내 이루어지지 못한 것은
2년 뒤에 일어날 기묘사화의 전조였다. 도통으로 해석된 이념적 구도
가 받아들여지지 않는 한 조광조와 사림세력의 역사 재평가 요구는
이전 연산군대와 같이 난언이요 붕당의 결성이라는 해석에서 벗어나
기 어렵기 때문이다. 결국 조광조와 사림세력의 활동은 기묘사화로
모두 중단되고 말았다. 조광조와 사림세력의 여러 개혁 정책들은 모
두 없었던 일이 되고 그 이전의 상태로 되돌려졌다.

　　중종반정으로 연산군대의 역사가 재평가된 이후 김굉필과 정여창
에 대해 몸가짐을 바로 하고 학문을 독실하게 수행하였으며 화를 만
나 의연한 자세를 보였던 인물로 평가하지 않을 수 없었다. 다만 조
광조를 비롯한 사림세력이 자신들을 높이기 위해 존숭을 지나치게 했
으므로 그를 바로잡는 논리를 펼칠 따름이었다. 하지만 이러한 논리
마저도 국왕에 의해 승인 받지 못했다. 비록 김굉필의 문묘종사 주장
은 받아들여지지 않았지만 김굉필과 정여창에게 주어진 지위는 앞으
로도 사림세력의 정치적 배경으로 이용될 가능성이 높았다.

　　1538년(중종 33) 10월 전위傳位 의사를 표명한 사건 이후 중종은 자
신이 정치적 주도권을 장악하려고 시도하였다. 그러면서 기묘사화로
쫓겨났던 김안국, 김정국, 권벌, 신광한 등을 다시 등용하고 이언적,
송세형, 등 성리학적 지식이 풍부한 신진 인사들을 홍문관에 배치하

---

159) 『中宗實錄』 권29, 중종 12년 9월 17일 庚寅條.

였다.[160] 이러한 정치적 변화는 조광조의 신원 주장을 불러 왔다. 그 과정에서 도통이 원용되었다. 이제는 문묘종사가 요구되었던 두 사람에 더하여 조광조도 그 계보에 포함되게 되었다. 그것은 김굉필의 제자이자 사화의 희생자로서 자연스러운 귀결이었다.

중종 말부터 조광조의 신원 주장이 대두되면서 정몽주·김굉필의 문묘종사 논의를 중심으로 진행되었던 도통의 적용 노력이 조선도학 계보의 구성이라는 보다 폭 넓은 방향으로 진전되어 나갔다. 기묘사화 이후 아직 신원조차 이루어지지 않은 상황에서 조광조에 대한 문묘종사 논의가 이루어질 수는 없었기 때문이다. 이미 앞에서 살펴보았듯이 정몽주-길재-김숙자-김종직-김굉필-조광조에 이르는 조선 도학의 전승 계보로 다듬어지게 된 것이었다.

조선전기 세종·성종대를 거치면서 국가의 운영 체계가 성립되었지만 성종대 이후 새롭게 등장하는 사림세력은 군신관계에 대해 새로운 문제의식을 갖게 되었다. 그것은 연산군대의 비정을 경험하면서 더욱 증폭 되었는데, 곧 국왕의 자의적인 권력 행사를 어떻게 제어할 것인가 하는 점이었다. 조선은 기본적으로 왕정국가였고, 국왕의 절대적인 권위를 인정하지 않을 수 없었다. 하지만 그러한 절대적인 권위와 권력을 가진 국왕이 사대부의 이해와 상반된 태도를 취할 때 그것을 어떻게 제어할 것이며, 또한 그것을 어떻게 이념적으로 합리화할 것인가는 문제가 아닐 수 없었다.

그리하여 사림세력이 내세운 이념은 도의 구현이었다. 국왕에 대한 충성을 최고의 가치로 보는 맹목적인 태도를 지양하고 절대적인 도의 체현을 정치의 최고 가치로 상정하여 국왕도 여기에 따라야 한다고 하여 국왕의 권한을 제어하는 것이다. 이러한 개념에서 중요하

---

160) 김범, 『조선전기의 왕권과 국정운영』, 고려대학교 박사학위논문, 2005, p. 161 참조.

게 파생되는 가치가 불의한 국왕에 저항하는 사대부의 모습이다. 이
것이 바로 절의의 참뜻이다. 이것은 이전의 충성과는 뚜렷하게 구별
되는 개념으로 보아야 한다.[161]

이러한 이념은 성리학에 대한 이해가 점점 깊어지면서 성리학의
정치 이념을 조선의 현실에 적용하려고 하는 과정에서 형성된 것이
다. 이러한 체제를 적극적으로 뒷받침되는 이념이 바로 성리학의 도
통이다. 도통은 도의 구현을 절대적인 가치로 본다는 측면에서 중요
하다. 또한 도를 자임하는 인물이 시대를 거쳐 이어지면서 그 도가
전승된다고 보는데 그 도의 자임자가 국왕이 아니라는 점은 더욱 중
요하다. 도통의 체계에서 공자 이후 도의 자임자는 국왕이 아니었다.
이러한 도통의 두 가지 특징은 당시 사대부들의 정치적 목표를 이념
적으로 설명하기에 적격이 아닐 수 없었다.

중종대 이후 도학의 정통 계보를 구성하고 이를 바탕으로 정몽주·
김굉필의 문묘종사를 추진하게 된 것은 바로 이런 사상적 맥락에서
시도된 것이다. 하지만 기묘사화의 발발로 조광조와 사림세력의 노력
은 또다시 실패로 돌아가게 된다. 조광조와 사림세력이 추구하였던
군신관계와 정치운영의 구조는 국왕과 조정에 의해 용납되지 못하였
기 때문이었다.

하지만 이러한 역사적 흐름은 이미 그 물꼬를 틔웠으며 되돌릴 수
는 없었다. 기묘사화 이후 사림세력은 이제 조광조까지 포함한 도통
계보를 형성하려 하였고 이는 조선도학계보의 창출로 이어졌다. 중종
말부터 인종·명종대를 거쳐 선조 초년에 이르는 시기 동안 이러한 시
도는 줄곧 이어졌고, 이는 국왕 및 조정 뿐 아니라 양반 전반에 걸쳐
정통의 담론이 이해를 넓히는 기회로도 작용하였다. 성리학에 대한

---

161) 따라서 충성과 절의를 섞어놓은 충절이라는 단어는 이 시기 정치 이념을
설명하는 개념으로 부적절하다는 생각이 든다.

이해가 깊어지고 도통에 대해 알려지게 되면서, 이러한 계보는 점점 더 지지자의 저변을 넓혀 나아갔다.

선조가 즉위하면서 마침내 사림세력이 주도권을 잡는 정치 상황이 조성되었다. 이는 달리 말하면 이제 도통의 담론이 군신 관계를 규정하는 주도적 이념으로 받아들여지는 시대가 도래 했다는 뜻이다. 그런데 이러한 과정에서 기존에 형성되던 조선도학계보가 그 내용을 조금 바꾸어 '오현종사五賢從祀' 논의로 진행되었다.

나. 사회개혁

(1) 소격서폐지昭格署廢止
(가) 조광조의 소격서 폐지운동

소격서는 나라에 천재지변이 있을 때 일월성신日月星辰에게 제사를 드리는 곳인데, 조선왕조에는 이 소격서 외에도 여러 유교적인 제례가 있었다. 또한 우리나라 사람들의 정신세계를 이끌어 왔던 불교적 제의의 전통이 조선 초기에도 강하게 남아 있었다. 그뿐만 아니라 산천과 성황당에 관련된 토속적 샤머니즘적인 제의도 여전히 그 영향이 컸다. 그런 속에서 소격서는 큰 중요성을 지닌 것이 아니었다. 조광조가 펼친 개혁운동 가운데서 가장 이해하기 힘든 것 중의 하나가 중종의 반대에도 불구하고 집요하게 소격서 폐지를 주창하고 실현한 것이다. 소격서는 어떤 의미로 보아도 중요한 관청이 아니었다.

조광조가 관직에 진출한 1515년(중종 10) 이후 소격서 논쟁이 격화되었던 1518년(중종 13) 8·9월에 이르기까지 조광조는 많은 일에 관여하였지만, 이 소격서 폐지 주장처럼 강력하고 적극적이며 지속적인 노력을 한 것은 없다.

소격서 폐지론은 이전에도 몇 차례 건의된 바 있으나, 본격적으로

공론화 되고 쟁점화 된 것은 1518년 8월 1일 홍문관 부제학 조광조에
의하여 치도의 근본원리를 개진하여 "도가 전일하면 덕이 밝지 않음
이 없고, 정치가 순수하면 나라가 다스려지지 않음 이 없다"[162]라 전
제 하고나서, 소격서 혁파를 주장하는 상소를 올린 것을 계기로 매우
중요한 정치적 쟁점으로 변하였다.[163] 조광조의 상소가 제출된 다음
날 중종은 "소격서는 선대의 왕들도 성심으로 높여 받든 것은 아니지
만, 단지 그 유래가 오래되어 갑자기 혁파할 수 없을 뿐이다."[164] 라
고 답변 하였다. 그러자 동지사 김정은 전대의 잘못된 일을 그대로
후대에 전해서는 안 되니 당장 혁파해야 한다고 주장하였다.[165]

또한 사간원 대사간 윤은필, 사헌부 집의 김류金鏐, 사간 윤자임,
장령 이우李佑·채소권蔡紹權, 헌납 어영준魚泳濬, 지평 김식·박훈, 정언
박윤경朴閏卿·권운權雲 등도 소격서 폐지를 상차上箚하였다.[166]

대략 그 내용을 보면 아래와 같다.

> 임금이 만 가지 일을 다스리는 것은 한 마음에 근본 하는데, 마음의 향하
> 는 바름도 있고 사특함도 있습니다. 마음이 바르면 마음이 밖으로 달리지 않
> 아서 정치가 좋지 않음이 없고 마음이 사특하면 마음이 한 곳에 모이지 않아
> 서 일마다 흉하지 않음이 없습니다. 마음이 바르냐에 따라 다스림과 어지러움
> 이 나누어지니 두렵지 않겠습니까?
>
> 소격서의 설치는 그 유래가 오래되기는 하나, 다만 전조前朝의 나쁜 풍속
> 을 답습하여 조종祖宗께서 우연히 깨닫지 못하였을 뿐입니다. 전하께서 일의
> 사정邪正을 분변하지 않고 반드시 조종으로써 핑계하시니, 이는 그 누를 더할

---

162) "道惟一而德無不明 治惟純而國無不理"
163) 『中宗實錄』 권33, 중종 13년 8월 丁亥條.
164) 『中宗實錄』 권34, 중종 13년 3월 己巳條.
165) 『中宗實錄』 권34, 중종 13년 3월 己巳條.
166) 『中宗實錄』 권34, 중종 13년 8월 戊子條.

뿐이고 조종을 공경하는 것이 아닙니다. 더구나 성종께서 혁파하려 하였으나 한명회韓明澮의 사의邪議에 저지당하였으므로, 신 등이 항상 당시에 훌륭한 임금은 계셨으나 신하다운 신하가 없었음을 한스럽게 여겼습니다. 지금 전하께서 선왕의 뜻을 따르시어 잘못된 구습舊習을 쾌히 제거하시면, 또한 전의 허물을 덮고 조종의 공렬功烈을 빛낸다고 할 만합니다.[167]

그리고 뒤를 이어 전 대간에서는,

(우리나라의) 소격서는 그 유래가 비록 오래 된 것이라고는 하지만 고려 시대의 그릇된 습속을 그대로 답습한 것인데, 조종조祖宗朝에서 미처 깨닫지 못하였을 뿐입니다. 전하께서 옳고 그름을 판별하지 않으시고 그저 역대 선왕 대부터 해오던 일이라는 것을 이유로 소격서 폐지를 회피하시니 이는 누를 더할 뿐이며, 조종을 공경하는 것은 더욱 아닐 것입니다.[168]

라고 하면서 소격서의 혁파를 더욱 주장하였으나, 중종이 이에 따르지 않자 대간은 마침내 사직을 요청하기에 이르렀다.[169] 여기에 조광조도 가세하면서 소격서를 폐지하도록 중종에게 압력을 가하였다.[170] 그러나 중종은 비록 대간이 사직하더라도 소격서를 폐지하지 않겠다는 뜻을 분명히 하였다.[171] 대간은 사직 요청 이후 출근을 거부하였으며, 이로 인하여 국사에 여러 가지 큰 지장이 예상되었다.

특히 과거를 시행해야 할 시기가 다가오자 중종은,

---

167) 『中宗實錄』 권34, 중종 13년 8월 戊子條.
168) 『中宗實錄』 권34, 중종 13년 8월 戊子條.
169) 『中宗實錄』 권34, 중종 13년 8월 己丑條.
170) 『中宗實錄』 권34, 중종 13년 8월 己丑條.
171) 『中宗實錄』 권34, 중종 13년 8월 己丑條.

대간은 반드시 복직하지 않을 것이다. 소격서 문제는 오래 토론해도 무관하지만, 과거科擧는 왕정의 대사라 결코 미룰 수는 없다. 그러니 대간을 교체하는 것이 좋겠다. 오늘 중으로 빨리 대간을 뽑도록 하라.[172]

고 명령하였다. 중종은 대간을 모두 교체하는 한이 있어도 소격서를 혁파하지는 않겠다는 뜻을 이런 식으로 표시한 것이다. 이에 조광조는 "명군明君은 남의 말을 잘 받아들이고 자기의 생각을 고집하지 않으며, 암군暗君은 자기의 생각대로 행하기를 좋아하고 남의 말을 용납하지 않는다"[173]라고 전제하고 나서 소격서 문제로 사직한 대간을 전원 교체하라는 중종의 조처에 대하여 이렇게 격렬하게 비판하였다.

(왕의) 위엄을 앞세워 조정의 의논을 배격하시고, 간언을 다 한 사람들을 갑자기 몰아내어 사기를 꺾어 위망의 조짐을 보이시니, 이는 암군이 하는 일입니다. 전하의 평소 학문으로 보아 어찌 이처럼 극단적인 일을 하실 수가 있겠습니까? … 저희들이 임금의 신임을 받자, 각자가 스스로 새로워지기 위해 노력하며, 아주 조그만 힘이라도 보태 임금의 성덕을 바르고 크게 하며 정치와 교화를 밝게 하여 동방 반세의 기업을 든든하게 만들려고 하였습니다. 그러나 오늘날 일어나고 있는 일은 너무도 전도되고 그릇되어서 저희들이 눈을 씻고 보기를 원하는 바에 크게 미치지 못하고 있습니다. 마음과 말이 격분하여 말씀드릴 바를 모르겠습니다.[174]

소격소 폐지에 대한 중종의 완강한 태도는 무척 이례적인 것이었으며, 그에 따라 조광조의 대응도 격렬하였다. 이제 왕도 조광조도 물

---

172) 『中宗實錄』 권34, 중종 13년 8월 丁酉條.
173) 『中宗實錄』 권34, 중종 13년 8월 丁酉條. "明主喜人言而不信己見, 暗君好自用而不恤人言"
174) 『中宗實錄』 권34, 중종 13년 8월 丁酉條.

러나기 어려운 상황이 되었다. 사표를 낸 대간이 되돌아올 명분도 없었으며, 선왕들이 지켜온 관례를 결코 깰 수 없다는 중종의 주장도 철회하기는 어려웠다. 만약 그런 일이 있다면 물러난 쪽이 심각한 정치적 손상을 입을 것이 확실하였다.

소격서 폐지를 주장하는 조광조의 상소 제출로 시작된 1518년(중종 13) 8월 한 달은 온통 소격서 폐지를 둘러싼 논쟁으로 조용한 날이 없었다. 대간은 사직서를 제출하고 출근하지 않고 있었으며, 곧 다가올 과거 시험을 앞두고 대간을 그냥 공석으로 남겨 둘 수도 없었다.

중종이 소격서 폐지를 허락하지 않는다면 방법은 대간을 교체 발령하는 것뿐이었다. 그러나 중종이 대간을 교체하라는 명령을 내리자 소격서 논쟁은 새로운 방향으로 전개되었다. 즉 왕이 언로를 막으며, 사리에 맞지 않는 일을 왕의 권위로 무리하게 밀어붙인다는 비난이 일어났다. 이 문제는 소격서 폐지라는 정치쟁점이 조광조를 중심으로 하는 사림정치세력과 왕권의 대립으로 비화되고 말았다.[175]

1518년(중종 13) 9월 1일 홍문관 부제학 조광조는 소격서에 관한 자신과 같은 견해를 가진 대간이 교체된다면, 자신도 현재의 직책에 그대로 있을 수 없다고 하며 사직 의사를 표명하였다.[176] 그러나 "대간은 교체할 수 있어도 과거를 연기할 수는 없으며, 설혹 과거는 물릴 수 있어도 소격서는 폐지할 수 없다."고 까지 극언한 중종은 여기서도 물러서지 않았다.[177]

그러나 조광조는 이러한 중종의 말을 받아 이렇게 추궁하였다.

---

175) 정두희, 앞의 책, pp. 164~166. 소격서 폐지에 관한 내용은 정두희의 저서를 많이 참조하였음.
176) 『中宗實錄』 권34, 중종 13년 9월 戊戌條.
177) 중종의 이 발언은 『중종실록』 권34, 중종 13년 9월 戊戌條에 인용되어 있다.

과거의 경우 예전에는 30년을 폐하기도 하였으므로, 비록 과거를 뒤로 미루거나 (일시) 폐하더라도 무슨 상관이 있겠습니까? 그러나 대간은 임금의 과실을 바로잡고 조종의 공론을 주관하는 곳인데, 소격서를 폐지해야 한다고 간언했다 하여 가벼이 교체해 버리니, 어찌 이런 실수를 하실 수가 있습니까? … 폐조(연산군) 때에 나라가 망하지 않은 것은 다행입니다. 역대 선왕들의 신령스런 도움으로 종묘사직을 보전하게 된 것은 정말 다행한 일입니다. 그러나 (당시에는) 올바른 선비를 모조리 죽여, 초개처럼 여기지도 않았기에 조정의 신하들이 앞 다투어 침묵을 지켜 자신을 보전하기에 힘쓰게 되었던 것입니다. 이로 말미암아 오직 (자신에게) 이익이 되는 것만을 추구하는 풍조가 크게 열리게 되어 어찌할 수 없는 지경이 되고야 말았습니다. 오늘날에 와서야 봄에 풀이 싹트듯 인심이 조금씩 새로워지게 되었습니다. 바로 이런 때를 당하여 또다시 인심을 저버리신다면 비록 충직한 신하가 있다 하더라도 어찌할 수 없을 것입니다. 근년 이래로 비로소 중외中外의 사람들이 막 흥기하는 형세를 맞았는데, 소격서 문제로 대간을 교체하여 사람들의 마음을 실망시키시니, 인심이 어떻게 수습되겠으며, (사대부의) 원기를 어떻게 배양하겠습니까? 저희들이 알고도 아뢰지 않는다면 이는 (저희들이) 충성스럽지 못하다는 것이며, 아뢰더라도 임금의 마음을 돌려놓지 못한다면 이는 (저희들이) 성의가 없기 때문일 것입니다. 국사가 날로 어지러워지니, 저의 마음이 아프고 애통함을 진실로 다 아뢸 수 없습니다.[178]

중종의 주장에 대하여 조광조는 과거를 미루거나 일시 폐할 수는 있어도 소격서는 당장 폐지해야 한다고 주장한 것이다. 여기에서 조광조는 소격서 폐지를 극력 반대하는 중종을 연산군의 폐정에 비유하여 비판하였다.

그는 이 문제가 중종반정 이후 10여 년이 지나 비로소 새로운 기

---

178) 『中宗實錄』 권34, 중종 13년 9월 乙亥條.

풍의 진작과 밀접한 관계가 있다고 판단하였다. 즉 정치개혁과 사회개혁을 추진하는 과정에서 소격서는 결코 대단한 기관은 아니었으면서도, 그것이 도교와 관련된 것이기에 조광조는 이를 폐지하고자 주장하였지만, 더 나아가서 이런 것조차 바로 잡지 못한다면 성리학적인 이념에 의한 새로운 정치는 이루어질 수 없다고 보았다. 그는 연산군과 같은 폭군이 언제라도 나올 수 있으며, 이것을 막기 위해서는 왕권보다는 성리학의 가르침이 우위에 있다는 것을 확실히 하고 싶었다. 그러기에 그는 소격서의 폐지에 이처럼 적극적이었으며, 반대로 중종은 극력 반대하였던 것이다.

조광조의 이와 같은 비판에 직면한 중종은 더 이상 나아갈 수가 없었다. 그리하여 조광조의 발언이 있던 그 다음날, 중종은 과거 시험 일자가 임박해서 대간을 교체하라 명한 것이지 다른 뜻은 없으며, 소격서 폐지에 관한 문제는 대신들과 의논해서 결정하겠다고 물러설 수밖에 없었다.[179] 여기에서 중종은 명백하게 소격서를 폐지하겠다고 말하지는 않지만, 조광조는 중종이 사실상 자신들의 주장을 받아들여 소격서를 폐지하기로 결정한 것으로 간주하고 "이런 전하의 말씀을 들으니 감격스럽기 짝이 없다"고 크게 경하하였다.[180]

이후 소격서 폐지는 절차상의 문제만 남게 되었다. 1518년 9월 3일 왕은 소격서의 폐지를 기정사실로 인정하였으며, 사직하고 물러난 대간은 속히 복직하여 밀린 업무를 처리하도록 명령하였다.[181] 조광조의 상소로 격화된 소격서 폐지에 대한 논쟁은 이로써 두 달 만에 종결되었다.

---

179) 『中宗實錄』 권34, 중종 13년 3월 己巳條.
180) 『中宗實錄』 권34, 중종 13년 9월 乙亥條.
181) 『中宗實錄』 권34, 중종 13년 9월 庚子條.

(나) 소격서 폐지의 의미

소격서는 원래의 소격전을 개칭한[182] 것으로 삼청성신三淸星辰의 초제를 관장하던 기관이었다. 조선왕조는 건국 후 제반제도를 정비하는 과정에서 사전祀典의 정비에도 유념하였다. 모든 신앙은 국가적인 차원에서 왕토신앙으로 수렴, 재편성하고자 한 것이다.[183] 그래서 대개의 불교·도교 및 토속적 신앙과 그 전례典禮는 '음사淫祀'로 규정되어 과감히 정리되었다.

그러나 당시 대다수 사람들은 도교의 초제 거행이 국가의 어려움을 해결해 준다고 믿고 있었다. 바로 이 점이 불교와 달리 계속적으로 도교가 혁파되지 않고 국가의 의식체계의 하나로 수용되는 이유가 아닌가 한다.[184]

이와 같이 도교에 대한 정책적 배려로 인해 뿌리 깊은 민간의 신앙을 완전히 정리할 수는 없었다. 이것은 왕토신앙으로 통일한다는 명분을 표방했으나, 일반에게 금한 전례의 일부를 국가 사전 속에 남겨 두었다는 자기모순을 범하게 되었다. 이는 성리학적 전례와 갈등을 유발하는 요인이 되었으며, 사림세력이 정치적으로 성장하면서 제기한 문제의 하나가 되었다.

소격서는 그렇게 중요한 기구는 아니었다. 가뭄이나 한발의 피해가 클 때 나라에서는 종묘사직과 산천, 일월성신에게 제사를 지냈으며, 이것은 매우 오래된 관례였다. 도교와 관련된 소격서가 일찍이 이단 논쟁에 휩싸인 적이 없었던 것도 이런 까닭이다.

그러나 1518년(중종 13) 8월 조광조가 소격서를 폐지해야 한다고

---

182) 『世宗實錄』 권38, 세종 12년 1월 戊午條.
183) 金泰永, 「朝鮮 初期 祀典의 성립에 대하여 – 國家意識의 變遷을 중심으로」 『歷史學報』 58, 1973, pp. 124~125 참조.
184) 김용곤, 앞의 논문, p. 85 참조.

주장했을 때는 그 의미가 전혀 달랐다. 그는 중종에게 성리학과 성리학이 아닌 것, 즉 이단 중 하나를 택할 것을 요구했다. 나아가 이단을 택한다는 것은 중종이 세조나 연산군과 같은 군주가 되려고 하는 것이므로 결코 용납할 수 없다는 결의의 표명이었다.

그러나 소격서 폐지는 조광조의 주장을 그대로 받아들이는 것으로 왕의 권위에 심각한 문제를 초래할 수 있었다. 그렇기 때문에 중종은 적극 반대하였다. 중종의 뜻이 완강한 만큼 조광조의 주장도 강하였다. 거의 두 달 이상 지속된 논쟁 끝에 소격서는 폐지되었으며, 중종의 권위는 손상되었다. 이결과 소격소 철폐를 관철시킨 사림세력이 훈구세력보다 정치 일각에서 전면에 나서는 효과를 가져왔으며, 그만큼 조광조의 정치적 영향력은 크게 확대되었다.

조광조는 알성시에 응시하여 을과 제일인으로 급제하여 관직에 진출한 이후 여러 가지 일에 관여하였다. 특히 세조와 연산군에 의해 크게 훼손된 성리학 이념을 다시 세우는 일에 전념하였다. 이런 일은 연산군대 이래의 중신들의 정치적 영향력을 감소시키는 데 큰 역할을 하였다. 중종반정을 주도한 사람들은 모두 연산군대의 중신들이었기 때문에 연산군대의 학정을 비판하고 성리학 이념을 바로 세운다는 주장은 매우 효과적인 정치 공세였다. 정국공신들의 위세에 눌려 있던 중종도 이것을 모를 리 없었다.

조광조는 매사에 중종의 적극적인 지지를 받지는 않았지만, 왕으로부터 배척을 받지도 않았다. 이런 분위기 속에서 폐비 신씨愼氏의 복권이 논의되었고, 정몽주와 김굉필의 문묘종사 문제가 제기되었다.

그러나 소격서 폐지를 둘러싼 논쟁은 조광조와 중종의 대립을 조장시켰다. 조광조는 왕도 성리학의 가르침에 따라야 한다는 것을 강조하였다. 중종이 소격소 폐지에 격렬하게 반대한 것도 이런 까닭이다. 그러나 소격서 폐지를 반대하는 중종의 입장에 적극 동조하는 대신들은 없었다. 국조의 관례를 함부로 폐할 수 없다는 입장을 제시하기는 했지만, 이것을 폐지해야 한다는 조광조의 주장이 지니는 명분에는 이들도 반대하지 않았다. 중종은 완전히 고립무원의 상태에서 소격서를 유지하고자 하였지만, 결국 소격서는 폐지되고 말았다.

소격소 폐지로 중종의 권위는 크게 손상되었다. 이후 조광조가 실각한 직후 중종은 모든 것에 앞서 소격서의 부활을 주장하여, 이를 관철시켰다. 중종이 소격서 부활을 이처럼 서두른 것만 보아도 이 문제가 중종에게 미친 심적 충격이 얼마나 컸던가를 잘 알 수 있다. 소격서 폐지에 대한 조광조와 중종의 논쟁은 조광조의 일생에 있어서나 당시의 정치사에 큰 영향을 미치게 되었다는 점을 말해 두고 싶다.

소격서 논쟁을 제기하기 전까지 조광조가 앞장서서 개혁을 주장한 적은 없었다. 이미 살펴본 바와 같이 소격서 폐지에 대한 그의 주장은 격렬하였다. 마치 소격서 문제를 가지고 왕을 길들이려는 듯한 그의 태도는 그 이전에 그가 보였던 행동과 너무도 달랐다. 그의 주장으로 왕이 뜻을 꺾자 그의 정치적 위상도 크게 확대되었다. 이것은 그에게 이후의 개혁 활동에 전면에 서지 않을 수 없도록 요구하는 것이기도 하였다.

이후 과거 제도를 혁신하여 현량과를 실시하고 또 정국공신을 폐하는 등 뜨거운 정치적 논쟁을 앞두고 조광조는 중종의 우호적인 지지를 기대할 수 없었다. 중종과의 불화는 그에 있어서 매우 위험한 상황이었다.

조광조의 등장에 상당한 기대를 걸고 있던 중종은 소격서 논쟁 이후 그도 자신의 믿을 만한 지지 세력이 아님을 실감하였다. 반정 이후 왕으로 옹립되기는 하였으나 항상 불안하였던 중종은 기댈 데가 없게 되었다. 소격서 문제로 조광조와 대립함으로써 자신의 왕권을 힘으로 위협할 수 있는 유일한 세력인 반정공신들에게 대항할 수 있는 마지막 수단을 잃게 되었던 것이다. 이것은 반격을 노리는 수구 세력에게 결정적 기회를 제공하였다.

그럼에도 조광조는 물러날 수가 없었다. 이미 폐비 신씨愼氏 복위 문제와 정몽주·김굉필의 문묘종사 문제에서 드러난 성리학 이념의 선구자로서 소격서를 유지하려는 중종을 그냥 비켜 나갈 수는 없었다. 당시의 상황은 그로 하여금 절충적 입장을 취할 수 없게 만들었다. 소격서 문제로 타협하면 다른 문제를 가지고도 계속 대립적인 자세를 취할 수 없을 것이 확실하였다.

이점에서 조광조는 매우 민감한 정치문제에 있어서 앞으로 자신이 어떤 자세를 취할 것인가를 확실히 보여 주었던 것이다. 그리고 어느 경우에나 성리학 이념이 우선되어야 한다는 그의 자세는 그와 반대되는 입장에 있던 세력들에게 매우 적대적으로 보일 수밖에 없었다. 그리고 그를 발탁한 중종에 대해서조차 이념의 우위성을 끝내 관철시킴으로써 모든 반대 세력을 극도의 경계 태세로 몰아넣었던 것이다. 조광조는 행동하는 정치가로서 현실의 부정과 부조리에 정면으로 도전하는 개혁가라고 할 수 있겠다.

조광조는 사상적 측면에서 국왕도 성리학의 이념을 준수해야 할 뿐만 아니라 성리학 이념이 왕권에 우선한다는 것을 관철시킴으로써 조선사회를 성리학적 도학이 지배하는 왕도정치, 군자의 나라로 만들려고 하였다. 조광조는 조선의 국시國是라 할 수 있는 성리학의 이념을 바로 세운다는 기치를 내세웠으며, 이 명분은 누구도 명시적으로 반대할 수가 없었다. 그는 개혁을 가로막고 있는 공신 세력의 힘을 결코 과소평가하지 않았다. 힘만으로는 열세를 면할 수 없음을 알았기 때문에 그는 이념적 논쟁을 앞장서서 이끌었던 것이다. 문제는 중종이었다. 그는 왕권강화를 원했지만, 소격서를 유지하는 것이 유일한 수단은 결코 아니었다. 중종은 왕권을 위협하는 강력한 정치세력인 공신집단을 그대로 둘 것인가, 아니면 왕권보다도 위에 성리학의 이념을 둘 것인가의 선택을 요구하는 미묘한 정치적 상황을 깊이 이해하지 못한 것 같다. 그는 결과적으로 전자를 택함으로써 다시는 그 자신을 위한 기회를 가질 수 없게 되었다.

(2) 향약鄕約 실시
(가) 조광조의 향약보급 운동

향약의 연원은 북송 남전현藍田縣의 학자인 여대균呂大鈞·대충大忠·대방大防·대림大臨 4형제가 그들의 일가친척과 향리 전체를 교화·선도할 목적으로 향약을 조직하고 그 규약을 기술한 것이다. 여씨향약의 전문이 전하지 않아 실시방법 등의 자세한 내용을 알 수 없다. 그러나 남송의 주희가 내용을 수정하여 『주자증손여씨향약』을 완성했다. 주된 강목은 "좋은 일은 서로 권장한다[덕업상권德業相勸], 잘못은 서로 고쳐준다[과실상규過失相規], 사람을 사귈 때는 서로 예의를 지킨다[예속상규禮俗相交], 어려움을 당하면 서로 돕는다[환난상휼患難相恤]" 등이다.[185]

여씨향약에 관한 연구로는 조선전기 여씨향약 보급운동과 그 성격에 관한 연구[186]와 중종조 사림파에 의해 주도된 향약을 그들의 정치적 진출과 유교윤리의 실천이라는 관점에서 고찰한 연구[187] 등이 있다.

185) 鄭亨愚, 「朝鮮鄕約의 實施經緯 및 그 內容에 대한 一考察」 『人文學報』 23, 연세대학교, 1970, p. 101 참조. 여씨향약은 4綱領으로 되어 있고, 同約者 가운데 선행을 하거나 과실을 범하는 자는 그 사실을 각각 籍에 기록하되 犯約하여 세 번 처벌을 받고도 改悛치 않는 사람과는 관계를 끊어버린다는 내용 이외의 것은 알 수 없다.

186) 朴翼煥, 「朝鮮前期 呂氏鄕約 補給運動과 그 性格」 『又仁金龍德博士停年紀念 史學論叢』 1988.

187) 鄕約에 관해서는 다음과 같은 많은 성과가 있는바, 이는 모두 본고에 많은 참고가 되었다.
    崔珍玉, 「中宗初 鄕約成立에 관한 研究」 『韓國史學』 6, 정신문화연구원,

우리나라에 전해진 향약은 『주자증손여씨향약』이다. 향약의 전래 시기는 확실하지 않으나 『주자증손여씨향약』이 『주자대전』에 수록되어 있는 점으로 보아 주자학이 전래된 시기인 여말선초에는 일부 학자들 사이에 소개되었을 것으로 보인다.

그러나 여씨향약으로 불리기도 했던 『주자증손여씨향약』이 공식적으로 시행된 시기는 1519년(중종 14) 7월에 국왕의 윤허를[188] 받은 무렵부터이다. 주자학이 보급되는 과정에서 향촌사회에는 향촌사회의 윤리규범으로서 주자가례, 향사례·향음주례·소학 등이 주로 보급되었다. 성리학적 향촌질서의 규범 보급은 정치적인 시행 차원을 넘어서 향촌사회에 향약이 실시될 수 있었던 역사적인 기반을 마련하여 주었던 것이다.

성종대 이후 관직에 진출하기 시작한 사림세력들은 성리학적 향촌질서의 정착과 사림세력의 확대를 위하여 세조때 혁파된 유향소를 복립하려고 하였다. 유향소는 사림세력의 향사례·향음주례를 목적으로 그 여행勵行의 중추기구였다. 유향소는 1488년(성종 19)에 복립 결정이 났으나, 당시 정치적으로 대립하던 훈·척 세력이 경재소를 통하여 유향소를 대부분 장악함으로써 이들의 개혁은 실패하였다. 유향소는 '교활한 아전이나 관리를 제재하고 풍속을 바로 세우'[189]는 기능을 통

1985, p. 44 참조.

車勇杰, 「鄕約의 補給과 施行過程」 『韓國史論8 - 朝鮮前期 書院과 鄕約 -』, 1980.

李泰鎭, 「士林派의 鄕約補給運動; 16세기 經濟變動과 관련하여」 『韓國文化』 4, 서울대학교 韓國文化 硏究所, 1983.

李樹健, 「朝鮮時代 鄕村社會의 성장과 鄕約」 『鄕土史硏究』 제4집, 한국향토사연구 全國協議會, 1992.

188) 『中宗實錄』 권36, 중종 14년 7월 乙酉條.

189) '制猾吏'·'正風俗'

해 수령을 보좌하고 자문에 응하기 위해 설립된 지방 조직이다. 유향소 복립은 향촌에 재지적 기반을 가진 사림세력 주도의 향촌질서 수립에 근본적인 목적이 있었다고 할 수 있다.

유향소는 사창제와도 깊은 연관을 가지고 있다. 유향소가 성종대 사림파에 의해 복립 되었다는 사실에서도 짐작되는 일이다.[190] 유향소 복립은 당시의 향촌이 안고 있던 개혁을 필요로 하는 많은 문제와 그것을 성리학적 가치관과 윤리질서·통치 질서에 입각하여 해결하고자 한 재지사림세력의 의지가 결합한 결과라 할 수 있다. 또한 향촌 사회의 안정과 회복, 중앙 통치체제로의 흡수라는 국왕과 관료세력의 현실적 욕구가 함께 작용한 것이라 할 수 있겠다.

16세기 훈구세력 지배하의 향촌사회는 많은 문제점을 드러내고 있었다. 훈척세력에 의해 복립된 유향소는 향촌사회의 조租·용庸·조調를 포탈하고 농민·향리를 침탈하며, 심지어 수령권을 능가하는 권력을 행사하기도 하였다. 농장 확대에 따른 지주전호제의 성립, 공납의 방납화, 군역제의 변질 등으로 농민의 몰락 현상이 나타났다. 또한 계속되는 재난과 연결되어 유민과 도적 발생을 야기하였다. 게다가 성리학의 이해가 진전되어 가는 시기에 밀양에서 살부사건殺父事件이 발생하는[191] 등 향촌사회의 해체 현상이 도처에서 나타나고 있었다. 이런 상황에서 군주는 물론 지배층에서도 향촌사회를 안정시킬 대책이 필요하였을 것이다. 대책의 일환으로 조광조는 다음과 같이 말하고 있다.

> 제왕이 세상을 어거함에 백성들의 생활을 후하게 하고자 한다면 모름지기 공부貢賦와 군액의 두 가지 일을 마땅하게 한 뒤에 정치의 덕화가 나왔던 것입니다.[192]

---

190) 李秉休, 『朝鮮前期 畿湖士林派硏究』, 一潮閣, 1984, p. 149 참조.
191) 『中宗實錄』 권31, 중종 12년 12월 甲辰條.

재상宰相의 직분은 마땅히 백성으로서 마음을 삼으니 … 백성의 잔폐함이 지금 같은 때가 있지 아니 하였습니다. 임금이나 대신이란 백성을 위하여 있는 것이니 상하가 모름지기 이 뜻을 알아서 주야로 백성으로서 마음을 삼는다면 정치의 도리가 이루어질 것입니다.[193]

공물과 군포는 백성들의 가장 무거운 부담이었다. 조광조는 이를 변통하여 민의 부담을 덜어주고 따라서 격화되어 가고 있던 민의 유망流亡 현상을 진정시키고 향촌을 안정시켜야겠다는 생각이었다.

그것은 해체되어 가는 향촌사회를 회생시키고 호강의 발호를 견제하며 농민을 농토에 긴박시키는 방향으로 전개되었다. 이러한 방안으로 향교 교육의 강화,[194] 지주제 확대를 방지하기 위한 토지제도의 개혁안 등이 제시되었으나,[195] 가장 중요한 것은 향약 시행이었다. 향약 시행은 1517년(중종 12) 6월 함양 유생 김인범金仁範이 여씨향약을 준행遵行하여 풍속을 변화시키자는 상소를 올리면서부터 논의가 시작되었다. 그에 대한 자세한 기록이 없어 성분을 확인할 수가 없다. 그러나 함양은 다수의 사림파가 수령으로 재직하였고, 정여창이 태어나고 자란 곳이어서,[196] 성리학의 영향을 받아 일찍부터 문풍이 일어난 곳

192) 『靜菴文集』 권4, 經筵陳啓 元子輔養官時啓 3.
193) 『靜菴文集』 권3, 經筵陳啓 檢討官時啓.
194) 朝鮮前期의 鄕校 敎育에 대하여는 다음 論文을 참조.
　　渡部學, 『近世朝鮮 敎育史硏究』, 雄山閣, 1969.
　　李成茂, 「朝鮮前期의 鄕校」 『한파 이상옥박사 회갑연구논문집』, 1970.
　　李建衡, 「朝鮮王朝 鄕校의 奬學政策」 『大邱敎育大學論文集』 5, 1970.
　　李秉休, 「麗末鮮初 官學의 實態와 科學敎育」 『東洋文化硏究』 2, 1975.
195) 사림세력들은 당시 광범위하게 전개 되고 있던 地主層의 土地集中 現狀에 대한 代案으로 한전제·균전제·정전제 등을 제시하였다.
196) 李樹建, 『嶺南士林派의 形成』, 嶺南大學校 民族文化硏究所, 1990, p. 128 참조.

이었다.

따라서 김인범도 성리학 소양을 갖춘 사림파 인물로 보아도 무리가 없을 것이다. 더구나 김인범의 상소가 있기 몇 달 전에 김안국이 경상도 관찰사로 부임하여 향약을 언해·인반印頒하였다는 사실을 고려하면, 향약의 시행은 사림세력의 발의에 의해 이루어진 것임이 분명한 것이다. 그런데 사림세력은 향약의 시행 건의 이전부터 향촌 교화 방안을 모색하고 있었다. 즉 1512년(중종 7) 11월에 향음주례가 명절을 닦고 향린鄕隣이 상목相睦할 수 있는 제도이니 지방관을 통해 시행하고자 주장하였다. 그들은 향음주례를 실행하려는 사람이 있어도 괴이하게 여기기 때문에 실행하지 못한다거나, 관찰사가 수령에게 실시를 권면하고 수령이 준행하지 않거나 시행한다고 거짓 보고를 한다는 등 당시의 실정을 아울러 제시하였다.

사림세력의 향음주례 여행 건의는 국왕에 의해 받아들여져 실시를 공식화 하였으나,[197] 의도대로 시행되지는 못했던 것 같다. 그것은 향음주례의 본의를 모르는 채 형식만을 행하고 있어서 인심과 풍속이 야박해지고 교화에 큰 도움을 주지 못하였다는 지적이 있기 때문이다.[198] 이러한 사실들은 훈구세력 정권하에서 향음주례의 여행만으로는 성리학적 향촌질서를 제대로 확립할 수 없었음을 보여주고 있는 것이다. 이런 실정을 경험한 사림세력은 보다 적극적인 방법으로 향약 시행을 주장하였다.

김인범의 상소 직후 중종은 향약 시행에 대해 호의적인 반응을 보이면서 대신들에게 향약의 실시문제를 논의케 하였다. 이에 대신들은

---

197) 『中宗實錄』 권17, 중종 7년 11월 癸巳條. 그러나 그 시행을 中外에 曉諭토록 하라는 傳敎가 禮曹에 알려진 것은 중종 10년 正月이었음을 볼 때(同書 권23, 10년 1월 丁未條) 실시의 공식화에는 時日이 걸렸던 것 같다.
198) 『中宗實錄』 권27, 중종 12년 3월 庚子條.

중종의 의견에 찬성하고 해조該曹로 하여금 팔도에 행이行移하게 해서 준행할 것을 상계上啓하였다. 국왕과 훈구세력의 이 같은 반응은 당시의 향촌사회가 안고 있는 문제들을 해결하기 위한 집권층의 대응으로 볼 수 있다.

훈구세력은 반정 직후부터 공적인 행정체제를 이용하여 지방통제를 강화하려 하였다. 즉 관찰사·수령을 지방통치의 요점으로 위치 지우고 그를 통해 향촌사회의 안정을 확립하려 하였다.[199] 그러나 강력한 재지세력들에 의해 오히려 수령이 재지사족에게 견제당하는 등 별 성과를 거두지 못하였다. 더욱이 사림세력의 성장에 따른 활동의 상대적 제약으로 말미암아 향촌 안정을 위한 뚜렷한 해결책을 제시하지 못하고 있었다. 이런 중에 향약시행의 건의가 있자, 구체적인 방법이나 목적의식 없이 그 시행에 참여하였던 것으로 보인다.

향촌사회에 향약 시행에 있어서 사림세력 중 김안국의 활동이 특히 두드러졌다. 그는 1517년(중종 12) 2월 경상도 관찰사로 재직하면서 여씨향약의 언해본을 인반하고 이를 향리에 권유함으로써 향약 보급에 큰 힘을 기울였다. 이 언해본은 얼마 뒤 충청도에까지 보급되었다. 또 전라도 관찰사에 제수되었을 때 교화에 힘쓰도록 하라는 중종의 당부에 따라 부임 후 향약을 전라도에 시행하였음을 볼 때 그의 역할이 어떠했나를 쉽사리 짐작할 수 있다.

한편 사림정치세력의 대표적 인물인 조광조도 향약의 긴요성을 다음과 같이 설명하고 있다.

"백성을 교화시키고 풍속을 이루는 것은 여씨향약보다 좋은 것이 없습니

---

199) 그 일환으로 수령의 權限 濫用을 방지하기 위한 出身地 近·隣邑地域 任用 禁止, 文官 파견과 같은 수령의 精選, 관찰사 任期의 연장 등이 제시되었다.

다. 여씨는 필부匹夫로서 천하에 미루어 행할 수는 없으나, 다만 한 시골에 베풀 수가 있었습니다. 주례周禮에 보건대 당黨을 세우고 족族[200]을 바르게 하고, 스승이 서로 권하고 인도할 수 있는 것은, 실상 향약의 법이었습니다. 이제 마땅히 주례를 모방해서 크게 규모를 세우시옵소서" 라고 하니 이를 따르셨다.[201]

이 글을 통해 향약 시행에 대한 조광조의 지대한 관심을 엿볼 수 있다.

또한 조광조는 1518년(중종 13) 9월 조강에서 온양군인溫陽郡人들이 향약을 선행하여 성과가 많다고 하였다.[202] 같은 달 조강에서 대사헌 김정의 발의로 향약 보급의 장구책에 관한 논의가 있었다.[203] 그리고 1519년 4월에는 구휼책으로서 향약을 장려하라는 국왕의 전교가 팔도 감사에게 내려졌고,[204] 동년 6월에는 도성에서 향약 시행의 타당성 여부에 대한 논의가 있었다.[205]

사림세력은 향약을 도성에서도 시행함으로써 전국적인 범위로 그 체제를 확산시키려 하였다. 도성에서 향약 시행은 사림세력의 세력성장과 함께 국왕의 윤허를 받아 공식화되었다.[206] 향약의 전국적 실시는 향촌사회에서의 세력기반을 공고히 함으로써 중앙 진출의 후방기지로 삼으려고 한 사림세력의 의도를 드러낸 것이라 하겠다.

그것은 당시 경재소와 연결되어 향촌사회에서 전권을 농단하던 훈

---

200) 黨과 族은 행정구역의 단위를 말함.
201) 『靜菴文集』 권3, 補遺.
202) 『中宗實錄』 권34, 중종 13년 9월 壬寅條.
203) 『中宗實錄』 권34, 중종 13년 9월 辛亥條.
204) 『中宗實錄』 권35, 중종 14년 4월 戊辰條.
205) 『中宗實錄』 권36, 중종 14년 6월 庚午條.
206) 『中宗實錄』 권36, 중종 14년 7월 乙酉條.

구세력 장악하의 유향소를 혁파하고 그 기능을 향약조직으로 대행케 하자는 사림세력의 주장[207]과 연결시켜 볼 때 보다 분명해진다. 즉, 당시 사림세력은 자신들이 관찰사로 부임하면서 향약 시행을 지원했으며, 더 나아가 국왕의 지원 하에 향약을 전국적으로 시행하였다. 사림세력에 의한 향학의 적극적인 시행은 중앙의 권신들과 연결되어 토호의 발호처였던 유향소에 대항하면서 향약을 통한 향촌자치를 주도하여 향권을 장악하기 위함이었다. 나아가 향촌에서의 재지적 기반을 활용하여 중앙에 진출, 지배세력으로서의 우위를 확보하려 한 것으로 보인다. 이러한 사림세력의 의도는 중앙집권체제를 유지시키려는 훈구세력의 의도와는 상치되었으며, 그에 따라 도성에서의 향약 시행은 훈구세력의 반대를 야기하였다. 그들의 반대 이유는 다음 몇 가지로 정리된다. 향약 시행에 따른 수령권의 약화가 우려된다는 점, 향약 구성원의 위차位次를 신분보다 연령으로 정하다 보니 아래 사람이 윗사람을 능멸하고, 천한 사람이 귀한 사람을 능멸하는[208]의 현상이 나타난다는 점, 선악에 대한 기록이 거의 사혐私嫌에 의해 이루어진다는 점, 향약 내에서 스스로 형정을 실시하는 데서 오는 국가기구에서의 일탈이 염려된다는 점[209] 등이었다.

이는 향약의 자치적인 성격으로 인한 행정력과의 상충에서 야기될 수 있는 새로운 문제점을 우려한 것이라 할 수 있다. 훈구파의 이 같은 논리는 사림세력의 반대로 반영되지 않다가, 기묘사화 이후 본격적인 향약 폐지운동의 주요 근거로 기능하게 되었다. 사림세력에 의해 급속히 추진된 향약 시행은 훈구파에 의해 지적된 것은 당연하지

---

207) 『中宗實錄』 권36, 중종 14년 6월 乙亥條.

208) '下凌上 賤凌貴'

209) 『中宗實錄』 권34, 중종 13년 9월 壬寅條. 同書 권 37, 14년 11월 庚戌條, 同書 권 38, 15년 1월 癸巳條.

만 사림세력 자체 내에서조차 비판이 제기되었다.[210] 그러나 수습의 기회가 오기도 전에 기묘사화가 발생함으로써 향약운동은 실패로 끝났다. 결국 향약 시행에서 나타난 훈구세력과 사림세력의 향촌지배 정책은 중앙집권과 향촌사회 중심이라는 극명한 시각차를 드러내었던 것이다.

(나) 향약실시 주장의 의미

향약실시는 성리학 윤리의 적극 보급이라는 측면에서 민본사상의 실천을 위한 적극적인 교화의 한 형태로 볼 수 있다. 또한 어느 정도 지방 자치권을 부여하여 농민들을 관료의 횡포로부터 보호하고 육성하려했다. 따라서 조광조의 민본사상은 단순히 이념적 차원에 머무르지 않고 적극적인 실천윤리를 통해 현실적 개혁정치로 나타났다. 즉 민생 복지와 안정을 위해 조세제도를 개혁하여 백성들에게 과다한 징수를 억제하고 재정 감축과 관리를 주장하고 있다. 조광조가 참찬관 때 주장한 계오와 계육을 보면 아래와 같다.

> 계오啓五의 내용을 보면, 학술은 일호의 잡물이 있어도 아니 될 것입니다. 학문이 고명에 이르면 권도權道도 또한 쓰지 않을 수가 없습니다. 권도가 중에서 나오는데 권이 중을 얻게 되면 천하의 일에 어디에 조처하기 어려운 것이 있겠습니까. 전하께서 즉위하신 지 10여 년에 선비의 습성은 점점 교화가 되어서 지금은 서민들도 역시 예로서 초상初喪을 치르는 자가 있습니다. 선비의 습성이 바루어지면 백성들의 생업이 이루어질 수 있습니다. 우리나라는 전세田稅는 30분의 1 이나 되는 공물貢物이 너무 많아서 이것으로 백성들의 생활이 날로 궁핍하오니 경비에 쓰는 수입량을 적당히 감한 연후에 조금이라도 백성들을 편하게 할 것입니다. 나라의 법제는 비록 경솔하게 고칠 수 없지만

---

210) 『中宗實錄』 권37, 중종 14년 10월 庚午條.

그러나 학문이 고명하여 사리를 동찰洞察한다면 대신들과 같이 한 마음으로 협력하여서 덜어낼 것은 덜어내고 보탤 것에는 더 보태서 융평隆平한 세상을 기약해 이루어서 조정의 법전을 준수해 나감이 옳을 것입니다. 만일 조금 성공된 것으로 안심을 하고 구차하게 우물우물 한다면 제왕들의 정치를 어찌 가히 이룰 수 있겠습니까. 선비의 습성과 백성의 풍속을 순정으로 돌아가게 하고 옛 정치를 회복하고자 한다면 반드시 분발하여서 보람 있게 하며 모두 같이 유신維新할 것이니 그런 후에 고무시키고 진작시켜서 화락하고 자득할 것입니다. 라고 계啓하였고, 계육啓六에서는 수령이 어질면 백성들은 일분의 혜택을 받는 하나 그러나 규모를 고치지 아니하고 한갓 그 일의 끝만을 책임 지으면 정치의 효험이 없을 것입니다. 지금 각읍各邑의 공물을 본다면 토산물이 고르지 아니하며 또한 모든 방납도 일승一升을 납입할 것에 일두一斗로써 징수하며, 일필一疋을 납입할 것에 삼필三疋을 징수하여 그 무젖은 습관은 적폐가 되어서 이러한 극단까지 이르렀는데 조정에서는 어찌 백성들의 계책을 생각하지 아니 하옵니까. 옛적에 임금과 신하들은 서로 경계하여 고친 것이 백성들의 일이 아님이 없었는데 후세에 이르러서는 한갓 작록爵祿만을 생각하고 백성들의 생계를 생각하지 아니한 것입니다. 지금의 시종지신侍從之臣이나 대간들이 시국을 구원하는데 마음을 다하지 않음이 없으나 사습이 부정하여 선비들의 학문에도 허황에 떠 있는 것입니다. 선비들의 속성이 바르게 된다면 조정에서 하는 일은 모두 의義에 해당할 것이니 만일 합당하지 아니함이 있다면 역시 그 조종의 법에 인연됨이 되리니 그 규모를 고침이 이와 같은데 정력을 다하여 선정을 구한다면 가히 정치도의의 아름다움을 보게 될 것입니다.[211]

이글에서 조광조의 민본사상의 한 단면을 엿볼 수 있다. 지치주의 사림세력의 인본주의에 입각한 향약 실시는 수령 중심의 재지세력을 통하여 지방의 조세와 공물의 원활한 징수 그리고 역역力役자원 확보

---

211)『靜菴文集』권3.

를 목적으로 하고 있다. 이것은 지방에서 사적인 경제 기반을 형성하고 있던 훈구세력의 세력기반을 약화시키고, 결과적으로 지방자치권의 신장을 통해 향촌사회에서 사림세력의 영향력이 신장되는 계기가 되었다.

(3) 현량과賢良科 설치

(가) 천거제薦擧制에 대한 조광조의 주장

조선 왕조는 과거를 통하여 인재를 등용하는 것을 원칙으로 삼았으나, 때로는 천거를 통하여 유능한 인재를 발탁해야 한다는 논의도 일부 제기되었다.[212] 중종도 숨어 있는 인재를 찾아내 천거하라는 명령을 내린 적이 있었다.[213] 1510년(중종 5) 9월에도 중종은 숨어 있는 선비를 천거하라는 명을 내렸다.[214] 특히 같은 해 10월 정언 권벌權檢은 평안도 국경 지방민들이 요동으로 도망치는 것을 막기 위해서는 수령을 가려 뽑아야 하며, 방법으로 천거를 통한 합당한 인재 등용을 주장하였다. 그리고 천거된 인재는 많은데 이조에서 임용하지 않고 있는 현실을 강하게 비판하였다.[215]

1511년 4월에는 시강관 송호의宋好義가 여러 번 유능한 인재를 천

---

212) 정구선, 「중종조 천거제의 시행과 사림파의 성장」 『東國史學』 24, 1990에 서는 중종대의 천거과에 대한 기본적 사실들이 개략적으로 언급되어 있어 서 도움이 된다. 그러나 천거제의 문제를 성종-중종대의 정치사회적 관심에서 탐구한 최이돈의 『成宗·中宗朝 士林의 薦擧制 강화 과정』에서는 이 문제가 좀더 체계적으로 검토되었다(『朝鮮中期 士林政治構造研究』, 一潮閣, 1994의 제2장). pp. 1~256 참조.

213) 『中宗實錄』 권4, 중종 2년 10월 戊戌條.

214) 『中宗實錄』 권12, 중종 5년 9월 己卯條.

215) 『중종실록』 권12, 중종 5년 10월 乙未條 그리고 권벌의 정치적 활동에 대해서는 이병휴, 「16世紀 前半期의 政局과 沖齊 權檢의 對應」 『李基白 先生 古稀紀念 韓國史學論叢(下), 일조각, 1994를 참조.

거하라는 왕의 명령에도 아직도 제대로 실현되지 못하고 있다는 것과 혹 천거된 사람이 있어도 모두 하위 말단직에 임명되므로 그 뜻을 펼 수 없다는 문제를 제기하였다.[216] 이처럼 중종 초에도 천거에 대한 논의는 계속되었지만, 특별히 관심을 끌 만한 것은 아니었다. 조선 왕조는 말할 것도 없고 중국에서도 인심을 무마하는 방편으로 나라에 중대사가 있을 때는 인재를 천거하라는 조칙을 내리는 것은 흔한 일이었기 때문이다. 그러나 1518년(중종 13) 조광조를 중심으로 천거에 대한 논의가 나왔을 때는 신중한 자세로 임해야 함을 강조하면서 당시의 인재 등용에 대하여 다음과 같이 말하였다.

> (시종은) 하루 세 번이나 경연에서 임금과 더불어 도의를 강론하므로, 부득이 학문이 깊고 덕기가 이루어진 사람을 (시종에) 임명해야 합니다. 다만 사장詞章이 뛰어나게 아름답다거나, 혹은 문벌이 화려하고 높은 사람만을 임명해서도 안 되며, 또 지나치게 미천한 초야의 사람을 임명해도 안 됩니다. 출신한 사람은 이미 모두 고위의 직에 있으나, 아래로는 그를 이을 사람이 없습니다. 저의 생각으로는 지금이 사람을 뽑아 등용해야 할 때라고 생각합니다.[217]

조광조는 성리학에 깊은 소양이 있는 새로운 인물로서 현재의 고위 인물의 뒤를 이을 만한 사람을 등용하자고 주장하였다. 조광조의 주장은 나이가 어리거나 처음부터 무관인 사람을 선발하여 하위직부터 임명하자는 뜻이 아니었다. 학문적 능력과 덕성 그리고 상당한 고위직에도 임명될 만한 모든 자격을 갖춘 사람을 특별히 발탁하자는 의미였다. 천거란 말을 쓰지 않았지만, 과거를 보지 않은 인물 가운데서 그런 사람을 천거에 의해 등용하자고 주장한 것이다. 조광조 이전

---

216) 『中宗實錄』 권13, 중종 6년 4월 乙未條.
217) 『中宗實錄』 권32, 중종 13년 3월 庚戌條.

에도 천거에 대한 논의가 있었지만, 그 때는 그다지 심각한 반응이 없었다. 그러나 조광조가 이 문제를 거론하였을 때는 경우가 달랐다. 그 날 경연에 조광조와 자리를 함께 했던 경연연사 신용개는 조광조의 견해에 대해 바로 이의를 제기하였다. 그 내용은 아래와 같다.

> 사장詞章만으로 사람을 쓸 수 없다는 것은 당연합니다. 그러나 우리나라가 (중국에) 사대할 때에 사장을 많이 이용하므로 사장 또한 전적으로 폐할 수는 없습니다. 특히 경학을 한 사람만 쓸 수 있는 것이 아닙니다. 사장의 재주가 뛰어난 사람을 성균관에 들어가게 하는 것도 의리지학을 하는 데 해로울 것이 없습니다.[218]

라고 하면서 조광조의 견해에 반대하는 의사를 나타냈다. 조광조는 단지 천거를 통해 숨어 있는 인재를 등용하고자 한 것이 아니었다. 그는 인재 선발의 기준 자체를 문제 삼았을 뿐 아니라 상당한 직위에 바로 기용될 수 있는 사람을 과거가 아닌 천거에 의해 뽑자고 주장하였다. 신용개가 이러한 조광조의 발언에 즉각적으로 반응한 것은 어쩌면 당연한 일이었다. 조광조는 신용개의 주장에 반박하면서 자신의 견해를 좀 더 구체적으로 표명하였다.

> 사장을 취하지 않을 수는 없으나, 사장만을 전적으로 숭상한다면 부박한 폐단이 있을까 두렵습니다. 사장에도 뛰어나고 덕행도 있으면 진실로 아름다운 일입니다. 그러나 그 뜻이 지향하는 바가 정해지지 않은 사람은 반듯이 선을 행하리라는 것을 믿을 수 없습니다.[219]

---

218) 『中宗實錄』 권32, 중종 13년 3월 庚戌條.
219) 『中宗實錄』 권32, 중종 13년 3월 庚戌條.

조광조는 신용개의 주장처럼 사장을 전폐할 수는 없다 하더라도 이것만으로 인재를 뽑을 수는 없다는 점을 다시 한 번 강조하였다. 아무리 재주가 뛰어나도 그가 지향하는 바가 옳지 못한 사람은 결코 중용할 수 없다는 점을 분명히 하였다. 조광조와 신용개는 인재를 뽑는 방법에 대해서가 아니라 우선 인재를 선발하는 기준부터 서로 견해가 달랐다. 참찬관 이자李耔는 조광조를 거들며 새로운 방법으로 인재를 선발하자는 제안을 하고 나섰다.

조정에서는 인물이 부족하다고 한탄하는 것은 참으로 기이한 일입니다. 한 시대의 인물을 제가 감히 다 알 수는 없습니다만, 어찌 꼭 없다고 말할 수야 있겠습니까? 국가에서 인재를 등용하는 길이 너무나 좁기 때문에 많은 인재들이 (등용되지 못하고) 막혀 있을 뿐입니다. 그러므로 전조 (이조나 병조)에서 사람 쓰는 것을 책망하기도 어렵습니다. 지금 대신과 시종으로 하여금 천거에 대한 태도를 분명하게 하여, 재행이 뛰어나 등용할만한 사람을 뽑을 수는 없겠습니까? 별시別試도 역시 나라에서 인재를 뽑는 길이기도 하지만, 한 번 이렇게 하면 반드시 유익할 것입니다.[220]

이자는 별시를 통해 추가로 사람을 뽑는 방식이 아니라 지금껏 시행한 적이 없는 천거를 통해 재능은 있으나 등용되지 못한 유능한 인재를 뽑자고 제안한 것이다. 대사헌 최숙생崔淑生도 이자의 편을 들었다. 그는 아무리 유능한 인재를 천거해도 과거 급제자와 임용에서 차별이 심하기 때문에 사람들이 이를 천하게 여긴다고 했다. 그래서 기존에 운영했던 천거제와는 전혀 다른, 과거 급제자와 동등한 대접을 받을 수 있는 천거제 시행을 강조하였다.[221] 중종도 천거에 의한 새

---

220) 『中宗實錄』 권32, 중종 13년 3월 庚戌條.
221) 『中宗實錄』 권32, 중종 13년 3월 庚戌條.

로운 인재선발 방법에 대해 최숙생의 견해에 동조하였다.[222] 조광조
는 새로운 방식의 천거제 운영에 대하여 구체적인 제안을 하였다.

> 외방의 경우는 감사·수령이, 서울의 경우는 홍문관·육경·대간이 모두 재
> 행이 뛰어나 등용할 만한 인재를 천거케 하여, 대궐의 마당에 이들을 모아 놓
> 고 (왕께서) 친히 대책으로 시험한다면 많은 인물을 얻을 수 있을 것입니다.
> 이는 우리나라에서 시행한 적이 없는 것이지만, 실은 한漢나라의 현량방정과
> 賢良方正科의 뜻을 이은 것입니다. 덕행은 많은 사람들이 추천한 것이므로 반
> 드시 헛되거나 그릇되는 것이 없을 것이며, 또 대책을 통하여 그 사람이 국사
> 를 처리할 방안이 다 드러날 것이므로, 이 두 가지 다 잃는 바가 없을 것입니
> 다.[223]

천거제에 대한 조광조의 구상은 1518년(중종 13) 3월 11일 경연에
서 논의를 통하여 어느 정도 그 모습을 드러냈다. 그는 인재를 선발
함에 있어서는 사장이 아니라 학문과 덕행을 중요시해야 한다는 점을
강조하였다. 선발 방법으로는 지방 수령과 홍문관·육경·대간의 추천
을 받은 자들을 대상으로 왕이 친히 시험하는 것을 제시하였다. 이렇
게 선발된 사람들은 과거 급제자와 동등한 대우를 해야 한다는 점도
분명히 하였다. 이 날 경연에는 신용개 외에는 조광조의 천거제 주장
에 대하여 명백히 반대한 사람은 없었지만, 이후 천거제에 대한 논의
는 더 많은 논쟁을 불러일으켰다.

(나) 현량과 시행과 조광조
조광조는 종래의 과거 제도만 가지고는 성리학에 조예가 깊고 덕

---

222) 『中宗實錄』 권32, 중종 13년 3월 庚戌條.
223) 『中宗實錄』 권32, 중종 13년 3월 庚戌條.

행이 뛰어난 새로운 인재가 등용되기는 어렵다고 판단하였다. 바람직한 정치를 펴기 위해서는 조정에 군자가 등용되어야 한다고 주장 하였다. 학문과 덕행이 갖추어진 군자를 등용하기 위해서는 종래의 과거만으로는 충분치 못하기 때문에 중국 고대에 시행되었던 천거제의 정신을 살리고 한나라 때에 시행된 현량과를 통해 새로운 인재를 등용하자고 강조하였다. 마침내 오랜 논쟁 끝에 서울에서는 사관四館[224] 이 인재를 추천하고, 지방에서는 유향소에서 본읍本邑 수령에게, 수령은 관찰사에게, 관찰사는 예조에 천거하는 절차를 마련하였다.

교육 내용이 바뀌고 인재 선발 기준이 바뀐다면 관리를 등용하는 방법에도 변화가 있어야 할 것은 당연한 것이다. 국초부터 시행해 온 과거제도에는 적지 않은 문제점이 계속 지적되어 온 일이었다. 그런 의미에서 조광조의 과거 제도 개혁은 그가 지향하려던 새로운 정치, 새로운 학문, 새로운 이상을 실현할 수 있는 인재들을 등용하기 위해서는 불가피한 일이었다. 그래서 정형화된 과거제가 아니라 천거제에 입각한 현량과를 시행하고자 했던 것이다.

이러한 과정을 거친 후 1519년(중종 14) 4월 현량과를 통해 김식, 안처근安處謹, 안호지安好智, 이연경李延慶, 권진權瑱 등 28명을 선발하였다.[225] 이들 급제자의 선발기준은 첫째 성리학적 소양, 둘째 성리학적 가치관의 습득여부, 셋째 새로운 향촌질서의 공적, 넷째 현실개혁 의지의 소유여부였다.

현량과 급제자들은 평균 연령이 과거합격자들 보다는 높은 편이었으며, 주로 서울과 경기지역에 집중적으로 거주하였다.[226] 이들의 상

---

224) 朝鮮時代 敎育·文藝를 담당하던 4개 官署. 즉 成均館·校書館·承文院·禮文館을 말한다.

225) 『中宗實錄』 권35, 중종 14년 4월 丙子條.

226) 최락도, 「趙光祖의 政治思想과 國政改革에 대한연구」, 중앙대학교 대학원 博士學位論文, 2001, p. 117 참조.

당수가 이미 관직에 진출한 사람들이었다는 점에서 현량과를 통해 숨어있는 참신한 사람들이 등용된 것이 아니었다. 그러므로 현량과는 인재등용이라는 명분과는 달리 조광조의 세력 확장을 위해 이용했다는 비판을 피할 수 없게 되었다.

조광조는 젊었지만, 그의 모든 언행이 성리학 이념에 비추어 시종 벗어난 것이 없었다는 점 때문에 존경을 받았던 사람이었다. 심지어는 그의 정적들도 그러하였다. 그러나 현량과를 통한 인재 선발의 결과는 도덕적으로 우월한 지위에 큰 상처를 주었다. 특히 반대파들은 그의 진실성을 의심하게 되었다. 현량과 시행 결과로 그는 본격적인 권력 투쟁의 한 가운데에 서게 되었으며, 반대파들도 이제 마음 놓고 비판할 수 있게 되었다.

조광조가 지닌 힘은 도덕적 순수성이었으며, 당시 조선 왕조의 핵심 지배 세력은 이러한 도덕적 비평 앞에 머리를 숙일 수밖에 없었다. 그러나 이제는 사정이 달라졌다. 그들이 보기에 조광조도 자기 세력을 강화하기 위해서 편법을 동원하는 사람에 지나지 않았다. 아니면 적어도 그들은 조광조를 그렇게 몰고 갈 충분한 명분이 있다고 생각하였다.

현량과가 이렇게 시행되었다고 해서 조광조가 도덕적으로 타락했거나, 이전에 지녔던 이념과 소신이 달라진 것은 아니다. 그는 자신의 이념을 현실에 구현하기 위해서는 이를 뒷받침할 수 있는 정치적 영향력의 필요성을 느꼈으며 이것을 현량과를 통해 실천에 옮긴 것이다. 그러나 여기에 대해 반대파에서는 조광조를 파당적 행위로 몰고 갔다. 현량과 실시 이후 조정은 더욱 심각한 정치적 대립으로 치달았다. 현량과가 시행된 바로 그 해에 기묘사화가 일어나 조광조를 중심으로 한 사림세력은 대부분 실각하였다. 이 사건은 과거 제도와 같은 조선 왕조의 기본적인 통치 제도를 바꾼다는 것이 얼마나 어려운 일인가를 잘 보여주고 있다.

천거제에 의한 인제 등용은 처음 이야기가 나왔을 때부터 조정 대신들의 완강한 반대에 직면하였다. 조광조도 처음에는 과거제를 대체할 수 있는 천거제를 구상했으나, 문과의 골격은 그대로 둔 채 별시의 형태로 현량과를 시행한 것이다. 몇 차례 현량과 시행으로 과거제의 근본 골격을 바꾸는 제도 개혁이라고는 할 수 없다.

현량과 시행을 두고 일 년 넘게 논쟁이 그치지 않은 점을 생각해 본다면 16세기 초 조선 왕조에서 제도개혁이 얼마나 어려운 일이었는지를 짐작할 수 있다. 그러므로 조광조는 자기 세력을 등용하기 위해 이 제도를 악용하였다는 비판에도 불구하고 일단 개혁안을 실행에 옮겨야 한다는 절박한 생각을 했을지도 모른다. 시행되고 나면 물길이 트이고, 한 번 물길이 트이면 좀 더 포괄적인 개혁이 이루어질 것이라 생각하였을 것이다. 그러나 현량과는 한 번은 시행되었지만, 물길이 트이지는 않았다.

조광조에 반발하는 세력이 총동원되어 또다시 사화가 일어나고 조광조는 죽음을 맞게 되었다. 조광조와 그의 반대세력은 조선 왕조에서 지배사회의 일원이었으며, 현량과 급제자들도 그러하였다. 그러므로 조광조 또한 조선 왕조의 체제를 기본적으로는 지키려는 사람이었다. 조광조 사후 조선말까지 그 누구도 과거제 개혁을 시도하지 않았다는 사실을 생각해 볼 때 조광조의 현량과 시행과 실패는 그의 운명뿐 아니라 조선의 역사에도 특별한 의미가 있다고 생각한다.

조광조의 현량과 실시는 현인중심의 정치행정을 실현하기 위한 구체적 방법의 하나였다. 종래의 과거제도는 사장학을 주 내용으로 하였고, 그밖에 복잡한 응시규정과 가문에 구애받았기 때문에 도학에 통달하고 재능과 덕행이 있는 인재를 효율적으로 등용시킬 수 없었다. 이에 현량과를 설치하여 인사행정제도의 혁신을 도모하고자 하였다. 이것은 현량과를 통한 인사행정제도의 개혁이었다.

정통 유교정치 행정에 있어서는 주권이 누구에게 있느냐가 중요한 것이 아니고 정부나 백성에 대하여 어떠한 책임을 져야 하느냐가 중요한 것이다.[227] 따라서 위민행정을 위한 현인중심의 정치 행정론에 입각한 천거형식의 관리 충원제도인 현량과 실시는, 정부 스스로가 전국 각지의 현명하고 능력 있는 인재들을 국정에 참여시켜 이상적인 정부형태를 갖추고자 하는 노력으로 해석할 수 있다.

다시 말해 정부는 이미 민중에 대해 책임을 지고 있고, 또 실제 정부조직에 참가하는 인원도 전국에서 민중에 의해 천거된 인재들이기 때문에 장차 이 제도가 정착되면 정부는 바른 사회, 즉 민중에 의해서 구성되는 정민일체政民一體의 조직이 된다는 것이다. 이 같은 현량과의 실시는 훈구세력의 맹렬한 반대에도 불구하고 실시되었으며, 1519년(중종 14) 4월 현량과를 통해 28명의 인재를 등용하였다.

---

227) 이것은 民本主義 思想의 理念에 기초한 것이다.

제3장 추존사업추진과
16~17세기 사림정치세력의 동향

1. 추존사업의 전개

가. 기묘사화 이후 중종말기의 정국

송宋나라 왕안석王安石에 비해 조광조의 개혁안은 너무도 단순하고 세부적인 계획이 결여된 것처럼 보인다.[1] 조광조는 정말 과거제도를 전면적으로 개혁하려고 했던가? 아니면 현행의 과거제를 운영하면서 새로운 천거 방식으로 보완하려 했던가? 어느 경우든 개혁을 실행할 때 구체적으로 어떻게 해야 할 것인지에 대해서 세부적인 계획을 가지고 있었는지에 대해서도 현재로서는 알 수가 없다.

천거제도는 그가 말한 참다운 인재, 즉 성리학에 헌신할 수 있는 군자를 등용하기 위한 수단으로 제안한 것이지만, 과거제 전반을 개

---

1) 제임스 류 저, 이범학 역,『왕안석과 개혁정책』, 지식산업사, 1991. 宋代에서와 마찬가지로 성리학이 강조되던 조선왕조에서도 왕안석의 개혁은 항상 비판의 대상이었다. 조광조의 비판자들은 그를 왕안석에 비유하곤 했는데, 그럴만한 이유가 제시된 적은 한 번도 없었다. 사실 왕안석에 대한 평가문제는 유보하더라도 그는 조광조에 비해서 훨씬 구체적인 개혁안을 제시하였으며, 그의 비판자들과의 논쟁도 조선왕조보다 훨씬 이론적인 성격을 지니고 있었다. 그러므로 조선왕조에서 제기된 왕안석론을 별도로 탐구해 본다는 것은 매우 흥미로운 주제가 될 것이라 생각한다.

혁하려는 것은 아니었다. 오히려 기존의 과거제도는 그대로 유지하겠다는 뜻을 그도 분명히 하였다.

제도개혁이라는 측면에서 볼때 조광조의 개혁에 큰 의미를 부여할 필요는 없다고 생각된다. 그런데 이 정도의 개혁만으로도 조선왕조의 지배체제는 큰 동요를 일으켰다. 그만큼 16세기 초 조선왕조의 지배체제는 어떠한 변화도 쉽게 받아들일 수 없을 만큼 보수성이 강했던 것이다.

16세기의 조선왕조에서 조광조의 주장은 매우 강력한 호소력을 지니고 있었다. 어느 누구도 성현들에게 배운 성리학의 가르침을 그대로 실천에 옮겨야 한다는 주장에는 반대할 수가 없었다. 수기치인修己治人수신제가치국평천하修身齊家治國平天下을 믿었던 자들이 성리학에서 배운 것을 자신의 개인적 삶에 있어서나 치자治者로서의 공적인 행위에 그대로 적용해야 한다는 주장이 잘못되었다고 말할 수 있는 사람은 없었다. 조광조를 숙청하는 데 앞장섰던 사람들은 조광조를 송대의 왕안석에 비유하여 반 성리학적인 인물로 낙인찍으려 하였지만,[2] 아무도 그 말을 믿지 않았다.

오히려 조광조가 죽임을 당하고 10여 년 후 그의 반대세력들은 서로간의 반목으로 크게 분열되었으며, 그로 인하여 사태는 더욱 혼란스러웠다. 1530년(중종 25) 김안로 일파에 의해 심정은 유배되었으며 이듬해인 중종 26년에 사사되었다. 1533년에는 김안로도 반대파에 의해 제거되었다. 이로써 조광조의 숙청을 주동하였던 주요 인물 모두

---

2) 『中宗實錄』 권54, 중종 20년 7월 庚午條. 기묘사화를 주동한 주요 인물 중의 한사람인 沈貞은 현량과 실시를 비판하면서, 그를 왕안석에 비유하였다. 이러한 심정의 견해는 조광조 비판자들의 일반적 견해였다. 또 하나의 예를 들면, 이종익은 김종직, 김일손 등을 비판하고 오히려 유자광을 옹호하였다. 이어 조광조를 "옛 법도를 문란 시켰다"는 죄목으로 비난하면서 그를 왕안석에 비교하여 논하였다(『중종실록』 권66, 중종 24년 10월 戊寅).

가 분열, 사망하였다.[3] 조광조를 추모하는 사람들은 이 기회에 그를 복권시켜 정국 장악을 시도하였다.

기묘사화를 통해 조광조의 숙청을 암묵적으로 승인했던 중종은 1530년대가 되면서 더 이상 정치를 이끌어 갈 수 있는 능력을 상실하였다. 중종은 조광조가 주장하는 도덕적 권위를 이용하여 대신들의 세력을 견제할 수 있다고 믿었으며, 이러한 그의 의도는 어느 정도 달성하는 듯이 보였다. 그러나 조광조는 왕의 권위보다 성리학 이념 그 자체의 권위에 더 큰 중요성을 부여하였다.

과거제도의 개혁을 추진할 정도로 강력해진 조광조가 왕권을 위협할 것이라 생각한 중종은 조광조를 제거하려는 음모에 동조하여 정당성을 부여하였다. 그러나 조광조 사후 그들은 오히려 중종을 궁지에 몰아넣었다. 그들은 조광조 같은 무리들이 국정을 농단하고, 국가를 혼란에 빠뜨린 것은 경험도 모자란 그를 지나치게 신뢰한 왕에게 일차적인 잘못이 있다고 정면에서 비판하였다.[4]

이러한 비판에 대하여 중종은 아무런 반박도 할 수 없었다. 중종은 이처럼 정치적 궁지에 빠졌지만, 그에게 도움이 될 사람은 아무도 없었다. 조광조는 왕의 권위보다 성리학 이념이 더 중요하다고 주장했지만 누구보다도 왕의 권위를 인정하고 지지하는 사람이었다.

조광조가 사라지고 왕권마저도 철저하게 무시당한 조정에서는 정치를 이끌어 갈 어떠한 권위도 존재하지 않았다. 모든 정치 행위는 눈앞의 이해관계에 따라 자행되었으며, 이러한 권력투쟁에서는 무한

---

3) 李相佰, 『韓國史: 近世朝鮮前期篇』, 乙酉文化社, 1962, pp. 550~552에 기묘사화 이후의 이러한 정치적 사건에 대해서는 잘 정리되어 있다.

4) 『中宗實錄』 권38, 중종 15년 정월 戊申條. 司諫 南世準은 중종이 조광조와 같은 연소한 무리들을 '지나칠 정도로 편벽하게 지지했던 잘못을 저지르지 않았는데도 (사태가) 이렇게 되었겠습니까?'라고 직접적으로 왕을 비난하는 상소를 올릴 정도였다.

의 대립만이 존재할 뿐이었다. 여기에 중종의 후계자 결정을 둘러 싼 외척 사이의 경쟁은 정국은 더욱 혼란스럽게 했다.

중종의 첫 번째 부인 신씨는 중종반정 이후 그녀가 연산군의 외척 가문 출신임을 문제삼아 반정주도자들에 의해 왕비에 임명되지 못하였다.[5]

두 번째 부인인 파평 윤씨는 왕자 한명을 낳고 곧 사망하였다. 그 왕자가 뒷날의 인종仁宗이었다. 중종의 세 번째 부인도 파평 윤씨로 문정왕후이다. 문정왕후 소생도 왕이 되었는데 그가 명종明宗이었다.

장자가 세자책봉과 왕위를 계승하는 것은 당연한 것이었으나, 중종의 계비인 문정왕후가 이 과정에 많은 영향력을 미쳤다. 결국 장자가 왕위를 계승하였으니 조선 12대 왕 인종이다. 당시 왕위 계승문제는 둘러싸고 전개된 역학관계는 향후 정치에 큰 영향을 미쳤다. 명종의 즉위에 큰 영향력을 끼친 윤임을 중심으로 한 외척세력은 명종의 즉위와 함께 정치적 실권을 장악하였다. 이들을 대윤大尹이라 했는데, 이들은 자신들의 정치적 입지를 강화하기 위한 방법의 하나로 현량과를 부활하고 조광조의 신원을 추진하였다.[6]

나. 조광조의 복권 과정

기묘사화로 조광조와 그 일파가 희생되었지만, 그의 죽음으로 정국은 더 큰 혼란에 빠져들었다. 기묘사화의 충격이 채 가기도 전에 조광조를 복권하여 명예를 회복시켜야 한다는 주장이 거세게 제기되

---

5) 『中宗實錄』 권1, 중종 원년 9월 乙酉條.
6) 李相佰, 『韓國史: 近世朝鮮前期篇』, 乙酉文化社, 1962, pp. 552~553에서 중종말기 정치사의 흐름과 왕위계승 문제, 그리고 사림의 재등장에 대해서 참조.

었다. 조광조는 살아서도 매우 논쟁적인 사람이었지만, 죽임을 당한 후 그의 복권을 둘러 싼 논쟁은 더욱 뜨거운 것이었다.

조광조가 죽임을 당한 후에 그에 대한 평가를 두고 16세기 조정에서 뜨거운 논쟁이 그치지 않았던 것은 무슨 까닭인가? 그리고 기묘사화 후 80여 년이 지나 마침내 문묘에 배향되고 성인으로 추앙받는 위치에 오른 것은 또 무슨 의미가 있는가? 이런 문제를 생각해 보면, 조광조라는 인물이 조선왕조에서 성리학 이념이 정착하는 과정에서 얼마나 중요한 상징성을 지닌 사람이었던가를 새삼스럽게 깨닫게 된다.

지금까지 선학들은 조광조의 생애를 정치활동과 지성사적인 관점에서 정리하고자 시도하였다. 그러나 조광조 사후 그의 복권과 평가를 두고 수십 년에 걸쳐 치열하게 전개된 논쟁은 기묘사화 이후 한 세기에 걸쳐 전개된 조선왕조의 정치사와 사상사의 흐름을 이해하는 데 있어서 매우 중요한 의미가 있는 것이라 생각된다.

사실 조광조를 개혁정치가라고 말하기를 주저하는 사람은 없을 것이다. 정치 개혁을 말할 때는 기본적으로 제도 개혁을 연상하게 된다. 그런 의미에서 조광조의 개혁을 제도개혁이라는 차원에서 파악할 때 과거제의 개혁에 주목하지 않을 수 없다.[7]

조광조가 정치무대에서 활약한 것은 4년 정도지만 그는 성현들이 말한 그대로를 정치에서 실현하는, 즉 이상 정치를 행할 수 있다고

---

7) 선행 연구자들도 이 문제를 무게 있게 다루었다. 그 핵심적 연구 성과를 열거하면 다음과 같다.

Edward Wagner, "The Recommendation Examination of 1519: Its Place in Early Yi Dynasty History", 『朝鮮學報』 15, 1960.

李秉烋, 「賢良科 硏究: 士類의 進退 및 그 背景과 관련하여」 『啓明史學』 1, 1967 ; 「賢良科 及第者의 성분: 현량과 연구 첨보」 『대구사학』 12·13 合輯, 1977.

최이돈, 「16세기 사림파의 천거제 강화운동」 『韓國學報』 54, 1989 등.

믿었다. 잘못된 현실을 바로잡는 길은 군자를 등용하여 그들에게 정치를 맡겨야 한다는 생각을 지니고 있었다. 이런 맥락에서 과거제도를 개혁하려고 하였다.

건국 이후 관료 선발에 있어서 과거의 중요성은 더욱 커졌다. 그러나 과거시험에서 어떠한 재능을 어떻게 평가할 것인가에 대해서 확고한 원칙을 가지고 있었다고 말하기 어려운 점이 있었다. 중국인들이 사용하는 한문을 국가의 공식 문자로 채택한 이상 조선의 엘리트 교육은 이러한 문자를 자유롭게 구사할 수 있는 능력을 배양하는데 많은 시간과 노력을 경주해야만 했다.

관료 선발에서도 성리학의 핵심 내용에 대한 이해보다는 한문 구사 능력을 먼저 평가하였다. 관료 선발에서 문학적 재능이 아니라 성리학에 대한 이해력을 시험해야 한다는 주장이 제기되어 논쟁이 빚어지기도 하였지만, 문학적 재능을 평가하는 전통이 쉽게 사라지지 않았다. 그리고 짧은 시험 기간 동안 성리학의 내용을 묻고 대답하는 것으로는 성리학적 소양을 제대로 평가할 수 없었다.

조광조는 이러한 과거시험으로는 참다운 인재, 즉 학식과 덕망이 높은 군자를 선발할 수 없다고 판단하였다. 그렇기 때문에 이미 그 행적이 알려져 있는 인물들로 하여금 숨어 있는 참된 인재를 추천케 하자는 주장을 제기한 것이다. 그는 군자인 현인의 등용이 정치의 관건이라고 보았다. 천거에 의해 사람을 선발하면 천거한 사람의 책임이 뒤따를 것이므로 훨씬 신중하게 좋은 인재를 선발할 수 있다는 것이 그의 주장이었다.

과거제를 혁신하여 천거제로 바꾸자는 그의 주장은 거센 반발을 불러왔다. 재상부터 인사행정을 맡은 관료들 모두가 반대하였다. 평소 조광조의 개혁에 직접적으로 찬성하던 사람들도 상당수 천거제에 반대하였다. 이조판서 남곤은 이 제도가 성공하기 위해서는 천거하는 사람의 공정성이 지켜져야 하는데 그것을 어떻게 보장할 수 있느냐는 의문을 제기하였다.[8] 관료 선발은 공정한 절차가 무엇보다 중요한데, 천거제를 시행할 경우 공정성을 보장할 수 없다는 것의 그의 주장이었다. 인사행정의 책임자로서 그의 발언은 천거제의 맹점을 가장 잘 지적한 것이었다.

조광조는 자신의 원래 계획대로 과거제도를 천거제로 바꾼다는 것이 불가능하다는 것을 알았다. 그래서 천거제를 시행하되 과거제도를 보완하는 별시別試처럼 운영하는 방법을 제시했다. 그리하여 1519년(중종 14) 봄, 처음이자 마지막 천거제인 현량과가 실시되었다. 첫 현량과에서 28명의 합격자가 배출되었다.

그러나 천거제의 실시는 수많은 논쟁을 야기하였으며, 천거제를 통해 결국 자신의 지지 세력을 등용한다는 거센 비난이 제기 되었다. 조광조에 대한 노골적인 불만이 터져 나왔으며, 결국 천거제가 실시된지 몇 달 후 조광조는 숙청되고 말았다. 이처럼 현량과는 조광조의 생애에 있어서 너무도 중요한 위치를 차지하고 있다.

이 장에서는 조광조의 복권운동이 전개되는 과정속에서 그가 가장 깊은 관심을 기울였던 현량과에 대한 논의와 평가가 어떻게 이루어져 가는지를 살펴보려는 것이다. 조광조는 사후 복권되어 문묘에 종사되었지만, 그 과정에서 그가 심혈을 기울인 과거제도의 개혁이 왜 중요하게 취급되지 않았을까? 조광조의 복권은 성리학자들의 적극적인 참여와 주장으로 가능하였다. 그런 의미에서 이런 문제들을 살펴보고자 한다. 이것은 16세기 조선 성리학의 성격을 다른 측면에서 한번쯤 새롭게 관찰해 볼 수 있는 기회가 될 수도 있을 것이다.

---

8)『中宗實錄』권32, 중종 13년 3월 辛酉條.

(1) 중종말기 조광조 복권 문제제기

조광조가 숙청된 며칠 후 성균관 및 전국의 유생 수백 명이 조광조의 복권을 주장하는 탄원을 집단적으로 제기하였다. 즉 1519년(중종 14) 11월 정미丁未와 을유乙酉일에 각기 240명과 300명의 유생들이 집단적으로 조광조를 지지하는 탄원을 올렸다.[9)]

조광조에 대한 복권 청원은 조광조의 탄핵을 주도한 세력에게 조광조 일파는 몰아내는 구실을 제공하였다. 이들은 조광조의 숙청에 그치지 않고 현량과 폐지와 현량과를 통해 등용된 사람 모두의 관직을 빼앗아야 한다고 하였다.[10)] 이들은 조광조가 '새로운 것만을 즐겨하여 옛것을 살피지 않았으며, 명분만을 추구하며 현실을 도외시함으로써' 나라 일을 그르쳤을 뿐 아니라 '예전의 전통과 관례는 따를 것이 없다고 주장하면서, 함부로 나라의 전통과 관례를 어지럽혔다'라고 비난하였다.[11)]

조광조가 사형당한 후 그의 가까운 추종자들도 함께 숙청당하였으며, 심지어 현량과가 폐지되면서 그 합격자들도 모두 그 자격을 빼앗기고 말았다.[12)]

특진관 김세필은 석강에 나아가 『논어』를 강독하면서 조광조에 대해 아뢰기를,

> "여기에 이르기를 '군자君子의 허물은 일식日蝕·월식月蝕과 같아서, 허물이 있으면 사람들이 다 볼 수 있고, 고치면 사람들이 다 우러러본다.' 하였습니다. 사람은 다 요堯·순舜이 아니니, 어찌 매사에 진선盡善할 수 있겠습니까? 필

---

9) 『中宗實錄』 권37, 중종 14년 11월 丁未와 乙酉條.
10) 『中宗實錄』 권38, 중종 15년 정월 乙亥條.
11) 『中宗實錄』 권38, 중종 15년 정월 戊申條.
12) 『中宗實錄』 권37, 중종 14년 12월 丙子條.

부匹夫일지라도 허물이 있으면 고치려고 생각해야 하는데, 더구나 온 백성의 위에 있는 임금이겠습니까? 임금이 잘못하고서 능히 고친다면 백성이 우러러 보는 것이 어찌 해와 달이 광명만할 뿐이겠습니까? 근래 조정에서 경화更化한 일이 많은데, 변경하더라도 어찌 죄다 알맞게 할 수 있겠습니까? 지난 5~6년 동안 상께서 뜻을 기울여 잘 다스리려 하시매, 새로 사진仕進하여 일 만들기 좋아하는 사람들이 앞을 다투어 옛것을 좋아해야 한다는 말이 채용되게 하여 조종의 구법을 변경하여 이로부터 어지러워졌으나 대신이 그 폐해를 보고도 감히 말을 내지 못하니 그 폐해는 상하가 괴리乖離하여 정의情意가 통하지 않아서 마침내 구제하지 못하게까지 되었으므로, 부득이하여 조정에서 처치하여 개변改變하였으나, 어찌 알맞게 하여 뒷 폐단이 없게 할 수 있겠습니까? 조광조는 새로 사진하여 일 만들기 좋아하는 사람이었으나, 어찌 간사한 마음이 있었겠습니까? 다만 세상을 경험하지 못하고 학문이 모자라므로 마침내 나라의 일을 그르치게 되었을 따름입니다. 처음에는 총애가 비길 데 없다가 하루 아침에 단연히 사사하셨으니, 이 일을 사책史策에 써서 만세에 전하면 만세 뒤에서는 어떻게 생각하겠습니까? 신은 이 사람을 몰랐었는데, 접때 경연經筵에서 보니 사람됨이 경박하여 대신의 말일지라도 반드시 가로채서 제 마음대로 하므로, 신이 속마음으로 변변치 않은 사람이라고 생각하였습니다. 그러나 홍문관의 5~6품 줄에 두었고 유조에 출입시켜 쓸 만한가를 시험하였으니, 어찌 쓸모없는 재주였겠습니까? 잘못이 있거나 죄가 있으면 내쳐서 징계하는 것이 옳았을 것인데, 사사까지 하셨으니 지나칩니다. 김식金湜과 같이 간사한 자라면 처형하지 않을 수 없었겠으나, 조광조 같은 자야 어찌 간사한 마음이 있었겠습니까? 그러나 상에서 이것을 지나치다고 생각하시는지 모르겠습니다. 은총이 저러하다가 하루아침에 사사하셨으니, 일이 매우 참혹합니다. 미세한 죄수일지라도 어찌 차마 이렇게 할 수 있겠습니까? 이 이후로는 조정의 기색氣色이 암담해질까 염려됩니다. 지우智愚의 신하가 있더라도 어떻게 안심하고 스스로 믿을 수 있겠습니까?"

하니, 상이 이르기를,

> "조정의 일을 그르친 까닭은 그 시초에서 말미암은 것이다. 대우를 알맞게
> 하지 못하였기 때문이다. 당초의 의논들이 괜찮다 하였고 혹 그가 어질다고
> 천거하기도 하였으므로, 이력이 없기는 하나 차서에 의하지 않고 등용하였던
> 것이다. 사사한 것으로 말하면, 조정에서 그 죄명을 정한 것이 이미 가볍지
> 않았으므로 그렇게 하지 않을 수 없었다."[13]

라고 하였다.

특히 특진관 김세필은 조광조를 사사까지 한 것은 지나쳤다고 아
뢰었다가 하옥[14]까지 되었다. 이때부터 조광조의 무죄와 신원문제는
잠복 되게 되었다.

1535년(중종 20) 7월경부터 삭탈관직된 현량과의 급제자들을 다시
등용하자는 논의가 일어나기 시작하였다. 생원 이종익은 조광조를 옹
호하면서 그와 함께 죄를 입은 사람들 모두의 복권을 주장하였다. 그
러나 이런 주장은 받아들여지지 않았다.[15] 그로부터 6년 후인 중종
26년 2월, 조광조를 복권하려는 움직임이 일어나자 홍문관 직제학 허
흡 등은 '조광조는 나라를 어지럽힌 괴수'라고 하면서 맹렬히 비난하
였다.[16] 복권논의 자체를 못하게 하기 위해서였다. 그러나 조광조 복
권 주장은 그치지 않았다. 몇 달 후 유생 조윤박趙允璞은 조광조의 복
권과 천거제도(현량과) 재시행을 주장하고 나섰다.[17] 그러나 조윤박
의 주장은 전혀 호응을 얻지 못하였다.

---

13) 『中宗實錄』 권40, 중종 15년 9월 丁卯條.
14) 『中宗實錄』 권40, 중종 15년 9월 乙亥條.
15) 『中宗實錄』 권66, 중종 24년 10월 戊寅條.
16) 『中宗實錄』 권70, 중종 26년 2월 丁卯條.
17) 『中宗實錄』 권71, 중종 26년 10월 甲午條.

1533년(중종 28) 3월 영의정 정광필은 조광조 복권문제는 제외하고 대신 기묘년 현량과 급제자들을 다시 등용하는 절충안을 제시했다.[18] 이를 계기로 같은 해 11월에는 조광조와 그의 추종자들은 왕의 뜻에 따른 것일 뿐이므로 그들만을 탓하는 것은 옳지 않다는 견해도 제시되었다.[19]

그러나 조광조에 대한 복권 논의가 순조롭게 진행된 것은 아니었다. 특히 조광조에 의해 소인으로 몰려 밀려났던 영의정 장순손張舜孫 등은 이들의 죄가 드러나 단죄한 지가 오래되었는데, 이제 와서 복권한다는 것은 옳지 않다는 점을 분명히 지적하였다.[20] 이처럼 조광조의 복권논의에 대한 새로운 논쟁은 분명 정치 분위기가 크게 달라지고 있다는 증거였다. 또한 복권논의와 더불어 현량과에 대한 논쟁도 확대되었다.

조광조에 대한 복권논의가 확대되어 중종의 입장에도 변화가 생기기 시작했다. 평소 현량과 급제자들을 다시 중용하자는 주장에 소극적 입장이던 중종은 1538년(중종 33) 2월, 이들을 다시 등용해도 좋다는 명령을 내렸다.[21] 이 조치로 같은 해 4월에는 급제자 이면서 이미 사망한 사람들의 직첩을 돌려주었다.[22] 그리고 기묘인과 현량과 급제자 모두를 사면하라는 조칙을 내렸다.[23]

중종의 조칙 후 대간에서는 조광조와 그 추종자들의 과격한 정책이 빚어낸 혼란을 강조하면서 당시의 현량과는 공정하게 시행된 것이 아님을 강조하였다. 즉 현량과야 말로 조광조 세력이 저지른 최대의

---

18) 『中宗實錄』 권74, 중종 28년 3월 己巳條.
19) 『中宗實錄』 권76, 중종 28년 11월 甲寅條.
20) 『中宗實錄』 권76, 중종 28년 12월 丁亥條.
21) 『中宗實錄』 권87, 중종 33년 4월 乙卯條.
22) 『中宗實錄』 권87, 중종 33년 2월 己巳條.
23) 『中宗實錄』 권87, 중종 33년 2월 己巳條.

폐단이라고 거듭 강조하였던 것이다.[24] 이에 중종은 현량과 급제자들의 복직은 아직 결정된 것은 아니지만 그 문제를 논의하는 것이 나쁠 것은 없다는 의사를 밝혔다.[25]

이러한 중종의 태도에 영경연사 김극성金克成은 현량과는 위과僞科, 즉 공정하지 못한 엉터리 과거이므로 이들을 파직한 것은 정당하며, 따라서 복직시킬 수는 없다고 강경하게 주장하였다. 그리고 조광조 세력을 제거하고 현량과를 폐지한 것은 당연한 일인데, 지금에 와서 '그릇된 정치를 복원한다면 나라의 정치가 바로 설 수 없다'고 주장하였다.[26] 영의정 윤은보尹殷輔도 천거제는 예전에는 없던 제도였으나, 조광조 세력이 자기 추종자들을 뽑기 위해 시행한 것이므로 그들을 복직시킨다는 것은 있을 수 없다고 주장하였다.[27]

이러한 논쟁에서는 천거제를 다시 시행하는 것이 아니라, 기묘년에 현량과를 통해 급제했던 사람을 다시 복직시키는 것이 문제의 중심을 이루고 있다. 그러나 그들을 복직시킨다는 것은 이 제도의 정당성을 인정하는 것이기 때문에 결국은 마찬가지였다. 이러한 이유로 반대파에서는 현량과가 조광조가 시행한 정책 가운데 가장 잘못된 것이라는 주장을 굽히지 않았던 것이다.

그러나 시간이 흐를수록 조정의 분위기는 천거제를 다시 시행하자

---

24) 『中宗實錄』 권87, 중종 33년 5월 癸酉條.

25) 『中宗實錄』 권87, 중종 33년 5월 癸酉條.

26) 『中宗實錄』 권87, 중종 33년 5월 甲戌條.

27) 『中宗實錄』 권87, 중종 33년 5월 甲戌條. 이때 윤은보는 '천거제는 명분은 좋으나 조정의 성헌이 아니어서' 혁파된 것이기에 결코 복원해서는 안 된다고 주장하였다. 그는 또한 조광조가 시행한 현량과를 '僞科'라고 단정하며 이의 복원을 반대하였다. 이런 반대에 봉착한 중종은 의정부와 대간의 반대가 명백하므로 현량과를 복원하지는 말고, 현량과에 급제했던 사람 중에서 등용할 만한 사람을 가려 다시 복직시키는 것이 좋다고 말하였다.

는 방향으로 바뀌어 갔다. 흥미로운 것은 이러한 논의 속에서 조광조
복권 문제는 전혀 드러나지 않았다는 점이다. 조광조 복권을 접어둠
으로써 왕으로서 중종의 체면을 지키려는 것이었다. 그래서인지 중종
은 천거제의 재시행에 대해 매우 적극적인 태도를 취했다. 1540년(중
종 35) 7월, 천거제를 본격적으로 시행하지는 않았지만, 유능한 인재
를 천거하라는 명을 내리고 그에 따라 40여 명의 인재가 천거되었
다.[28]

---

28) 『中宗實錄』 권93, 중종 35년 7월 乙巳條. 이 날의 시록에는 의정부 대신과
육조판서 및 경관의 고위인사들은 왕명에 따라 東班은 정3품 이상, 西班은
2품 이상에게 각각 逸士를 천거하였다. 이에 따라 영의정 윤은보는 진사 金
思謹, 좌의정 홍언필은 생원 權習, 좌찬성 소세양은 생원 崔繼成과 崔彦冲,
우찬성 尹仁鏡은 진사 南世贇, 한성부 판윤 金安國은 생원 徐敬德과 幼學
柳仁善, 형조 판서 유인숙은 유학 成守琛과 진사 趙晟, 형조 참판 金正國
은 전 別坐 禹成勳과 유학 金就成, 형조 참의 蔡世傑은 유학 申德應과 진
사 尹來莘, 예조 참의 李澄은 생원 권습과 유학 성수침, 領中樞府事 유보
는 생원 鄭世球와 유학 신덕응, 부제학 金萬鈞은 생원 李世鳴과 柳貞, 병
조 참판 申光漢은 유학 성수침과 생원 尹友衡, 공조 참판 洪景霖은 진사
권습과 李沖南, 병조 柳灌은 생원 辛百齡과 전 찰방 李以乾, 병조 참의 朴
祐는 유학 성수침과 鄭深, 병조 參知 李霖은 유학 성수침과 曺植, 대사성
李彦迪은 유학 김취성과 조식, 判決事 金遂性은 진사 鄭聚와 慶秀文, 知中
樞府事 權橃은 생원 琴軸과 유학 李希顔, 공조 판서 尹任은 진사 申鑄와
權祂, 한성부 우윤 韓胤昌은 忠順衛 李公矩, 좌참찬 李龜齡은 생원 安伯增
과 유학 성수침, 대사헌 南孝義는 생원 鄭弘翼, 上護軍 元彭祖는 여절 勵
節校尉 李文幹과 유학 梁允補, 예조 판서 丁玉亨은 유학 柳仁善과 생원
金智孫, 대사간 崔輔漢은 생원 崔汝舟와 진사 南世贇, 동지중추부사 南世
雄은 진사 鄭耆, 上護軍 李芑는 진사 李皐, 호조 판서 曺繼商은 생원 安珣
과 정기, 호조 참판 金銛은 유학 南舜孫과 尹世愼, 호조 참의 張籍은 전 直
長 金大有와 진사 梁澹, 상호군 方好義는 유학 유인선과 洪德潤, 상호군
李賢輔는 생원 朴珩을 각각 천거하였다. 의정부 대신과 육조판서 및 경관
의 고위인사들이 왕명에 따라 한두 명씩의 인재를 추천하였으며, 그 명단이
다 기재되어 있다. 그리고 이날의 기록 끝에는 사관의 평이 이렇게 적혀 있

이후로 천거제에 대해 반대하는 사람들의 견해는 더 이상 힘을 발휘하지 못했다. 1544년(중종 39) 4월에는 홍문관 부제학 송세형宋世珩이 기묘사화를 재평가하고 조광조의 억울한 죽음에 대해 감정을 억누르려 하지 않고 이에 대한 중종의 책임을 거론하기까지 하였다. 조광조가 그릇되고 과격한 길로 갔다면 마땅히 왕이 이를 억제했어야 하는데, 실은 왕이 조광조의 모든 제안을 기꺼이 받아들인 것이 아닌가 반문하면서, 왜 그를 그처럼 갑작스럽게 죽여야 했는지 왕에게 항의하였다. 그러면서 현량과가 얼마나 좋은 제도인지를 강조하는 것까지 잊지 않았다.[29]

송세형의 주장에 대해 중종은 조광조의 복권과 현량과 재시행은 받아들일 수 없다고 하였다. 그렇지만 중종에게는 더 이상 버틸 힘이 없었다. 중종은 이 문제에 관하여 아무것도 이루지 못하고 얼마 후 세상을 떠나고 말았다.[30]

다. "숨은 인재를 빠뜨리지 않고 鄕里에서 천거하여 등용하는 것은 매우 중요한 일이다. 己卯年에 賢良科를 시행하여 많은 인재가 등용되어 볼 만하였는데, '기묘사화로 인해' 士林의 禍가 크게 닥쳤으니 이는 '숨은 인재의 등용이' 소인배들의 원망을 샀기 때문이다."
중종 35년 7월, 중종 말기의 정국에서 천거제의 효용성이 이처럼 다시 강조되었다는 것은 조광조와 현량과 자체에 대한 평가가 이미 달라지고 있다는 명백한 증거라 볼 수 있다.

29) 『中宗實錄』 권102, 중종 39년 4월 乙亥條. 이때의 송세형의 상소는 그 어조가 매우 격하고 직접적이었다. 그는 조광조와 현량과를 적극 평가하고 기묘사화를 단죄하면서 중종의 책임을 정면에서 거론하였다. 이로써 조광조의 복권과 현량과의 복권을 주장하는 움직임이 절정에 다다른 느낌이다. 궁지에 처한 중종은 조광조가 '경험 많은 대신들을 배척하고 나라의 전통을 뒤집으려 했다'는 것을 다 알고 있다고 하면서 송세형의 상소를 비난하였지만, 송세형을 처벌하는 것과 같은 조치는 취하지 못했다. 중종은 송세형의 직접적인 비판에 직면하자, 조광조와 그의 개혁을 정면에서 부정한다고 했지만, 이것은 자신의 궁색해진 입장을 강변하려는 守勢的인 표현일 뿐이었다.

중종의 뒤를 이어 1544년 인종仁宗이 즉위하자, 대사헌 송인수宋麟壽는 젊은 새 왕에게 나라를 다스리는 방책에 대해 장문의 상소를 올리면서 과거 위주의 인재 등용책에 대해 신랄한 비판을 가하였다. 그는 과거를 보기 위해 외우기만 하는 공부보다는 스스로 깊이 깨닫는 공부가 훨씬 우위에 있음을 강조하면서, 과거를 통해서는 '산림山林의 유일遺逸'을 등용할 수 없다고 주장하였다.

그러면서 재능이 뛰어나거나 덕성이 높은 사람을 등용하기 위해서는 천거제를 실시해야만 한다고 하였다. 그는 기묘년에 실시한 현량과는 참으로 좋은 제도로써 성현들의 옛 뜻에도 부합하는 것이라고 하면서, 파방된 현량과 급제자를 다시 등용하고 조광조도 복권해야 한다고 주장하였다.[31]

인종은 선왕이 취한 조처를 마음대로 취소할 수 없다는 것을 이유로 이를 거부하였지만, 조광조의 복권과 현량과의 회복을 주장하는 목소리는 당시의 조정에서 더욱 거세게 전개되었다.[32] 인종은 재위 몇 개월 만에 중병에 걸렸다. 자신의 운명이 다해갈 무렵, 그는 '조광조를 복권하고 현량과 급제자를 재등용하는 문제는 항상 마음속에서 잊지 않았으나 미쳐 용기를 내어 결단하지 못했으니 평생의 한이 된다'고 한탄하기도 하였다.[33] 그러면서 '조광조 등의 관직을 모두 회복

---

30) 송세형의 상소가 제기된지 약 7개월 후인 같은 해 11월에 중종은 사망하였다.

31) 『仁宗實錄』 권2, 인종 원년 4월 乙巳條.

32) 『仁宗實錄』 권2, 인종 원년 4월 丁未條. 대사간 이윤경도 갓 즉위한 인종에게 올바른 정치를 펴는 방도를 알리는 긴 상소문을 올렸는데, 여기에서 그는 송세형과 마찬가지로 조광조를 복권하고, 현량과를 복원하도록 권하였다. 결국 대간을 이끄는 대사헌과 대사간이 모두 이 문제를 거론하였다는 것은 이미 인종 즉위 초의 정국에서는 조광조의 복권은 대세를 이루고 있었다고 보아 좋을 것이다.

33) 『仁宗實錄』 권2, 인종 원년 6월 庚申條.

시키고 현량과 급제자도 다시 등용하라'는 것을 대신들에게 유언으로
남겼다.[34]

(2) 인종·명종대 조광조 복권운동과 문묘종사 제기

중종 말년부터 드러나기 시작했던 외척들의 대립에서 소위 대윤세
력은 인종의 즉위와 더불어 세를 얻었으나, 갑작스런 인종의 죽음으
로 그 권력은 뿌리째 흔들리게 되었다. 인종의 뒤를 이어 명종이 즉
위하자 소윤세력이 권력의 중심에 서게 되었다.

인종의 즉위로 대윤을 중심으로하는 집권층은 조광조의 복권과 현
량과의 복직 문제에 대해 적극적인 입장을 취했다. 그러나 인종의 갑
작스런 죽음과 명종의 즉위로 권력의 중심이 소윤에게로 넘어가면서
이 문제는 역전되었다.

1545년 명종이 즉위하자마자 윤원형을 중심으로 하는 소윤세력은
윤임을 비롯한 인종의 외척세력을 제거하였다. 이들과 함께 조광조의
복권과 현량과의 부활을 주장하던 사림들을 대대적으로 숙청하였다.
소위 을사사화는 이렇게 일어난 것이었다.

을사사화의 주동자였던 이기李芑는 조정의 선비들이 진정한 학문
을 닦지 않고 오직 허영만을 추구하여 천거제를 실시하여 조정의 오
랜 제도를 폐하려 했다고 하면서, 인종의 유언을 그대로 따라서는 안
된다고 강력하게 주장하였다.[35] 인종의 유언이라는 것도 윤임과 같은
자들이 꾸며 낸 술책일 것이므로 현량과를 결코 부활할 수 없다고 강
조하였던 것이다. 조광조가 경험이 풍부한 원로대신들을 배척하고 자
기의 추종자를 편법으로 등용하기 위해 시행한 것이 현량과이므로 이
를 따를 수 없다는 것이 이기의 주장이다.

---

34) 『仁宗實錄』 권2, 인종 원년 6월 庚申條.
35) 『明宗實錄』 권2, 명종 즉위년 10월 乙亥條.

이기의 상소를 계기로 한동안 숨을 죽이고 있던 조광조의 반대세력들은 조광조의 복권과 현량과의 부활은 있을 수 없다고 주장하였다. 그러자 어린 왕 명종은 천거제를 혁파하라고 명하였다.[36] 결국 조광조의 복권과 현량과의 복원에 대한 인종의 유언은 채 시행도 되기 전에 다시 원점으로 환원되었던 것이다.

을사사화가 있었던 다음해 6월 특진관 임권任權은 현재 할 일은 예로부터의 관례를 준수하는 것이 가장 바람직하다고 주장하면서 그것이 정도라면 고쳐야 될 이유는 없다고 단언하였다.[37]

기묘사화 이후 10여 년이 지나면서 시작되었던 조광조의 복권과 현량과 부활 운동은 그 주장자 대부분이 숙청된 을사사화로 인하여 큰 좌절을 맞게 되었다. 1550년(명종 5) 7월의 한 경연에서 시강관 윤옥은 을사사화의 발생 원인을 설명하면서 모든 혼란은 조광조와 그 추종자들의 그릇된 행위에서 비롯되었다고 주장하였다.

그는 조광조 등이 '조종의 구법을 하루 하침에 뜯어고치려 하였으며 시의時宜를 알지 못했다'고 비판하면서, 중종 말년 사림들의 등장과 조광조 복권운동으로 인하여 조정이 문란하게 되었으므로 을사년의 사태는 불가피하였다고 설명하였다. 그에게 있어 을사년의 죄인들은 모두 기묘당류였던 것이다.[38] 명종의 즉위와 더불어 대두한 을사사화의 주인공들이 권력을 장악하고 있는 동안 이 문제는 다시 재론될 수 없었다.[39]

이러한 정치적 분위기하에서도 조광조를 변호하려는 움직임이 전혀 없었던 것은 아니었다. 1559년(명종 14) 12월 경상도 산음의 유생

---

36) 『明宗實錄』 권2, 명종 즉위년 10월 乙亥條.
37) 『明宗實錄』 권3, 명종 원년 6월 壬辰條.
38) 『明宗實錄』 권10, 명종 5년 7월 戊申條.
39) 이재희, 「조선 명종대 '척신정치'의 전개와 그 성격」『한국사론』29, 서울대학교 국사학과, 1993. 특히 명종대의 정치사에 대해서 참조.

배익겸은 『소학』과 『주자가례』의 중요성을 강조하면서 은근히 조광조를 옹호하는 상소를 올렸다.[40] 이에 대하여 승정원에서도 조광조의 본심은 원래 조금이라도 사심이 없었는데도 그에 대한 처벌이 너무 지나쳤다고 지적하면서, 배익겸의 상소가 실은 공론이라고 설명하였다.[41] 또한 1560년 정월에는 참참관 이양이 조광조를 옹호하면서 그에게 사심이 없었음을 강조하기도 하였다.[42] 그러나 이러한 조광조에 대한 변명이 그의 복권을 주장하는 방향으로 확대될 수는 없는 처지였다.

명종 즉위년의 을사사화 이후 이들 주동세력이 몰락하는 명종 20년까지 이 문제에 대한 공론은 사실상 중단되어 있었다. 1565년(명종 20) 4월 문정왕후 죽음을 계기로 하여 소위 소윤세력도 몰락하게 되었다. 2년 후 명종도 세상을 떠나게 되었다. 그리고 세자가 일찍 사망하여 명종의 직계로서 왕위를 이을 사람이 없자 중종의 제7자인 덕흥대원군의 셋째 아들인 하성군이 그 뒤를 이어 왕위에 올랐다. 그러면서 정국에도 변화가 일게 되었다.

1567년 선조가 즉위한 지 4개월 후에 기대승奇大升은 기묘사화, 을사사화의 잘못을 정면으로 비판하면서 정몽주·김종직·김굉필·조광조로 이어지는 성리학의 정통을 다시 세워야 한다고 주장하고 나섰다. 그러기 위해서는 조광조와 이언적을 그 공적에 맞게 복권해야 한다는 것이 기대승의 주장이었다. 그는 이 상소에서 성리학을 정통으로 삼아야 하며, 그런 의미에서 조광조와 이언적의 추존은 너무도 당연한 일이라고 주장하였다. 여기서 더 나아가 그렇게 하는 것이 사대부의 인심을 얻을 수 있을 것이라고까지 말하였다.[43]

---

40) 『明宗實錄』 권25, 명종 14년 12월 戊戌條.
41) 『明宗實錄』 권25, 명종 14년 12월 乙亥條.
42) 『明宗實錄』 권26, 명종 15년 정월 乙酉條.

기대승이 20여 년 이상 잠복되어 있던 조광조 복권 문제를 공론화
하자, 며칠 후 이황이 그의 뒤를 받치고 나섰다. 그는 1567년(선조 즉
위년) 11월 초의 경연에서 기묘사화 이후 『소학』을 공부하는 이가 없
는 현실을 지적하면서 이 책의 중요성을 선조에게 강조하였다. 그리
고 나서 조광조는 훌륭한 선비이며, 그의 독실한 학문과 실천에는 따
를 사람이 없다고 거론하였다. 『소학』을 몸소 배우고 가르치고 실천
했던 그 사람을 반드시 복권해서 존경받을 위치에 다시 세워야 한다
는 것이 이황의 주장이었다.[44]

당시 조정 내에서 가장 존경받는 성리학자였던 이황과 기대승이
조광조의 복권을 주장하고 나서자, 사간원에서는 '조광조의 관직을
복권하고 문묘에 종사하자'고 청원하였다.[45] 이때가 1568년(선조 원
년) 4월 4일이었다. 그로부터 엿새 뒤인 4월 10일에는 홍문관 부제학
박대립과 직제학 노수신이 사간원이 청한 대로 조광조의 벼슬과 시호
를 내리자고 주장하였다.[46]

이에 왕은 선왕 때의 일을 다시 시비 삼는다는 것이 어려운 일이
긴 하지만, 조종의 의논대로 조광조의 복권을 인정하였다. 이때 벼슬
과 시호를 추증할 때의 전교[47] 내용을 보면, 아래와 같다.

　　"죽은 대사헌 조광조는 세상에 드문 순수하고 아름다운 자품으로서 사우

---

43) 『宣祖實錄』 권1, 선조 즉위년 10월 甲辰條.
44) 『宣祖實錄』 권1, 선조 즉위년 11월 乙卯條.
45) 『宣祖實錄』 권2, 선조 원년 4월 癸未條.
46) 『宣祖實錄』 권2, 선조 원년 4월 己丑條.
47) 傳教: 1519년(중종 14), 즉 기묘년 10월 25일에 대사헌으로서 정국공신의 勳
　　籍을 삭훈하고 사사되었다가 50년 만인 1568년(선조 원년), 즉 무진년 11월
　　23일 執義 奇大升들에 의해 추증 등의 일이 거론되어 마침내 이 전교가 내
　　려지게 된 것이다.

師友 연원淵源의 전수를 얻었고 도학을 드러내 밝혀 세상의 대유가 되었다. 중종의 신임을 받아 충성을 다하고 정성을 다해 임금을 요순과 같이 만들고 백성을 요순시대의 백성으로 만들고자 학교를 일으키고 교화를 밝혀 사문[48]을 부식扶植하는 것으로써 자기의 임무를 삼았다. 중종도 그가 어짊을 아시고 말을 들어주고 계책을 따라주며 어진 보필로 삼아 의지하여 당우唐虞 삼대三代[49]의 다스림을 이룩하려고 하였건마는 바른 사람이 뜻을 얻는 것은 사악한 사람들이 불행으로 여기는 바인지라, 간사한 남곤南袞·침정沈貞·이항李沆 등이 평소 공론에 용납되지 못한 것을 분개하여 홍경주洪景舟와 결탁하고 불칙한 말로 교묘하게 허물을 꾸며 임금이 듣고 놀라게 하여 끝내 귀양 보내 죽게 함으로써 나라의 원기를 여지없이 깎아 없앴으니, 이것은 실로 간신들의 공갈과 무함에 몰리었기 때문이지 처음부터 중종의 본심은 아니었다.

중종이 당초에 죄줄 때 하교하시기를 '너희들은 다 시종신侍從臣으로서 본래 군신이 마음을 같이하여 지극한 정치를 기다려 보자고 하였으니 과연 나라를 위하여 정성이 있었다. 다만 처리한 일이 과격하였기 때문에 부득이 죄를 준다. 그러나 내 마음이야 어찌 편안하겠는가.' 하였고, 만년에 함께 배척을 당한 무리들을 거두어 써서 재상의 반열에 두기까지 이것으로 본다면 그것이 중종의 본심이 아니었음을 더욱 알 수 있다. 인종은 정성어린 효성이 천성에서 나와 중종의 유지를 실행하지 않은 것이 없었으므로 그들의 관작을 다시 복구시켰다. 그러나 을사년 이후에 윤원형尹元衡이 나라의 권세를 잡고 정사를 어지럽히다가 청론淸論이 자기를 시비하는 것에 격분하여 한때의 입을 다물게 하고자 심지어 이 사람들을 역적의 무리라고 지목하였으니, 그 암울하고 침체된 분위기가 오늘날까지 계속되었다. 그런데 아직까지도 설원雪冤하고

---

48) 斯文: 儒道의 학문·학자를 이름. 어원은 논어의 "하늘이 장차 사문을 망치려 한다"에서 온 것이다.
49) 唐虞三代: 唐은 堯임금의 나라, 虞는 舜임금의 나라이며, 삼대는 禹임금의 夏나라·湯임금의 銀나라·武王의 周나라를 가리킴.

포장하는 은전이 없었으니 어찌 매우 애석한 일이 아니겠는가.

　이번 즉위한 처음을 당하여 국시國是를 정하지 않을 수 없고 선비의 풍습을 바루지 않을 수 없다. 이는 곧 선왕의 뜻을 잇고 일을 계승하는 일로서 세상의 도를 옮기는 것은 이 한 일에 달렸다. 이에 큰 벼슬과 아름다운 시호를 추증하여 사림의 나아갈 방향을 밝히고 백성의 큰 소망에 보답할 것이니, 이를 이조에 내리라.”[50]

　선조는 ‘죽은 대사헌 조광조는 세상에 없는 순수하고 깨끗한 성품을 지녔으며 도학을 이 세상에 드러내어 대유가 되었다’라고 칭송하면서 전교를 내렸던 것이다. 이어서 조광조에게 벼슬과 시호를 내린다는 전교를 하달하였다.[51]

　같은 해 4월 17일에는 조광조를 영의정에 추증한다는 조칙을 발표하였다.[52] 이로써 조광조는 죽은 지 40여 년이 지나 복권되었다. 조광조의 복권을 명하는 선조의 전교에는 조광조의 업적이 간략하게 정리되어 있다. 그 업적의 첫째는 조광조가 도학 즉 주자 성리학을 세상에 드러냈다는 것이었으며, 둘째는 중종의 충실한 신하로서 삼대의 이상 정치를 이룩하기 위해 노력하였다는 것이었다. 그러나 현량과 실시와 같은 구체적인 업적은 전혀 언급되지 않았다.

　이처럼 조광조가 대광보국숭록대부·의정부영의정 겸 영경연·홍문관·예문관·춘추관·관상감사에 추증된 이후 이제 그에 대한 논의는 끝난 것처럼 보였다. 그러나 선조 즉위 초에 사간원에서 거론하였던 조광조의 문묘종사[53] 문제가 1570년(선조 3) 4월에 다시 제기되었다.

---

50) 『宣祖實錄』 권2, 선조 1년 4월 庚寅條.
51) 『宣祖實錄』 권2, 선조 원년 4월 庚辰條.
52) 『宣祖實錄』 권2, 선조 원년 4월 丙申條.
53) 문묘종사는 功이 있으면 社에다 제사지내고, 공이 농사에 있으면 稷에다 제사지내고, 공이 나라에 있으면 종묘에다 제사지내고, 공이 道에 있으면 문

성균관 유생들은 김굉필·정여창·조광조·이언적 등 4인을 문묘[54]에 모시자고 주장하였다.[55]

이후의 논의는 이 문묘종사 문제를 중심으로 전개되었다. 성균관 유생들의 상소로부터 한 달 정도가 지난 1570년 5월 초, 삼정승들이 함께 기묘사화와 을묘사화의 억울함을 깨끗이 씻는 길은 당시 희생되었던 선현들을 문묘에 배향하는 것뿐이라 하였다. 그러면서 조광조와 김굉필을 문묘에 모시자고 정식 건의하였다.[56] 이 건의를 계기로 조광조 문제는 단순한 복권이 아니라 조선왕조 성리학의 순교자요 성인으로서 숭앙하자는 차원으로 확대되었다.

무오사화에서의 좌절을 시작으로 하여 기묘사화, 을사사화에서 꺾인 성리학을 국가의 정식 이념으로 확립하려는 운동의 일환으로 추진된 조광조의 문묘배향 문제에 대하여 더 이상 반대할 세력이 존재하지 않았다.

1570년 5월 16일 승정원에서 이들의 저서와 사실 및 행장을 수집하여 인쇄 배포할 것을 건의하였으며 선조도 그 뜻이 옳다고 여겨 그대로 실행하도록 명하였다.[57] 그러나 문묘종사 문제에 대해서는 선조 9년에 이르러서도 왕은 최종적 확답을 회피하였다. 문묘배향 문제는 전례가 없었던 일로서 경솔하게 결정할 수 없다는 것이 그 이유였다.[58] 이때 성균관의 유생들이 김굉필·정여창·조광조·이언적·이황 등 5인을 문묘에 모시자고 주장하였다. 왕은 이는 경솔하게 정할 수

묘에다 제사지내는 것이 고금의 법도이다.

54) 문묘는 공자를 모신 사당이므로 문묘종사의 기준은 당연히 공자의 도를 지키고 발전시키는 데 얼마만큼 공헌 했느냐가 될 것이다.

55) 『宣祖實錄』 권4, 선조 3년 4월 庚申條.

56) 『宣祖實錄』 권4, 선조 3년 5월 丙子條.

57) 『宣祖實錄』 권4, 선조 3년 5월 癸未條.

58) 『宣祖實錄』 권10, 선조 9년 4월 丁亥條.

없는 중요한 문제라고 하며 확답을 피하였다.

　이 논의는 쉽게 결론에 이르지 못하고 시간을 끌었으며, 임진왜란 기간 동안에는 논의조차 할 수 없었다. 전란이 끝난 후 조선왕조는 전후 복구문제를 심각하게 생각하지 않을 수 없었다. 그 과정에서 거의 무너져 내린 왕조의 권위를 회복하는 일이 더욱 시급하였다. 그래서 조정에서는 선조 37년, 다른 현실적인 문제를 다 덮어두고 불타버린 문묘를 재건하고 석전제를 거행하면서 나라의 기강과 권위를 세우고자 하였다.

　이러한 과정에서 성리학을 움직일 수 없는 정학正學으로 확립하고 그 외의 논의를 이단으로 배척하는 분위기를 확산시켜 나갔다. 이런 과정속에서 조광조를 조선왕조 성리학의 성인으로 추대하려는 움직임은 새로운 힘을 얻게 되었다.

　1604년(선조 37) 3월 19일 성균관 유생들이 김굉필·정여창·조광조·이언적·이황 등 5명을 문묘에 배향하자는 상소를 올리자 이를 계기로 같은 상소가 줄을 이었다.[59]

　그러나 선조 재위시에 이 문제는 결론을 보지 못했다. 선조의 뒤를 이어 즉위한 광해군은 1610년(광해군 2) 9월 5일 마침내 '오현'을 문묘에 종사하라는 교서를 반포했다. 그 교서에는 '이들 다섯 명의 신하는 주자를 중심으로 하는 성리학의 본질을 터득하고 격물치지성의정심格物致知誠意正心의 공을 이룩한 사람'이라고 그 공적을 명백하게 지적하였다.[60] 교서에 5인이 거론되고 같이 문묘에 배향되었지만, 그 중심인물은 조광조였다. 조광조의 치적을 재평가하고 복권하는 과정

---

59) 『宣祖實錄』 권172, 선조 37년 3월 己巳條. 성균관 유생 조명욱의 상소가 올라오자, 조광조 등을 문묘에 모시자는 상소가 줄을 이었다. 『宣祖實錄』 권172, 선조 37년 3월 癸酉, 乙未條 등을 참조.
60) 『光海君日記』 권33, 광해군 2년 9월 丁未條.

에서 이렇게까지 문제가 확대된 것이었다. 이로써 조광조에 대한 재평가 문제는 마침내 종결되었다.

　이후 조선왕조에서 주자 성리학의 권위에 대해서는 누구도 도전할 수 없게 되었다. 성리학사에서 조광조는 가장 중심적인 인물로 부활되었다. 거기에 더하여 기묘사화로 인한 그의 비극적인 최후는 그의 존재를 더욱 극적이고 상징적인 것으로 만들기에 충분하였다. 그는 조선왕조 성리학의 위대한 순교자로서 성인의 지위에 올려 지게 되던 것이다.

(3) 조광조 복권운동의 사상적 의미

　조광조는 이렇게 힘든 과정을 통해 문묘에 종사되었지만, 그가 추진하고자 했던 제도개혁은 아무런 주목도 받지 못하였다. 그는 후대에 기억될 만한 저술을 남긴 것도 아니었다. 적극적이고 화려한 정치활동과 갑작스런 비극적 최후가 강하게 대조되는 삶이 아니었다면 이처럼 숭앙되는 자리에 오르지는 못했을 것이다.

　조광조는 성리학의 가르침대로 살려고 노력한 사람이었지만, 그렇다고 성인이 될 만큼 그 시대를 압도할 수 있는 학문적 위치에 오른 인물도 아니었다. 그는 매우 논쟁적인 사람이었다. 정적들과의 대립에 있어서도 추호의 양보가 없었다.

　이런 이유로 후대 성리학자들이 그를 추모하고 문묘에 종사는 했지만 이념의 순교자로서 그가 살아서 추구하고자 했던 것을 모두 부활시킨 것은 결코 아니었다. 문묘 종사 과정에서 그는 성리학의 이념에 목숨을 바친 거룩한 사람으로 다시 해석되었던 것이다. 그의 복권 과정은 16세기 말에서 17세기에 국가지배이념으로서 성리학의 위치를 확고하게 하려는 사람들의 필요성에 따라 또 다른 모습으로 조광조가 역사에 탄생하는 과정이었다고 말할 수 있다. 이러한 이유로 문묘에 종사된 조광조는 그의 실제 모습과 완전히 일치하는 것만은 아니었다.

조광조는 성리학의 이상을 바탕으로 자신의 그릇된 현실을 바로잡으려는 운동을 전개한 사람이었다. 그리고 필요하다면 왕조의 중요한 제도의 일부도 바꾸어야 한다고 생각하였다.

그의 사상은 자신과 자신이 속한 세력의 기득권을 지키려는 쪽 보다는 좀 더 왕조의 현실을 전진적으로 바꾸려는 개혁적 성향을 지니고 있었다. 그러나 그를 문묘에 종사했던 사람들은 개혁적 측면은 고려하지도 않았으며 이념에 대한 부동의 충성심만을 강조했다. 매우 현실적인 계산을 바탕으로 한 절충적인 개혁안조차도 그가 살았던 시대는 물론 문묘에 종사된 후 존경받는 위치에 올라선 때에도 완전히 무시되었던 것이다.

1525년(중종 20) 이후 처음 조광조의 복권운동이 전개될 때는 그가 추진하고자 했던 제도개혁의 의미도 함께 거론되었다. 당시에는 조광조의 복권과 현량과의 복원 문제가 서로 결부되어 매우 중요한 논쟁점이었다. 그러나 을사사화로 복권운동이 좌절을 겪고 20여 년이 지난 후에 일어난 제2차 조광조 복권운동에서는 현량과를 비롯한 제도개혁 문제는 전혀 거론되지 않았다.

문묘종사로 가장 존경받는 지위에 오르게 되었지만, 그가 진정으로 바랐던 현실 개혁의 꿈은 사장되고 말았다. 기묘사화 이후 수십 년 동안 계속된 논쟁에서 조광조를 지지하는 사람들이 승리하였지만, 과거제도와 같은 조선왕조의 지배체제에는 근본적 변화가 가해지지는 못했다.[61]

---

61) 李泰鎮, 「사림파의 유향소 보급운동−조선 초기 성리학 정착의 배경」『진단학보』34·35, 1972·1973;『한국사회사연구: 농업기술 발달과 사회변동』, 지식산업사, 1986. 조선 초기 성리학 발전의 사회경제적 배경에 대해서는 이 연

16세기는 조선 성리학의 전성기로 이해되고 있다. 퇴계와 율곡으로 상징되는 대표적인 성리학자들이 이 시대에 연이어 나타났다. 이 기론과 사단칠정론에 대한 논쟁은 조선 성리학의 품격을 한껏 높일 수 있었다.

그러나 정치와 학문을 일체시ㅡ體時했던 성리학의 이상에서 볼 때 이러한 논쟁은 현실정치와 어떠한 관련을 가지고 있을까? 16세기 성리학은 학문 연구를 통한 내면적 심화과정을 추구하고자 했다. 이것은 성리학의 가르침에 따라 현실정치를 이상적으로 이끌 수 있다고 믿고 제도 개혁을 추진하였던 조광조의 신념과는 다소 거리가 있는 것이다.[62] 따라서 학문적으로는 성리학이 최고의 전성기를 이루었더라도 정치이념으로서는 과거제와 같은 조선왕조의 제도 개혁을 지속적으로 추진할 수 있는 원동력을 제공할 수는 없었다고 생각한다.[63]

구가 나온 이래 많은 연구가 이를 따르고 있으며, 특히 16세기 성리학의 확대과정을 경제변동과 관련해서는 「사림파의 향약보급운동 ― 16세기의 경제변동과 관련하여」(『한국사회사연구』)를 참조.

62) 정두희, 「조광조의 도덕국가와 이상」 『한국사 시민강좌』 10, 1992, PP. 67~70을 참조. 이 글에서 조광조의 생애를 가장 내밀하게 관찰했던 사람은 이황이었다고 하면서, 이황은 많은 유혹에도 불구하고 끝내 관직을 버리고 鄕里의 깊은 골짜기에서 오직 학문 연마와 제자를 기르는 일에 일생을 다 하였다. 16세기 전반을 장식한 조광조의 생애와 후반을 장식한 이황의 생애는 두 인물의 개성적 차이만을 보여주는 것이 아니다. 이것은 결국 현실 정치를 통해 지배체제에 지속적으로 생명력을 부여하려는 성리학의 한 성격과 인간의 내면적 심성을 깊이 추구함으로써 철학적 진실에 도달하려는 성리학의 또 다른 성격이 결코 동시에 이루어 질 수 없었다는 사실을 상징적으로 보여주는 것이라고 생각한다. 동시에 조광조의 정치적 실험은 실패하였으나, 이황의 학문적 추구는 큰 성공을 거두었다는 점에서 이 시기 조선왕조의 지배체제와 성리학의 성격을 이해하는 데 있어서 크게 주목해야 할 대상이라고 생각한다.

63) 이태진, 「朝鮮前期 性理學과 鄕村社會」 『韓國學論集』 2집, 계명대학교 한국학연구소, 1975; 崔異敦, 「16세기 전반 향촌사회와 지방정치 ― 수령인선과

2. 선조·광해군대 오현종사 논의

가. 오현五賢 개념의 형성

중종대 정몽주와 김굉필의 문묘종사 논의가 정몽주 혼자만이 문묘
종사로 귀결된 이후 기묘사화와 을사사화를 거치면서 더 이상 진행
될 수는 없었다. 문묘종사가 새롭게 논의된 것은 선조가 즉위한 이후
로 이때의 논의는 '오현종사' 주장으로 수립되었다.

오현종사란 김굉필, 정여창, 조광조, 이언적, 이황의 다섯 현인을
문묘에 종사하자고 요구한 것을 말한다. 다섯 현인중의 한 사람인 조
광조의 신원과 오현의 문묘종사 논의는 선조 원년이 되면서 본격적으
로 추진되었다.

『정암집』의 연보에 따르면, 1567년(선조 즉위년) 3월에 태학생 홍
인헌洪仁憲 등이 상소하여 조광조의 문묘 종사를 요청하였다. 부제학
박대립朴大立 등은 조광조에게 관직과 시호를 추서하기를 청하였으며,
대사간 백인걸 등도 재차 문묘종사를 요청하였다. 영의정 이준경李浚
慶 등이 이어서 힘껏 청하자 드디어 관작을 내리게 되었다고 한다.[64]

지방제도 개혁을 중심으로」『震檀學報』82집, 1996 참조. 16세기 이후 조선
사회의 발전은 주로 향촌사회를 중심으로 논의가 집중되어 왔다고 생각한
다. 그러나 16세기 후반 사림정치가 정착되고 성리학이 더 이상 움직일 수
없는 조선왕조의 지배이념으로 자리를 잡았음에도 불구하고 과거제도와 같
은 조선왕조의 중심적인 제도 개혁에 대한 조광조의 논의가 전혀 주목 받지
못한 현실에도 눈을 돌려야 하지 않을까 생각한다.

64) 『靜菴文集』5, 年譜. 年譜. 연보에는 선조즉위년 3월에 태학생 洪仁憲 등이
상소하여 조광조를 문묘에 종사하자고 요청하였고, 『선조실록』에는 선조 즉
위년 4월 3일에 기대승이 조광조 증직 추서 논의에 찬성한다는 뜻을 밝히는
기사가 있다. 결과적으로 『정암문집』5, 연보가 약 한 달 정도 빠르게 나왔
고, 상소자도 다름을 알 수 있다.

『선조실록』에는 진행되는 과정이 조금 달리 나오는데, 1567년 3월 기사에는 조광조의 추증과 관련된 기사가 보이지 않는다. 하지만 4월 3일 기대승이 석강 때에 당시 진행되고 있는 조광조의 증직 추서 논의에 찬성의 뜻을 밝히고 있는 기사를 찾아볼 수 있다.[65] 다음날 사간원은 그의 관직 복구뿐 아니라 문묘종사까지 요청하고 있으며,[66] 4월 10일 홍문관 부제학 박대립과 직제학 노수신盧守愼 등이 조광조의 벼슬과 시호를 사간원의 차자와 같이 추증하기를 청하였다.[67] 이때 조광조에게 대광보국숭록대부 의정부영의정겸 영경연·홍문관·예문관·춘추관·관상감사라는 증직이 주어졌다.[68] 문정文正이라는 시호는 2년이 지난 1570년(선조 3) 5월에 이르러서였다.[69]

이상과 같이 선조 즉위 후 조광조의 추존 요청은 증직과 시호를 내리고 문묘에 종사하자는 내용으로 봇물처럼 쏟아졌다. 그에 따라 증직을 수여하고 시호를 내리는 사업이 차근차근 실행되어 나갔던 것이다. 하지만 문묘종사 요구는 좀처럼 실현되지 못하였다. 선조 초에 시도된 조광조의 문묘종사 요구를 정리하면 〈표 2〉와 같다.

조광조에 대한 문묘종사를 요구할 때면 으레 정몽주-김굉필-조광조로 이어지는 성리학 전승의 계보가 인용된다.

65) 『宣祖實錄』 권2, 선조 1년 4월 3일 壬午條.
66) 『宣祖實錄』 권2, 선조 1년 4월 4일 癸未條.
67) 『宣祖實錄』 권2, 선조 1년 4월 10일 己丑條.
68) 『宣祖實錄』 권2, 선조 1년 4월 11일 庚寅條;『宣祖實錄』 권2, 선조 1년 4월 17일 丙申條. 『靜菴集附錄』5, 年譜.
69) 『宣祖實錄』 권4, 선조 3년 5월 6일 癸酉條. 그런데 『정암집』 부록5 연보에는 조광조에게 시호가 내린 해가 穆宗隆慶三年 己巳年. 즉 1569년(선조 2)으로 되어있어 실록의 기록과 차이가 난다.

〈표 2〉 선조 초 조광조에 대한 문묘종사 요청사례[70]

연도	날짜	내용	전거
선조 원년 (1568)	3월	태학생 홍인현 등이 상소하여 조과조의 문묘종사를 요청	정암집 5
	4월 4일	사간원이 조광조의 관직복구와 종사를 요청	선조실록
	10월	백인걸이 차자를 올려 조광조의 문묘종사 요청	정암집 3
선조 3년 (1570)	5월10일	백인걸이 조광조에 대한 문묘배향을 주장하고 삼공은 김굉필과 조광조의 문묘종사가 필요함을 역설	선조실록
선조 4년 (1571)	12월3일	유희춘이 경연에서 김굉필·조광조의 문묘종사 요청	선조실록
선조 11년 (1578)	4월15일	백인걸이 상소하여 조광조의 문묘종사를 요청	선조실록
		승정원이 백인걸의 상소를 조정에서 논하도록 요청	선조실록
	8월 1일	백인걸이 입궐하여 조광조의 문묘종사와 도봉서원의 사액을 요총	선조수정실록
선조 12년 (1579)	5월	조광조의 문묘종사를 요청	정암집 3

〈표 2〉에서 보는 것과 같이 백인걸의 상소에서는 "우리 동방의 성리학은 정몽주와 김굉필로부터 연원이 비롯되어 조광조에게 이르렀다."라고 하였다.[71] 유희춘은 상소에서 김굉필과 조광조가 함께 문묘에 종사되어야 한다고 주장하였다.[72] 1570년 백인걸의 상소에 대한 이준경의 발언은 당시 조광조의 학문적 연원이 어떻게 인식되고 있는

---

70) 金泳斗, 『조선전기 도통론의 전개와 문묘종사』, 서강대학교 박사학위 논문, p. 134. 재인용.

71) 『靜庵集附錄』 3, 請加褒贈從祀文廟箚 十月○白仁傑.

72) 한편, 유희춘은 선조 9년 10월 13일 임금에게 귀향 인사를 하는 자리에서 관학유생들의 오현종사 주장을 언급하면서 김굉필만 문묘에 종사하고 주장하였다, 즉, 그는 "김굉필이 도학을 首倡한 것이 나머지 4인보다 앞섰으니 대신과 경연관에서 자문하여 특별히 김굉필의 종사를 명"하라고 요청하였다. 『宣祖實錄』권10, 선조 9년 10월 13일 壬申條.

지 잘 보여주고 있다.

　　종사하는 일로 말하면, 백인걸의 의견은 조광조를 지적하여 말하였지만 도학의 공으로 볼 때, 조광조를 종사하게 하려면 김굉필을 아울러 종사하지 않을 수 없습니다. 우리 동방이 신라로부터 고려에 이르기까지 문장 있는 선비들이 찬란하게 배출되었지만, 의리의 학문은 실로 김굉필로부터 열렸던 것입니다. 김굉필이 우리 왕조의 초기의 학문이 끊어진 뒤에 태어나 처음으로 성현의 학문을 흠모하여 구습을 모두 버리고 『소학』에 진심하여 명성과 이익을 구하지 않았습니다. 학문에 힘쓴 지 10년 만에 움직임 하나까지 모두 예법을 따랐고 지경持經 공부에 전력한 지 30여 년에 정력精力이 쌓이고 도덕이 이루어져 말과 행동이 법도가 되었습니다. 그런데 불행하게도 난세를 만나게 되자 화를 피하지 않고 조용히 죽음에 나아갔으니 세상에 것은 없었으나 그가 마음으로 체득한 것이 있음을 여기에서 더욱 증험할 수 있습니다. 가르쳐 인도하기를 게을리 하지 않아서 우리 동방의 선비들로 하여금 성현의 학문이 있음을 알게 한 것은 실로 이 사람의 공입니다. 조광조 또한 일찍이 김굉필의 문하에서 수업하였고 독실이 실천하여 지식이 뛰어났으니 실로 동방의 불세출의 인물입니다. 김굉필이 화를 당한 뒤로 꺾이고 상한 나머지 선비의 기운이 땅에 떨어지고 학문이 침체되어 나아갈 방향을 모르고 있을 때 조광조가 이에 다시 『소학』의 도를 밝히고 학문의 공덕을 지시하여 세도世道를 일으켜 세웠으니 지금 유학하는 선비들이 대략 방향을 알고 취생몽사醉生夢死의 지경에서 벗어나게 된 것은 실로 조광조가 학문의 맥락을 다시 진작시킨 공에서 비롯된 것입니다. 이것으로 비추어 보면 두 사람을 문묘에 배향하는 일이 이상할 것도 없습니다.[73]

　　위의 사료는 조광조를 문묘에 종사하자는 백인걸의 상소에 대해

---

73) 『宣祖實錄』 권4, 선조 3년 5월 9일 丙子條.

당시 영의정이었던 이준경이 한 말이다. 그는 김굉필-조광조를 도통으로 이해하며, 조광조 단독의 문묘종사 논의에 반대하였다. 조선도학계보가 성균관의 유생이나 일부 사림세력의 관료에 의해 주장되었던 과거와 비교할 때 당시 영의정이었던 이준경이 위와 같은 발언을 하였다는 사실 자체가 변화된 분위기를 보여준다고 하겠다. 이처럼 조선 성리학계보의 인식은 조광조의 신원과 증직, 시호의 수여, 그리고 문묘종사 논의 과정에서 그의 학문적 정통성을 뒷받침하기 위하여 거듭 확인되어 왔다.

조광조의 문묘종사를 요구한 사람으로는 태학생 홍인헌도 있었지만 백인걸, 유희춘, 이준경 등 기성 정치인들이 주축을 이루었다. 특히 백인걸 유희춘은 을사사화의 피화인으로 오랜 귀향살이에서 풀려 조정에 복귀한지 얼마 되지 않은 상황이었다. 그들은 중종 말부터 명종대에 걸쳐 발전시켰던 조선 성리학계보의 실현을 꾀하였던 것이다. 이와는 별도로 성균관을 중심으로 사현개념이 형성되고 그들의 종사 논의가 제기되었다.

조광조의 문묘종사와 오현의 문묘종사가 무슨 차이가 있을까. 두 가지 다른 주장을 하는 이들이 추구하는 목표의 차이는 어디에서 찾을 수 있을까. 겉으로 드러나는 것만으로는 알기가 쉽지 않다. 문묘종사의 명분은 성리학의 정통 계승자를 국가적으로 인정하여 그를 따르려는 사림의 의기를 북돋우자는 것이다. 이러한 명분은 누구를 문묘에 종사해도 마찬가지이다.

두 개념의 차이는 이언적과 이황의 존재에서 찾아야 할 것 같다. 그들은 명종 후반의 새로운 사상적 경향을 대표한다. 이 시기는 이론적 측면에서 성리학이 상당한 성취를 이루었다.[74] 이러한 성취는 정

---

74) 金恒洙, 「선조 초년의 신구갈등과 정국동향」『국사관논총』 34, 1992, p. 91. 참조. 이 시기에 이언적의 저술이 대부분 이루어졌고, 이황과 기대승의 四

통의 계보를 평가하는 성향에도 영향을 미친 것으로 보인다. 그리하여 명종말부터는 도를 위해 목숨을 거는 절의와 아는 것을 실천하는 것을 강조하기보다는 학문과 저술을 강조하는 경향이 생겨나기 시작하였다.

한편 사현 개념을 국가적으로 공인하는 중요한 계기가 된 것이 『국조유선록』의 편찬이었다. 『국조유선록』은 선조의 명에 의하여 김굉필·정여창·조광조·이언적이 남긴 글을 모아 편찬한 책이다. 당시 도승지였던 이후백李後白이 지은 『유선록서儒先錄序』에 따르면 『국조유선록』을 편찬하게 된 것은 선조가 이언적의 문집을 읽은 것이 계기가 되었다.[75] 「회재선생년보晦齋先生年譜」에 따르면 선조는 즉위년 11월에 이언적이 남긴 글을 찾아올 것을 명령하였는데,[76] 이황은 이미 명종 말에 이언적의 문집을 정리하고 그의 행장을 지은 바 있었다.

이언적의 문집을 읽은 선조는 이언적 외에 김굉필, 정여창, 조광조가 남긴 글도 수집할 것을 명하였는데 그 일을 맡은 사람은 유희춘이었다. 1570년(선조 3) 4월 20일 세 현인의 글을 모으라는 명령이 내려졌고, 5월 8일 모아진 글을 교정해서 임금에게 제출하겠다는 보고가 있었으며, 5월 15일에는 이언적의 글도 발췌하여 포함시킬 것이 결정되었다.[77] 한편 『일두집一蠹集』에 따르면 당시 관학유생들의 사현 종사 요구 상소가 유선록의 편찬 지시를 내리게 한 계기였다고 하는데, 어느 것이 계기가 되었든 사현 개념이 『국조유선록』의 편찬 배경이었다는 사실은 분명해 보인다. 또한 『국조유선록』이 편찬됨으로써 사현은 국가적으로 공인된 현인으로서 보다 폭넓은 공감대를 가질 수 있

端七情論爭이 진행되었으며 『天命圖說』과 같이 주자학의 이기심성론을 종합적으로 정리하는 도설이 만들어졌다.

75) 『一蠹先生遺集』 3, 附錄, 儒先錄序.

76) 『晦齋集』, 「文元公晦齋先生年譜」.

77) 『一蠹先生遺集』 2, 附錄, 褒贈祀典.

게 된 것으로 보인다.

그러다가 이황이 세상을 떠난 후 사현의 종사 논의는 그를 포함한 오현 종사 논의로 발전하게 되었다.[78] 사현 개념이 명종대 이후 전개된 성리학의 이론적 발전 과정을 반영한 것이라면 그 발전의 정수라고도 할 수 있는 이황이 계보에 포함되는 것은 자연스러운 논리적 귀결이었다. 이황이 세상을 떠난 뒤 그가 포함된 오현 개념이 문묘종사 요구에 등장하는 것은 선조 6년 8월의 상소가 처음이었다.[79]

즉 명종 말부터 성리학의 정통에 대한 새로운 개념이 생겨났는데, 그것이 '사현四賢' 개념이다. 이는 성리학계보처럼 의제적 사승관계라는 단선구조가 아니라 도학의 수준이 일정 정도 이상에 이르러 후세의 추존을 받을만한 이를 선정하는 형식을 취하였다. 이는 이후 선조대 이황이 추가되면서 오현 개념으로 수렴되었다.

결론적으로 선조 초년의 정국에는 도학의 계보와 문묘종사의 대상자에 대해 크게 두 가지 흐름이 공존하고 있는 상황이라고 평가할 수 있다. 정몽주-김굉필-조광조를 중심으로 하는 성리학계보와 김굉필, 정여창, 조광조, 이언적의 사현 개념이 그것이다. 성리학계보는 중종대부터 형성되어 명종대를 거치면서 계속 정교화 되어 왔다. 이는 시일이 지나면서 조정의 관료들에게 폭넓은 인식과 이해를 얻었다. 그리하여 선조 초년이 되자 상당수의 대신들이 이를 지지하는 상황에까지 이르게 되었던 것이다.

---

78) 『宣祖實錄』 권2, 선조 1년 12월 6일 庚辰條.

79) 설석규, 「朝鮮時代 儒生의 文廟從祀 運動과 그 性格」『朝鮮史研究』3, 1994, p.148 참조. 유생들이 종사운동에 이황을 추가한 것은 당시 종사 논의에 소극적인 자세를 보이던 조관들의 적극적인 지원을 유도하기 위한 것이었다고 보는 견해도 있다.

나. 오현종사 논의와 명분을 둘러싼 논쟁과 결정

사현종사의 요구가 시작된 1568년(선조 원년)부터 오현종사가 실제로 이루어진 1610년(광해군 2)까지 전 과정을 정리한 것이 〈표 3〉이다. 오현종사를 요구하는 성균관 유생들의 상소가 47회, 지방 유생들의 상소가 16회, 홍문관을 비롯한 삼사의 상소가 20회, 그 밖에 성균관원들의 상소, 예조와 대신들의 논의 등이 있었다.[80] 앞에서 언급한 바와 같이 성균관 유생들이 거의 매년 오현종사를 요구하는 상소를 올렸다면 그 숫자는 표보다 훨씬 많을 것이다. 그러나 실록은 비중 있는 상소만을 선별적으로 실었을 것이므로 전체적인 경향을 파악하는 데는 도움이 될 것으로 본다.

〈표 3〉 선조·광해군대 오현종사 요청 사례[81]

연도	날짜	내 용
선조 3년 (1570)	4월 23~25일	관학유생들이 3차에 걸쳐 사현에 대한 문묘종사를 요청
	5월 4일	유희춘이 경연에서 사현종사를 건의
선조 6년 (1573)	8월 28일	관학유생들이 상소하여 오현종사를 요청 -1차
	8월 29일	관학유생들이 상소하여 오현종사를 요청 -2차
선조 7년 (1574)	2월 12일	구언에 대해 성균관 유생들이 상소하여 오현종사 요청
선조 9년 (1576)	4월 24일	태학 유생들이 상소하여 오현종사를 요청
선조 11년 (1578)	4월 23일	유생들이 상소하여 오현종사를 요청
		옥당에서 차자를 올려 오현종사를 논함
선조 13년 (1580)	10월 3일	태학 유생들이 상소하여 오현종사를 요청 -3차에 걸쳐
선조 21년 (1588)	윤6월 7일	태학생 유준이 등이 상소하여 오현종사를 요청 -1차
	윤6월 8일	태학생들이 상소하여 오현종사를 요청 -2차
	윤6월 9일	태학생들이 상소하여 오현종사를 요청 -3차

80) 金泳斗, 『조선전기 도통론의 전개와 문묘종사』, 서강대학교 박사학위 논문, p. 151 참조.

선조 22년 (1589)	8월 25일	태학생 유영근 등이 상소하여 오현종사를 요청
선조 35년 (1602)	8월 2일	성균진사 최극겸 등이 상소하여 오현종사를 요청
선조 37년 (1604)	3월 19일	성균생원 조명욱 등이 상소하여 오현종사를 요청 -1차
	3월 20일	성균생원 조명욱 등이 상소하여 오현종사를 요청 -2차
	3월 21일	성균생원 조명욱 등이 상소하여 오현종사를 요청 -3차
	3월 22일	성균생원 조명욱 등이 상소하여 오현종사를 요청 -4차
	3월 23일	승정원에서 우려를 표하자 이언적을 의심하는 이유를 설명
		성균생원 조명욱 등이 상소하여 오현종사를 요청 -5차
		사간원에서 국왕의 거부에 대해 우려를 표명
	3월 23일	사간원에서 국왕의 거부에 대해 우려를 표명
	3월 25일	성균생원 조명욱 등이 상소하여 오현종사를 요청 -6차
	4월 4일	홍문관의 우려에 대해 이언적에 대해 다시 의문을 제기
	6월 3일	경상도 생원 김윤안 등이 상소하여 오현종사를 요청 -1차
	6월 5일	경상도 생원 김윤안 등이 상소하여 오현종사를 요청 -2차
	6월 10일	성균생원 이정 등이 상소하여 오현종사를 요청
	6월 16일	개성부 생원 김추 등이 상소하여 오현종사를 요청
	8월 28일	충청도 유생 이식 등이 상소하여 오현종사를 요청
	9월 9일	평안도 유생 진사 노대민 등이 상소하여 오현종사를 요청
	9월 15일	예조에서 오현종사를 원하는 의견을 아룀
	10월 17일	예조에서 오현종사를 원하는 의견을 올리자 대신들이 의견표명
선조 38년 (1605)	1월 25일	성균관 진사 유학증 등이 상소하여 오현종사 요청 -1차
	1월 26일	성균관 진사 유학증 등이 상소하여 오현종사 요청 -2차
선조 39년 (1606)	1월 18일	관학유생 유희량 등이 상소하여 오현종사를 요청 -1차
	1월 19일	관학유생 유희량 등이 상소하여 오현종사를 요청 -2차
	2월 12일	영사 심희수 등이 경연에서 오현종사를 요청
광해군 즉위년 (1608)	7월 2일	경상도 유생 이전 등이 상소하여 오현종사를 요청 -1차
	7월 6일	관학유생 한유상 등이 상소하여 오현종사를 요청
	7월 7일	경상도 유생 이전 등이 상소하여 오현종사를 요청 -2차
	7월 13일	홍문관이 차자를 올려 오현종사를 요청
	7월 26일	개성부 생원 이천배 등이 상소하여 오현종사를 요청
	8월 14일	강원도 생원 원경순 등이 상소하여 오현종사를 요청
	8월 24일	전라도 유생 소정진 등이 상소하여 오현종사를 요청
	8월 27일	황해도 진사 조응잡 등이 상소하여 오현종사를 요청

	8월 28일	충청도 생원 오위 등이 상소하여 오현종사를 요청
	9월 12일	평안도 신사 김어협 등이 상소히여 오현종사를 요청
	10월 14일	전라도 유생 김선 등이 상소하여 오현종사를 요청
	11월 9일	함경도 유학 한산두 등이 상소하여 오현종사를 요청
광해군 원년(1609)	2월 29일	관학유생 조정호 등이 상소하여 오현종사를 요청 -1차
	3월 3일	관학유생들이 상소하여 오현종사를 요청 -2차
	3월 4일	관학유생들이 상소하여 오현종사를 요청 -3차
광해군 2년(1610)	1월 17일	생원 박지경 등이 상소하여 오현종사를 요청 -1차
	2월 26일	관학유생 박지경 등이 상소하여 오현종사를 요청 -2차
	3월 1일	성균생원 박지경 등이 상소하여 오현종사를 요청 -3차
	3월 26일	경연에서 동지사 이정귀, 영사 이항복이 오현종사를 주장하며 이언적을 변호함
	4월 24일	성균생원 이지굉 등이 상소하여 오현종사를 요청 -1차
	4월 25일	성균생원 이지굉 등이 상소하여 오현종사를 요청 -2차
	4월 26일	성균생원 이지굉 등이 상소하여 오현종사를 요청 -3차
	4월 27일	성균생원 이지굉 등이 상소하여 오현종사를 요청 -4차
	4월 28일	성균생원 이지굉 등이 상소하여 오현종사를 요청 -5차
	4월 29일	성균생원 이지굉 등이 상소하여 오현종사를 요청 -6차
	5월 1일	성균생원 이지굉 등이 상소하여 오현종사를 요청 -7차
	5월 2일	성균관원들이 상소하여 오현종사를 요청
	5월 3일	관학유생들이 상소하여 오현종사를 요청 -1차
	5월 4일	관학유생들이 상소하여 오현종사를 요청 -2차
	5월 5일	양사가 연계하여 오현종사를 요청
		관학유생들이 상소하여 오현종사를 요청 -3차
	5월 6일	양사가 연계하여 오현종사를 요청
		관학유생들이 상소하여 오현종사를 요청 -4차
	5월 7일	양사가 연계하여 오현종사를 요청
		관학유생들이 상소하여 오현종사를 요청 -5차
	5월 8일	양사가 연계하여 오현종사를 요청
		홍문관이 오현종사를 요청
		관학유생들이 상소하여 오현종사를 요청 -6차
	5월 9일	양사가 연계하여 오현종사를 요청
		관학유생들이 상소하여 오현종사를 요청 -7차
	5월 11일	양사가 연계하여 오현종사를 요청
	5월 12일	양사가 연계하여 오현종사를 요청
	5월 13일	양사가 연계하여 오현종사를 요청
	5월 14일	양사의 지평 김성발, 정언 오환이 오현종사로 연계
	5월 15일	양사가 연계하여 오현종사를 요청
	5월 17일	양사가 연계하여 오현종사를 요청

광해군 2년(1610)	5월 18일	개성부 유생 하원량 등이 상소하여 오현종사를 요청
	5월 21일	양사가 연계하여 오현종사를 요청
	5월 28일	홍문관이 차자를 올려 오현종사를 요청
	6월 1일	장령 박사제가 오현종사로 연계
	7월 16일	예조에 오현종사에 대한 대신들의 논의 결과를 아룀
	7월 18일	예조에서 오현종사의 절차를 대신들과 논의하여 결정하자고 보고
	7월 20일	예조가 오현종사의 결과를 논의하여 보고
	7월 26일	예조가 오현종사의 절차를 유신들에게 널리 상고한 결과를 보고하고 대신들과 의논하여 절차를 정하겠다고 보고
		예조에서 오현종사의 절차에 대해 대신들과 논의한 결과를 보고
	8월 1일	예조에서 오현종사의 날짜와 절차를 보고
	8월 20일	예조에서 오현종사의 절차에 대해 보고
	9월 5일	오현종사에 대한 교서 반포

* 『선조실록』·『선조수정실록』·『광해군일기』를 정리

〈표 3〉에 따르면 오현종사 논의가 활발하게 전개된 것은 두 시기로 나눌 수 있다. 첫 번째는 선조 초년 아직 오현종사의 개념이 널리 공감대를 얻기 전 활발한 논란을 불러 일으켰던 시기이고, 두 번째는 1604년(선조 37) 이후 오현종사 요구가 활발해진 후 1610년(광해군 2) 결실을 맺기까지이다.

앞에서 살펴본 바와 같이 선조 초년의 문묘종사 논의는 크게 두 경향으로 구분 될 수 있다. 첫 번째는 성리학계보와 관련되는 것으로 조광조나 김굉필-조광조를 문묘에 종사하자는 논의이다. 두 번째는 사현 또는 오현종사 요구이다. 당시는 특정한 이념이 절대적으로 우위를 차지하지 못하고 여러 논의들이 동시에 진행되고 있었던 것으로 보여 진다.

이처럼 계통을 달리하는 두 시기 문묘종사 논의가 진행되는 상황

---

81) 金泳斗, 위의 논문, pp. 151~154 재인용.

에서는 본격적인 논의가 이루어지기는 쉽지 않았을 것이다.[82] 선조 초년은 명종대 피화인에 대한 복권과 추존 논의도 활발하던 때였기에 문묘종사 논의가 한 방향으로 힘을 받기에는 상황이 복잡하였던 것이다.[83]

선조 8년의 동서분당은 상황을 더욱 어렵게 만든 것으로 보인다. 동서분당 이후 조신朝臣들과 삼사의 관심이 정치 투쟁에 집중되어 있어 오현종사와 같이 조정과 사대부의 공론을 모아야 되는 사안은 추진하기 더욱 어렵게 되는 것은 당연하다. 여기에 오현에 대한 평가가 당색에 영향을 미치게 되면서 더 어렵게 된 것으로 보인다. 이 시기 성균관의 오현종사 요구가 이러한 정치적 흐름에 이용된 정황을 다음 글에서 찾아볼 수 있다.

> 그러나 태학을 말하면 많은 선비들이 모인 곳입니다. 그런데 지난번에 이

---

82) 설석규, 앞의 논문, 1994, p. 149 참조. 조광조나 김굉필-조광조, 조광조-이황에 대한 문묘종사 요구를 조관들이 개별적인 인물들의 종사 당위론을 개진함으로써 오현종사를 주장하는 유생들을 측면에서 지원한 것이라고 보았다. 하지만 오현종사 요청과 같은 시기에 겹쳐서 진행되는 조광조를 중심으로 추진된 조신들의 문묘종사 요청을 오현종사에 대한 '지원'으로 보기는 어렵다. 오히려 이희권과 같이 선조 초년에 기묘, 을사년의 역사 재평가와 피화인들의 신원이 중요한 정치적 의제로 부각되었다. 三司의 관심이 이에 집중되어 있었기에 성균관을 중심으로 진행된 오현종사의 주장은 상대적으로 관심의 초점에서 비껴나 있었다고 보는 것이 타당하다. 이는 후술하는 바와 같이 이이의 문묘종사 요청 사례에서 잘 드러난다. 이희권, 「동방오현의 문묘종사 소고」『전북사학』 7, 1983, pp. 116~118.

83) 金恒洙, 「선조 초년의 신구갈등과 정국동향」『국사관논총』 34, 1992, pp. 81~82. 참조. 선조 초년의 상황을 戚臣 체제를 겪었던 舊臣 세력과 명종말 정계에 진출한 新進士類들이 갈등을 겪었던 시기로 파악하였다. 김항수 견해와 관련지어 생각한다면 구신 세력은 조선도학계보 개념을 지지하였고 신진사류들은 오현 개념을 지지하였다고 이해할 수 있겠다.

경례李景禮 등이 많은 선비들을 농락하여 오현을 문묘에 종사하자는 것으로 명분을 내세웠으나 실제는 일시의 사우師友를 공격하기 위한 것으로서 혹은 '도학을 그르치고 진리를 어지럽혔다.'하고 혹은 '명예를 구하였다.'하였습니다.[84]

관학 유생이 오현의 종사를 청하는 것을 명분으로 삼아 유생들을 불러 모으고는 상소 끝머리에 '정도를 그르치고 진리를 어지럽히며 이름을 낚고 성예聲譽를 구하였다.'는 등의 말을 몰래 첨가하여 성혼·이이를 존숭하던 무리들도 모두 알지 못하고 거기에 서명하였다.[85]

이 글은 모두 『선조수정실록』에 실려 있다. 동인 계열의 성균관 유생들이 오현종사를 청하는 상소를 성혼과 이이를 공격하는 수단으로 이용 하였다는 사실을 밝히며 이를 공박하고 있다. 오현종사 논의가 동서인의 다툼에 빌미를 제공하였던 것이다. 이는 기본적으로 이언적에 대한 이이의 평가에서 비롯된다. 아래의 글은 이이의 『경연일기』에 보이는 이언적에 대한 평가이다.

이언적은 박학하며 글을 잘했고, 부모를 섬김에 효성이 지극하였다. 성리학서를 즐겨 보아 손에서 책을 놓지 않았다. 몸가짐을 장중히 하고 입에서는 몹쓸 말이 없었다. 저술을 많이 하였으며 깊이 정미한 경지에까지 나아갔으니, 학자들이 역시 도학군자로 추존하였다. 다만 경세제민의 큰 재질과 입조立朝의 큰 절개는 없었다. 을사사화 때에 언적은 이면으로 선비들을 구하기 위해 주선하고자 했다. 그러나 직언으로 광구匡救하지 못하고 권간들의 협박으로 추관推官이 되어 올바른 사람들을 신문하여 공신이 되었다. 곽순郭珣이 신문당할 때에 추관이 된 언적을 쳐다보고 한탄하기를, "우리가 복고復古(이언

---

84) 『宣祖修正實錄』19, 선조 18년 9월 1일 戊辰條.
85) 『宣祖修正實錄』21, 선조 20년 3월 1일 庚寅條.

적의 자字)의 손에 죽을 줄이야 어찌 알았으리오."하였다. 언적이 후회하여 차차 권간들에게 이의異義를 내세워 필경은 죄를 얻어 공훈을 삭탈당하고 멀리 귀양 가 죽었다.[86]

　　삼가 생각해보건대, 관학 유생이 오현의 종사를 여러 번 청하였으나 임금이 경솔히 할 수 없다고 한 것도 과연 신중한 처사라고 할 수 있다. 그러나 우리나라가 생긴 후에 유자 중에 종사할 만한 사람이 없지도 않을 터인데 지금까지 실행되지 않았으니 어찌 성전盛典이 궐闕한 것이 아니랴. 전조에서 종사한 사람으로 정문충鄭文忠 한 사람 외에 설총·최치원·안향 등은 사도와는 관계가 없으니 의리대로 정한다면 이 세 분은 다른 곳에서 제사지냄이 옳지 문묘에 배향함은 잘못이다. 또 제생諸生이 청하는 오현으로 말할지라도 그 중에 어찌 우열이 없겠는가. 김 문경공과 정 문헌공은 언론의 기풍과 뜻이 미약해서 드러나지 못하였고 이 문원공은 그의 출처에 자못 논의될 것이 있다. 오직 조문정은 도학을 주창하여 밝혀서 후인을 교도하였으며 이 문순은 의리에 침잠하여 일대의 모범이 되었으니 이 두 분을 내세워 종사하고자 하면 누가 불가하다고 하랴.[87]

　　위의 사료 첫 번째는 선조 즉위년 이언적에게 문원文元이라는 시호를 내린 사실에 대한 이이의 논평이며, 두 번째는 선조 6년 성균관 유생들의 오현종사 주장에 대해 이이의 생각을 밝혀 놓은 것이다. 이이는 오현 가운데 문묘에 종사할만한 이는 조광조와 이황뿐이며, 김굉필과 정여창은 언론의 기풍이 미약하다고 하였다. 이언적에 대해서는 출처에 문제가 있다고 보았다. 실제로 그는 조광조와 이황만을 문묘에 종사하자는 의견을 표명하기도 하였다.[88]

---

86) 『栗谷全書』28, 「經筵日記」, 明宗大王 22년, 10월 丙戌條.
87) 『栗谷全書』29, 「經筵日記」, 萬曆元年, 癸酉, 선조 6년 8월.
88) 『宣祖實錄』15, 선조 14년 10월 16일 丙午條.

이와 같은 이이의 견해는 이황의 견해와는 상당히 다른 것이었으니 동서인 사이에 논란이 없을 수 없다. 또한 오현종사 요구는 성균관 유생들이 정기적인 상소 외에는 별다른 모습을 보여주지 못하고 있었다.[89] 성균관 유생들의 오현종사 요청 상소는 이처럼 동서분당의 문제를 포함하고 있었다. 이런 상황에서 조신들이 문묘종사 문제에 적극적으로 관심을 가질 수 없었을 것이며 임금도 그것을 받아들일 이유가 없었다. 결국 문묘종사 논의는 그 열기가 점차 사그라지게 되었다.

그러나 〈표 3〉에 보이듯이 1604년(선조 37)부터 다시 성균 유생들에 의해서 오현종사 주장이 나오기 시작하는데, 이전과 달리 매우 활발하게 전개 된다. 선조 37년 이후 오현종사 논의가 재개된 뒤에는 두 가지 계기가 있었다. 하나는 임진왜란때 불탔던 문묘의 재건이 이 시기에 마무리되고 있었다는 것이고, 다른 하나는 명明에서 제기한 문묘제도 개선 요구였다.

임진왜란은 문묘종사 논의를 근본적으로 진행할 수 없도록 만들었다. 궁궐 뿐 아니라 종묘, 문묘 등도 모두 불타 없어진 상황에서 문묘종사의 논의는 나올 수 없었던 것이다. 1604년(선조 37)은 전쟁이 끝나고 서울로 돌아와 무너진 문묘를 새로 수축하여 어느 정도 완공을 전망할 수 있는 단계에 이른 때였다. 이런 상황에서 새롭게 조성된 문묘에 누구를 모실 것인가 하는 점은 중요한 문제였고, 오현종사를

---

89) 이희권, 「동방오현의 문묘종사 소고」『전북사학』 7, 1983, p. 119 참조. 선조 15년 이후 선조 36년까지 20년 동안 종사 문제가 전혀 발의되지 않았으며, 그 원인은 선조 16년의 癸未三竄, 17년의 南北分裂, 22년의 乙丑鞫獄, 24년의 建儲議事件 등 계기적으로 일어나는 당쟁과 그 뒤를 이은 임진·정유년의 난리 때문이라고 보았다. 하지만 위의 표에서 보이듯이 적어도 왜란 전까지 성균관을 중심으로 오현종사의 논의가 끊어지지는 않았던 것을 알 수 있다.

주장하는 쪽에서는 놓칠 수 없는 기회였다.

성균관을 새로 짓고 석전제를 지내기 우해 내부에 기물을 다시 갖추는 과정에서 선현들의 위패를 모시는 과정은 가장 중요하였을 것이다. 그리고 이왕에 새로 모시는 바에야 과거에 모시지 못했던 분들을 새로 모시는 것이든 모시지 않아야 할 분들을 내치는 것이든 이때가 좋은 기회였다. 선조 37년은 이러한 일을 결정해야 하는 시점이었던 것이다.

한편, 명明에서 제기한 문묘 제도 개선 요구는 경리經理 만세덕萬世德의 성균관 방문이 계기가 되었다.[90] 거기서 그는 명과 조선의 문묘 제도가 서로 다르다는 것을 발견하게 된다. 만세덕의 보고를 받고 명 조정에서는 자문咨文을 보내어 문묘를 중건할 때 명의 제도를 따를 것을 요구하였다.[91]

명의 자문 내용은 다음과 같이 정리할 수 있다. 첫째, 명의 성균관에 있던 공자의 위판이 '지성선사공자至聖先師孔子'로 되어 있는 반면 조선은 '대성지성문선왕大成至聖文宣王'이라고 되어 있다는 것, 둘째, 계성묘啓聖廟가 없다는 것, 셋째, 명과 조선의 문묘에 종사된 선현이 서로 다른 점, 특히 72현과 최근에 종사된 호거인胡居仁, 진헌장陳獻章, 왕수인王守仁, 설선薛瑄의 네 명이 조선에서는 종사되어 있지 않다는 점이 그것이다. 명은 위의 세 가지를 문제로 지적하고 명의 제도에 맞추어 조선의 제도를 고칠 것을 요구하였다.

이것은 명 세종世宗 가정嘉靖 9년에 있었던 사전祀典의 개정 내용이 조선에는 반영되지 않았기 때문이었다.[92] 이 문제에 대한 처리를 놓

90) 『宣祖實錄』 123, 선조 33년 3월 18일 辛酉條.
91) 『宣祖實錄』 133, 선조 34년 1월 2일 辛丑條.
92) 박종배, 「明 嘉靖 9년의 文廟 祀典 改革과 조선의 對應」 『동양학』 31, 2003. 명의 사전에도 개정과 그에 따른 조선의 대응에 대해 이 논문을 참조.

고 조선에서는 논의가 계속되었다. 왜란으로 조선에 대한 명明의 관심과 영향력이 증대되어 있는 상황에서 문묘 제도의 개선은 피할 수 없는 문제가 되었고, 그것은 오현종사의 기회가 될 수 있었다. 따라서 명의 요구에 따라 문묘 제도 개선을 논의하는 가운데 오현종사가 계속 요구되었다.

선조 초년에 문묘종사가 논의되었던 때는 계통이 다른 논의가 병존하였고, 오현 개념이 형성 된지도 오래지 않은 시기였다. 그리고 당시는 문묘종사 논의에 포함되었던 이들의 신원·추증 조치가 병행되고 있거나 그러한 조치들이 취해진 지 얼마 지나지 않은 시점이었기 때문에 섣불리 문묘종사를 추진하지 않고 두고 보자는 말이 설득력을 가졌다.

따라서 선조가 문묘종사 논의에 대해 뒷날을 기다리자고 하였을 때 크게 반발을 받지 않았다. 선조는 오현종사를 요청하는 이들에 대해 매우 일관된 태도를 보였다. 오현종사의 주장을 펼친 이들에 대해 '뜻을 충분히 알았다' '가상하게 생각 한다' '마땅히 유념 하겠다'고 하여 긍정적으로 받아들인다는 뜻을 분명히 하였다. 그러나 오현종사는 너무나도 중요한 일로서 쉽게 결정할 수 없으니 뒷날을 기다리자는 논리로 거절하여 왔다. 선조가 말한 뒷날은 다음 임금이 결정할 일이라는 뜻으로 판단된다.

유학자들의 오현종사 요구도 끈질겼지만 선조가 끝까지 거절하여 왔다. 선조는 오현종사에 동의하지도 않았고 그렇다고 그 문제를 가지고 논쟁하고 싶지도 않았던 것이다. 하지만 1604년(선조 37)이 되면서 상황은 변경되기 시작했다. 이미 문묘의 중건과 사전祀典 개정 문제로 종사 문제가 계속 논의되었고, 선조 초년부터 계속되었던 성균관 유생들의 상소는 더이상 뒷날을 기다리자는 말로는 그들을 설득하기 어렵게 되었다.

선조 즉위 이후 기묘년과 을사년의 양대 사화에 관련된 인물들의 복권, 증직이 추진되면서 조정의 역사관은 수정되어 가고 있었다. 이 과정에서 오현종사도 적극 추진되었던 것이다.

선조는 이전과 다른 새로운 전략을 채택하였다. 새로운 전략이란 사림세력의 담론을 자기 것으로 삼아 그들보다 우위를 지켜나가는 것이었다. 이언적에 대한 선조의 평가와 문묘종사 거부도 바로 이 일환의 하나였다. 선조는 이언적의 문묘종사 요구에 대하여 그것을 요구한 사림세력의 논리 즉, 정통의 잣대를 가지고 평가하였다. 선조는 을사사화 당시 이언적의 행위가 성리학을 몸에 익힌 성현이 보여야 하는 출처出處의 도리에 적합한가 물었다. 또한 그의 학문이 도학의 정통인 성리학의 학문 경향에서 벗어난 것은 아닌가 물었다. 선조는 이전까지의 국왕들과 달리 성리학 정통의 도통을 왕권을 강화하는 수단으로 이용하려 하였다. 즉, 겉으로 도통을 옹호하는 옹호자로서 자신을 위치지우면서 도통을 판단하는 최종 판단자로서의 권력을 확보하려고 하였던 것이다.

하지만 선조의 그러한 시도는 성공하지 못한 것 같다. 선조는 사림세력들과의 끊임없는 논쟁에서 그들을 논리적으로 제압해야만 하였기 때문이다. 선조는 그들을 굴복시켜 문묘종사 논의를 그치게 할 수 없었다. 다만 그들의 요구에 설득당하지 않았을 따름이다. 이렇게 하여 선조는 오현종사를 끝내 허락하지 않았다. 1604년(선조 37) 이후 오현종사 요구는 성균관 유생들뿐만 아니라 전국 각지 유생들의 상소를 통해 제기되었지만,[93] 성과를 얻지 못하였다.

오현종사 요구는 1610년(광해군 2) 7월에 가서야 국왕으로부터 허

---

93) 설석규, 「조선시대 유생의 문묘종사 운동과 그 성격」 『조선사연구』 3, 1994. 이 시기 유생 상소의 정치 참여층의 확대에 대해서는 김돈, 『조선전기 군신 권력관계 연구』, 서울대학교 출판부, 1997, 7장을 참조.

락을 받게 된다. 광해군대에 들어와서도 매년 오현종사를 요구하는
성균관 유생의 상소와 전국 각지 유생들의 상소가 이어졌다. 하지만
광해군의 견해도 전왕 선조의 그것과 그다지 다르지 않았다. 중요한
일이니 뒷날을 기다려 결정하자는 전형적인 대답으로 일관하였던 것
이다.

그렇다면 1610년에는 어떤 변화가 있었을까? 선조와 달리 광해군
이 오현종사를 허용한 것은 어떤 이유 때문이었나? 눈에 띄는 점은
광해군 2년에 양사의 합계合啓가 이어졌던 것이었다.[94]

대신들의 견해도 적극적으로 변화하였다. 1604년(선조 37) 10월 17
일 문묘의 사전 개정을 요구하는 명의 자문에 대비하기 위한 대책을
올리면서 예조는 오현의 종사를 요청하였다. 선조는 이를 대신들과
의논하도록 조치하였다. 이에 대해 완평부원군 이원익, 영중추부사
이항복, 영의정 윤승훈尹承勳, 좌의정 유영경, 우의정 기자헌 등이 논
하기를 '이 문제에 대해 자세히 상고할 겨를이 없었다.'거나 '국가의
큰 제도와 관련된 것으로 널리 조정의 의논을 모아야' 한다는 등의
이유를 들어 국왕에게 결정을 미루었다. 이에 선조는 뒷날을 기다려
다시 의논하여 조처하기로 하였다. 하지만 1610년(광해군 2) 7월 오현
종사 여부에 대해 다시 대신들에게 의견을 들었을 때에는 상황이 변
하였다. 완평부원군 이원익은 임금이 결단하기 나름이라고 하였고,
영의정 이덕형과 좌의정 이항복, 우의정 심희수는 종사 요구를 따르

---

94) 설석규, 위의 논문 p. 152 참조. 설석규는 광해군 2년 전까지 유생의 종사요
   청 상소가 잇달았지만 성과를 거두지 못한 이유를 조정에서 적극적인 공론
   이 형성되지 못하였기 때문이라고 보았다. 그에 따르면 재조의 공론을 주도
   하는 삼사가 대북세력에 의해 장악되어 기축옥사 피화자의 신원에 매달려
   있었기 때문에 오현종사의 공론화가 이루어지지 못하였다고 보았다. 이희
   권, 「동방오현의 문묘종사 소고」『전북사학』 7, 1983, p. 125 참조. 이희권은
   이 시기 종사 청원 운동에서 삼사가 중요한 역할을 수행하였음을 지적하였다.

자고 하였다. 이에 따라 광해군도 오현의 문묘종사를 결정하였던 것
이었다.[95]

오현을 문묘에 종향從享하고 나서 반포한 교서의 내용은 아래와
같다.

　　　김굉필·정여창·조광조·이언적·이황 등을 문묘에 종사하는 일로 교서를
　　내리기를,

　　　"하늘이 대현大賢을 낸 것은 우연치 않은 일로서 이는 실로 소장消長의 기
　　틀에 관계되는 것이다. 덕이 있는 자에게 상사常祀를 베풀어야 함은 의심할
　　나위가 없는 일이니 존숭하여 보답하는 전례典禮를 거행하는 것이 마땅하다.
　　이에 반포하여 귀의할 바가 있게 한다.

　　　우리 동방을 돌아보건대 나라가 변방에 치우쳐 정학正學의 종지宗旨를 전
　　수받은 일이 드물었다. 기자箕子에 의해 홍범구주洪範九疇의 가르침이 펼쳐져
　　예의 방도를 알고 있었다. 하지만 신라 시대의 준재들도 사장詞章의 누습陋
　　習을 벗어나지 못했고, 고려 말에 이르기까지 천 년 동안에 겨우 포은圃隱 한
　　사람을 보게 되었을 뿐이었다.

　　　그러다가 우리 조종께서 거듭 인덕을 베푸시는 때를 만나 참으로 문명을
　　진작시키는 운세를 맞게 되면서 김굉필·정여창·조광조·이언적·이황과 같은
　　다섯 신하가 나오게 되었는데, 이들이야말로 염락관민濂洛關閩의 제자諸子가
　　전한 것을 터득하고 격물格物·치지致知·성의誠意·정심正心의 공을 이룩한 이들
　　로서 그 법도가 매한가지이니, 참소하고 질시하는 무리들을 그 누가 끼어들게
　　할 수 있겠는가. 포부를 펴고 못 펴는 것은 시대상황과 관련이 있는 것으로서
　　설령 한 시대에 굴욕스러운 일을 당했다 할지라도 시비는 저절로 정해지는
　　것이니 어찌 오랜 세월을 기다려야만 알 성질의 것이겠는가.

　　　이황만 보더라도 양조兩朝의 인정을 받은 현신으로서 뜻은 삼대를 만회하

95) 『光海君日記』 31, 광해군 2년 7월 16일 己未條.

려는 데 있었는데, 그의 주장과 가르침을 보면 실로 해동의 고정考亭이라 할 만하고, 잘못을 바로잡고 규계規戒를 올린 것은 하남河南의 정씨程氏에 부끄러울 것이 없다고 할 것이다. 그래서 모두에게 추증하고 시호를 내리는 일은 융성하게 거행했지만 단지 종사하는 일만은 미처 행할 겨를이 없었다.

정덕正德 기원紀元 때에 처음으로 종사하자는 유신의 요청이 있었는데, 그 뒤 선왕께서 즉위하신 초엽부터는 다사多士의 항장抗章이 많이 나오게 되었다. 그러나 생각건대 그 거조를 경솔하게 취하기가 어려워서 그렇게 하신 것일 뿐이니, 어찌 높이고 숭상하는 것이 지극하지 못했다고 말할 수야 있겠는가. 내가 왕위를 계승함에 이르러 그들과 같은 시대에 있지 못함을 한탄하며 전형典刑이 나에게 있어 주기를 바랐으나 구천에서 다시 일으킬 수 없는 것을 어찌 하겠는가. 이에 문묘에 종사하여 제사를 받들면서 백세토록 사표로 삼게 하는 동시에, 40년 동안 고대했던 사람들의 마음에 응답하고 천만 세에 걸쳐 태평의 기업을 열 수 있도록 하리라 생각하였다. 이는 대체로 이만큼 기다릴 필요가 있어서 그러했던 것이니, 어찌 하늘이 아니고서야 그 누가 이렇게 하겠는가.

이에 금년 9월 4일에 증贈 의정부 우의정 문경공文敬公 김굉필, 증 의정부 우의정 문헌공文獻公 정여창, 증 의정부 영의정 문정공文正公 조광조, 증 의정부 영의정 문원공文元公 이언적李彦迪, 증 의정부 영의정 문순공文純公 이황 등 다섯 현신을 문묘의 동무東廡와 서무西廡에 종사하기로 하였다. 아, 이로써 보는 이들을 용동시키고 새로운 기상을 진작시키려 하는데, 이 나라의 어진 대부들은 그 누구나 모두 상우尙友하는 마음을 가질 것이고 우리 당黨의 문채 나는 소자小子들은 영원히 본보기로 삼고자 할 것이다. 그래서 이에 교시하는 바이니, 모두 잘 이해하리라 믿는다." 하였다.[96]

「대제학 이정구李廷龜가 지어 올렸다.」

---

96) 『光海君日記』 33, 광해군 2년 9월 丁未條.

　교서에서 하늘이 대현을 낸 것은 우연치 않은 일이라면서, 덕이 있는 자에게 상사常祀를 베풀어야 함은 의심할 나위가 없는 일이니 존숭하여 보답하는 전례를 거행하는 것이 마땅하다. 그리고 이 나라의 어진 대부들은 모두 상우하는 마음을 가질 것으로 기대하고, 우리당의 문제있는 소자들을 영원히 본보기로 삼고자 할 것이라고 하였다.

　오현의 문묘종사가 결정되면서 조광조를 비롯한 오현 즉, 김굉필, 정여창, 이언적, 이황 등이 〈표 4〉 위차도에서 보이듯이 조광조는 봉안위차도의 동무에 종사됨으로써 조광조의 문묘종사에 관한 논의는 마침내 끝을 맺게 된다.

〈표 4〉 성균관대성전 선성선현위패 봉안위차도

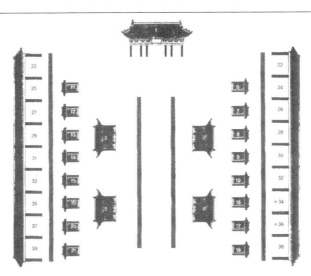

(동국 18현)	(공문 10철)	(5 성)				(공문 10철)	(동국 18현)
문창공 최치원	운 공 염 경	대성지성 문선왕 공자				비 공 민 손	홍유후 설 총
문충공 정몽주	재 공 재 여					설 공 염 옹	문성공 안 유
문헌공 정여창	서 공 염 구					여 공 단목사	문경공 김굉필
문원공 이언적	오 공 언 언	성국 종성공 증자		열국 복성공 안 자		위 공 중 유	문정공 조광조
문정공 김인후	영천후 전손사					휘 공 복 상	문순공 이 황
문간공 성 혼	(송조 6현)					(송조 6현)	문성공 이 이
문열공 조 헌	예국공 정 호	추국 아성공 맹자		기국 술성공 자사자		도국공 주돈이	문원공 김장생
문정공 송시열	신안백 소 옹					낙국공 정 이	문경공 김 집
문순공 박세채	휘국공 주 희					미 백 장 재	문정공 송준길

제4장 입향서원과 16~17세기 정치세력의 동향

1. 입향서원의 배향인물과
16~17세기 정치세력의 동향

가. 입향서원의 건립실태

서원의 성립문제에 대해서는 지금까지 많은 연구가 있어왔다. 즉 서원의 기원을 여말선초 이후 발전해 온 사학私學과 사묘祠廟에서 찾고, 사림파의 정계진출로 빚어진 사화라는 정치정세를 배경으로 유림의 정치기피와 학문연구 경향 및 선현에 대한 숭배열의 고조 등 사회적 요인으로 인해 양자가 결합함에서 서원이 성립하였다고 보는 유홍렬柳洪烈의 선구적인 연구가 있다.[1] 그리고 사림파의 학문적 역량의 축적에 의한 수적 확대에서 서원이 성립하는 실마리를 찾고, 이것은 사림의 향촌질서 재확립을 위한 일련의 운동의 하나로써 사림의 세력기반의 구심적 기능 구축과도 관련될 수 있다는 점을 지적한 이태진李泰鎭의 연구[2]와 정만조鄭萬祚의 연구[3] 등이 대표적이다.[4]

선학의 연구를 통행 서원의 성립배경이나 건립의 추세, 서원이 지

---

1) 柳洪烈,「朝鮮에 있어서 書院의 成立(上·下)」『靑丘學報』29, 30.

2) 李泰鎭,「士林과 書院」『한국사』12, 1978, 국사편찬위원회.

3) 鄭萬祚,『조선시대 서원연구』, 집문당, 1997.

4) 書院建立에 관한 論文으로는 이외에도 閔丙河,「조선시대의 書院政策考」
『成大論文集』15와 崔完基,「朝鮮書院一考」『歷史敎育』18 등이 있다.

니는 성격, 그리고 붕당정치와의 관계, 그리고 경제적 기반 등에 대해서 상당한 수준의 이해를 가지게 되었다. 그러나 조광조가 입향되어 있는 서원을 주제로 한 연구는 미흡함이 없지 않았다.

따라서 본고에서는 조광조의 학문과 덕행을 기리기 위하여 창건한 서원들 중에서 비교적 이른 시기에 창건되고 사액받은 죽수서원을 비롯하여 전국에 있는 조광조가 입향된 17개 서원을 창건 순서대로 살펴보고자 한다.

서원은 강학과 더불어 선현을 제향하기 위하여 16세기 이후 사림에 의해 설립된 사설 교육기관이다. 또한 서원은 사림세력의 구심점으로 중앙정치세력의 기반으로서의 기능을 갖고 있던 중요한 거점이었으며, 동시에 향촌의 자치운영기구였다.

유교를 치국 이념으로 내세워 유교 정치를 펼쳤던 조선왕조는 성균관과 함께 서울에 사부학당을 세우고 지방 고을마다 향교를 세워 관학 교육을 강화하였다. 그러나 관학인 향교는 관료주의적인 운영으로 인하여 15세기 말부터 교육의 기능이 쇠퇴하기 시작하였다. 이렇게 관학이 부진을 면치 못하는 상황 속에서 사림이라는 재야 지식인들에 의해 설립된 서원이 생겨났다.

조선에서 최초의 서원인 백운동서원은 풍기군수이던 주세붕周世鵬에 의해 1543년(중종 38)에 창건되었다. 주세붕이 쓴 「죽계지서竹溪志序」에 의하면 그는 1541년(중종 36) 7월에 풍기군수로 부임, 이듬해 관내인 순흥順興에 그 지방출신으로 여말의 유학자이던 안향安珦을 제향하는 사묘를 세웠다. 다음해에 퇴락한 향교를 이건 중수하면서 동시에 안향사묘 앞에 백운동서원을 당시 영남감사이던 임백령林百齡의 재정적 후원을 받아 건립하였다고 한다.[5]

---

5) 鄭萬祚, 「朝鮮書院의 成立過程」 『韓國史論』 8, 국사편찬위원회, 1980, pp. 39~41 참조.

우리나라에는 전국에 약 935개의 서원[6]이 있다. 이중 조광조가 입향入享[7] 되어있는 서원들 중에서 죽수서원은 설립과 사액 시기가 백운동서원과 큰 차이가 나지 않는다.[8] 이외에 양주의 도봉서원, 해주의 소현서원과 나주의 경현서원, 여산礪山의 죽림서원과 영흥의 흥현서원이 가장 이름난 서원이다. 조광조가 입향된 서원들로 16~17세기

---

6) 이호일, 『조선의 서원』, 가람기획, 2006. pp. 352~409 참조.

7) 특정인물의 院·祠 제향에 대한 용어는 관계자들의 用例를 살펴볼 때 대략 다음과 같이 정의할 수 있다. 포괄적인 「祭祀」의 개념으로는 祭享·從祀·奉安·享祀·配享 등을 쓸 수 있으며, 구체적으로는 1人만 祭享할 경우 「獨享」이라 하고 2人이상일 때는 位次에 따라 主享·並(竝)·配享 등으로 구분한다. 다만 조선조 文廟에서는 주향(孔子)·배향(4聖)·從祀(10哲) 등으로 구분했으나, (『增補文獻備考』 권204, 學校考 3, 『文廟』條) 서원은 약간 다른 것 같다. 또한 제향의 시기에 따라 創建時 奉安·追享·配享 등으로 분류된다. 좀 구체적으로 보면,

主享: 院·祠의 제향인물 중 가장 으뜸자리(사우 정중앙에 위치하여 남향이 원칙).

並享(聯享·列享): 정치적·학문적, 혹은 가문적으로 主享人에 별로 뒤지지 않은 인물을 제향 할 때 설정하는 자리. 주향과 별도로 두기도 하며 주향 없이 並享만 복수로 설정하기도 함(主享左右, 혹은 주향자리에 나란히 위치).

配享: 從祀이라고도 하며 주향(혹은 並享)人의 門人·後學 등에게 설정하는 자리(주향하단 左右에 위치).

追享(合享): 『追加 主(並)享』을 뜻하며 서원건립 후 주향 혹은 並享에 해당하는 인물을 추가로 영입할 때 설정. 이 경우 기준 위차는 무시하고 재조정하기도 함.

追配: 『追加 配享』을 뜻하며 배향급 인물을 추가로 영입할 경우에 설정. 이 경우 기존 위차는 큰 변화가 없으며 配享席에 추가 배치되는 정도임.

이상의 위차 외에 특수한 용어와 사례 등이 있으며 이 위차를 두고 계파 간·문중 간에 갈등이 일기도 하였다. 이에 대한 자세한 설명은 전용우, 「조선조 서원·사우에 대한 일고찰」 『호서사학』 13, 1985. pp. 15~18참조.

8) 백운동서원은 1543년 건립되어 1550년 사액되었다(소수서원). 죽수서원은 각각 27년과 20년 후에 건립되고 사액되었다.

에 창건된 서원을 살펴보면 〈표 5〉와 같다.[9]

〈표 5〉 조광조가 입향 되어있는 전국각처의 서원(연대순)

번호	서원 명	소재지	창건	사액	훼철	배향인물	복설/향사
1	죽수서원	전남 화순군 한천면 모산리	1570	1570	1868	조광조, 양팽손(2명)	1959 향사
2	도봉서원	서울특별시 도봉구 도봉동	1573	1573	1871	조광조, 송시열(2명)	1972 향사
3	상현서원	평북 희천군 희천읍 하동리	1576	1720	1871	김굉필, 조광조(2명)	미상
4	소현서원	황해도 벽성군 고산면 석담리	1578	1610	1871	주자, 조광조, 이황, 이이, 성혼, 김장생, 송시열(7명)	1904
5	경현서원	전남 나주시 노안면 영평리	1584	1609	1868	김굉필, 정여창, 조광조, 이언적, 이황, 기대승, 김성일(7명)	1977 향사
6	정원서원	황해도 신천군 남부면 청양리	1588	1701	1871	주자, 조광조, 이황, 이이(4명)	미상
7	도동서원	황해도 송화군 연방면 백운리	1605	1698	1868	주자, 조광조, 이황, 이이(4명)	미상
8	망덕서원	함남 정평군 정평읍 일동천리	선조		1871	정몽주, 조광조, 김상헌, 조익, 민정중, 조상강, 조명정(7명)	미상
9	인산서원	충남 아산시 염치읍 서원리	1610		1871	김굉필, 정여창, 조광조, 이언적, 이황, 이지함. 기준, 홍가신, 이덕민, 박지성(10명)	복원 안됨
10	흥현서원	함남 영흥군 영흥읍 도정리	1612	1616	1871	정몽주, 조광조, 이계손(3명)	미상
11	죽림서원	충남 논산시 강경읍 황산리	1626	1665	1871	조광조, 이황, 이이, 성혼, 김장생, 송시열(6명)	1946 향사
12	정퇴서원	충남 아산시 배방면 중리	1634		1871	조광조, 이황, 맹희도, 홍가신, 조상우, 강백년, 조이후, 이순신, 강봉수, 신현(10명)	복원 안됨
13	심곡서원	경기도 용인시 수지구 상현동	1650	1650	훼철 안됨	조광조, 양팽손(2명)	향사

---

9) 19세기 이후의 조광조 입향서원은 대상으로 하지 않았다.

시기	서원 명	소재지	창건	훼철	배향인물	주도인물
헌종10	東竹書院	전북 정읍 덕천 상학리	1844	1868	崔希汀, 趙光祖	향사
대한민국	月巖書院	전북 고창 고창 월암리	1948		趙光祖, 白仁傑, 林信蕃	향사

14	봉강서원	황해도 신천군 문화면 연봉리	1656	1675	1871	주자, 조광조, 이황, 이이(4명)	미상
15	미원서원	경기도 가평군 설악면 선촌리	1661		1869	조광조, 김식, 김육, 남언경, 이제신, 김창옹, 박세호, 이원충, 남도진, 이항로, 김평묵, 유중교(12명)	1919 향사
16	운전서원	함남 함주군 운전면 차인리	1667	1727	1871	정몽주, 조광조, 이황, 성혼, 조헌, 이이, 송시열, 민정중(8명)	미상
17	약봉서원	평북 영변군 영변면 서부리	1688	1707	1868	조광조(1명)	미상

나. 입향서원의 특징

(1) 창건 주도인물

중종 말기에 시작된 조광조의 복권 운동은 선조 즉위 후 이루어졌다. 복권된 후 그에 대한 추존사업의 일환으로 서원이 설립되기 시작하였다. 서원 창건은 당시의 시대적 분위기와 함께 서원의 창건을 주도한 인물과 그 주변의 세력들과 밀접한 관련을 갖는다. 이를 살펴보기 위해서는 〈표 6〉이 참고가 된다.

〈표 6〉 조광조 입향서원의 창건주도인물과 세력

번호	서원 명	주도인물
1	죽수서원	지방유림
2	도봉서원	남언경
3	상현서원	미상
4	소현서원	이이
5	경현서원	김성일, 나주나씨
6	정원서원	미상
7	도동서원	미상
8	망덕서원	미상
9	인산서원	지방유림
10	홍현서원	지방유림

11	죽림서원	김장생 문인 최명룡崔命龍, 송흥주宋興周
12	정퇴서원	지방유림, 조상우趙相禹
13	심곡서원	지방유림
14	봉강서원	미상
15	미원서원	양근楊根 지방유림
16	운전서원	미상
17	약봉서원	미상

　　서원을 건립하는 데 주창자가 알려진 것은 10곳이다. 나머지 7개 서원의 주도인물이나 세력은 알 수는 없으나 지방 유림들의 공의에 의한 것일 가능성이 많을 것으로 추정된다.

　　창건 주도자나 세력이 알려진 경우에 있어서도 개인과 지방유림이 함께 주도한 경우가 많다. 이러한 현상은 지방의 세력가들이 서원을 건립할 때 그 지역 유림들의 호응을 받지 못하면 건립은 물론 유지에 상당한 어려움이 있었을 것으로 추정된다. 그러므로 유림과 공동으로 서원을 건립한 것은 당연하다고 하겠다.

　　먼저 창건 주도인물들이 밝혀진 서원들을 중심으로 주도인물의 성향을 분석하면서 조광조와의 관계를 살펴보도록 하겠다.

　　도봉서원은 1573(선조 6) 양주목사로 부임한 남언경이 주도하여 경기도 양주목 도봉산하 영국사지寧國寺址에 사우를 건립하였다.[10] 남언경[11]은 서경덕의 문인으로 양명학자였다. 서경덕은 이理보다 기氣를 중시하는 독자적인 기일원론을 완성하여 주기론의 선구자가 되었다.

---

10) 서원이 道峯山 아래 영국사지에 건립되었기에 영국서원이라 불리기도 하였다. 영국사의 위치에 대해서는 『신증동국여지승람』 권10, 482항 참조.

11) 남언경은 徐敬德의 門人으로 본관은 宜寧, 호는 東岡이다. 陽明學者로 李滉과도 교유하였다. 이황의 이기이원론을 반박하고 양명학의 사상적 체계를 완성시켰다. 문하에는 이요와 같은 인물을 배출했으며 양근의 미원서원에 제향 되었다.

그는 1519년(중종 14) 현량과에 수석으로 추천을 받았으나 사양하고, 개성 화담花潭에 서재를 세우고 연구와 교육에 힘썼다. 조광조와 서경덕의 관계를 남언경은 알고 있었으리라고 생각된다. 둘 사이의 관계가 도봉서원 건립의 주된 이유라고 할 수는 없겠으나, 평소에 남언경이 조광조를 흠모하였다면 어느 정도는 추론이 가능할 것이다.

도봉서원이 건립되는 과정을 보면 처음 주도자는 남언경이었으나, 실제 공역을 주도한 인물들은 부제학 허엽許曄을 위시하여 좌참찬 백인걸, 이조참판 박소립朴素立 등 조광조의 문인들이었다. 따라서 당시 서원건립은 남언경과 함께 경외에 통문이 널리 발해지는 등[12] 전국사림들과 허엽·백인걸·박소립 등의 학연으로 이루어졌다고 할 수 있겠다.

다음으로 죽림서원을 살펴보자. 죽림서원 창건을 처음 발의하고 건의한 인물은 김장생의 문인인 최명룡崔命龍, 송흥주宋興周 등이다. 이들의 행적을 살펴보면, 지방의 유림들로서 중앙에 널리 알려진 인물들은 아니었다.

최명룡은 자가 여운이며, 호는 석계이다. 최명룡은 철학자로 유학, 도교, 불교를 비롯하여 수학, 음양학 등 여러 학문에 두루 통달하였으며, 그림 또한 잘 그렸다. 이우기와 김장생의 문하에서 학문을 닦으면서 변산사에 들어가 10여년을 정착하고 학문에 열중하다가 1592년(선조 25) 임진왜란이 일어나 의병을 일으켜 공을 크게 세웠다. 당시 사람들은 최명룡을 일컬어 김준업, 김동준과 함께 삼현이라고 불렀다. 최명룡은 그림에도 조예가 깊어 직업 화가를 능가하는 작품을 많이 남겼는데, 선각도, 산수도, 월야주옥도 들 3점이 전해오고 있다.

송흥주는 여산礪山 사람으로 광해군 때 사람이며, 김장생의 문인이

---

12) 『光海君日記』 권87, 광해군 7년 2월 25일 壬寅條(광해군 7년 이이첨이 曺植書院의 건립 물력을 논하면서 도봉서원 건립시 경외에 回文한 사례를 들고 있는 것이 참고 된다).

라는 정도밖에 나오지 않는다.

송시열이 쓴 『죽림서원묘정비』에[13] 서원이 세워지게 된 유래를 설명하면서 황산黃山의 위치가 양호兩湖, 즉 호서와 호남의 중간에 위치한 관계로 서원이 들어섰다고 하였다. 서원 창건의 직접적 동기는 사계 김장생[14]이 왕래한 자취가 있기 때문으로 기왕 김장생을 모실 바에는 그보다 선현이고 스승인 조광조·이황·이이·성혼 등 4현을 같이 모시는 것이 바람직해 제향께 되었다고 하였다. 4현의 구체적 제향 시기는 언급되지 않아 알 수 없지만, 조광조 등 4현보다는 서원 창건의 유서由緒가 된 김장생이 먼저 제향된 것으로 보아야 하며 송시열은 가장 뒤가 되어야 맞을 것 같다.

다시 말해 위차는 도통의 순서라 하였으니 조광조-이황-이이-성혼-김장생-송시열 순이 되겠지만 제향 시기는 김장생이 먼저이고 이어 이이와 성혼, 조광조와 이황의 순서가 될 것 같다. 앞에서 서원 건립을 추진한 인물들이 김장생의 문인이라 하였는데 이것 역시 서원 건립의 취지가 누구 때문이고 누가 먼저 제향 되었을 것인가를 시사하고 있다.

이런 상황으로 미루어 볼 때 죽림서원은 처음부터 조광조를 모시기 위해 창건된 것이 아니라 김장생을 위해 김장생의 문인들이 주도하여 창건되었으며, 선현이고 스승인 조광조·이황·이이·성혼 등 4현

---

13) 徐春善, 『죽림서원지』, 三星印刷社, 2009. p. 299 참조.
14) 김장생 : 조선중기 학자·문신으로 본관은 光山, 자는 希元 호는 沙溪이다. 대사헌 金繼輝의 아들로 송익필과 이이의 문하에서 수학하였으며 禮學에 정통하여 우리나라 예학의 토대를 확립하였다. 저서로는 『상례비요』·『가례집람』·『전례문답』·『의례문해』 등 예에 관한 것이 많고 『근사록석의』·『경서변의』·『사계선생전서』 등이 전한다. 1688년(숙종 14)에 문묘에 배향되었으며 연산 돈암서원, 공주 충현서원, 안성 도기서원 등 10여 곳의 서원에 배향되었다.

을 같이 모시게 되었던 것이다.

소현서원[15]은 이이[16]에 의해 창건되었다. 이이가 1576년(선조 9) 10월에 황해도 해주 고산면에 있는 석담石潭으로 돌아가 청계당聽溪堂을 짓고, 1578년에 청계당 동쪽의 석담 제5계곡에 학교를 세우고 그 이름을 은병정사隱屛精舍라고 하였다. 은병정사는 해주의 수양산首陽山 서쪽 기슭, 물이 40리를 아홉 구비로 돌아 흐르는 고산구곡高山九曲의 제5곡에 위치해 있다. 물길을 따라 가면 석담이 있는 전면에 석봉石峯이 병풍처럼 들려져 있어 주자의 '무이대은병武夷大隱屛'의 뜻을 취해 은병정사라는 편액을 걸었다.[17]

---

15) 강성원, 「소현서원에 반영된 율곡의 건축미학에 관한 연구」, 명지대학교 대학원 석사논문 2003. p.1. 황해남도 벽성군 석담리에 위치하며 북한의 보물급 문화재, 제24호로 조선 중종·선조때의 유학자인 율곡이이가 낙향하여 후진을 양성하고 학문을 연구하던 곳에 세운 서원이다.

16) 이이 : 조선 중기의 학자·문신으로 아명은 見龍, 자는 叔獻, 호는 栗谷, 石潭, 愚齋이며 본관은 德水이다. 부친은 찰방을 지낸 元秀이고 어머니는 사임당 신씨이다. 사후 문묘에 종사되었고 선조의 묘정에 배향되었으며 파주의 자운서원, 강릉의 송담서원, 풍덕의 귀암서원, 서흥의 화곡서원, 함흥의 운전서원, 황주의 백록동서원 등 전국 20여개 서원에 배향되어있다. 시호는 文成이다.

17) 박균섭, 「은병정사연구 : 학문과 학풍」『율곡사상연구』 제19집, 경북대학교, 2009, p. 165 참조.『율곡전서』 권34, 「年譜」, 우계 성혼이 李海壽의 시운에 차운하면서 은병정사의 유래에 관해 "은병정사를 찾아갈 때에는[往石潭時] 해주의 서문으로 나서야 한다[出海州西門]"거나 "옛날 주자의 무이산 은병정사는[昔朱子武夷山隱屛精舍] 무이계곡의 제5곡에 있었고[在溪水第五曲] 우이도가 10절이 있었는데[而有棹歌十絕], 은병정사도 제5곡에 있는 까닭에[石潭書院亦在五曲] 율곡 선생이 '은병'이라 써 붙였다[故栗谷先生扁以隱屛]"고 말하였다(『년보집』 권1, 「石潭次李大仲韻」). 율곡이 은병정사를 세운 곳은 그의 처가인 황해도 해주 고산면에 있는 석담이다. 이곳을 가기 위해서는 해주 서문을 나서야 했다. 상촌 신흠은 해주에서 은병정사까지의 거리를 "해주성 서쪽 40리 밖[州城之西四十里外]"이라고 했다(『象村集』 권1, 「栗

소현서원이 창건되었을 때는 주자만 모셨다. 임진왜란 때 소실 된 것을 1604년 관찰사 정사호鄭賜湖와 목사 김상준金尙雋이 복원하였다.

정사호의 본관은 광주光州, 자는 몽여夢輿, 호는 화곡禾谷, 순인純仁의 증손으로, 할아버지는 경繁이고, 아버지는 장령 이주以周이며, 어머니는 봉원부원군 정창손의 5대손으로 부사과 응서應瑞의 딸이다. 1573년(선조 6) 사마시에 합격하고, 1577년 별시문과에 병과로 급제하여 주서로 있었으나, 1582년 경망하다는 탄핵을 받고 파직되었다. 1586년 안동부사가 되었고, 1599년 호조참의로 구관당상句管堂上을 겸직하였다.

김상준은 본관은 안동이고, 휘는 상준이고, 자는 여수汝秀이고, 호는 휴암休菴이다. 어려서 엄격한 가정교육을 받아 집밖을 나가지 아니하고 부지런히 학업을 닦았다. 자라서 학궁學宮에서 공부하였는데, 시험을 보면 번번이 일등을 차지하였으므로, 제배儕輩들이 감히 경쟁할 생각을 못하였다. 젊은 나이에 발해發解[18]에 제2등으로 천거되었는데, 이이 선생이 문형文衡을 맡아서 극구 칭찬하였기 때문에 명성이 이로부터 더욱 드러났다. 1582년에 진사에 합격하였다. 1585년 모친상을 당하여 상례를 잘 치렀다고 소문이 났다. 복제를 마치고 더욱 열심히 책을 읽었는데, 항상 아침부터 한밤중에 이르도록 책을 거두지 아니하였다. 여러 사촌 동생들 가운데 공을 따라서 학업을 닦던 자들이 잠잘 때에도 공이 글 읽는 소리를 익히 들었기 때문에, 그들도 또한 능히 책을 보지 않고서도 그 문자를 암송할 정도였다. 특히 김상준은 이이가 문형으로 있을 때 많이 칭찬해준 바 있고, 평소에도 존숭하는 마음에서 이이를 기리기 위해서 소현서원이 복원되었다고 생각된다.

谷先生隱屛精舍重修記」). 율곡은 일찍부터 문인들을 고산 석담을 돌며 구곡의 이름을 짓고 이곳에 정착할 결심을 하였다. 그러다가 율곡은 주자가 만년에 은거하면서 경영한 무이정사와 무이구곡의 자연을 읊은 무이도가를 본떠 은병정사를 세웠다.

18) 鄕試에 합격한 사람을 중앙에 보내어 과거에 응시케 하는 일.

1610년(광해군 2)에 '소현紹賢'이라는 사액을 받았으며, 조광조·이황·이이·성혼·김장생·송시열을 추가로 배향하였다.[19]

다음으로 김성일[20]의 주도로 창건한 경현서원을 살펴보자. 경현서원은 전라남도 나주시 노안면 영평리에 있는 서원으로 1584년(선조17)에 건립된 이 지역 최초의 서원이었다. 지방유림이 김굉필의 학문과 덕행을 추모하기 위해 금성산 아래(현재 나주시 경현동)에 사당을 창건하여 위패를 모셨다.

서원의 건립은 당시 목사였던 김성일과 나주 나씨 가문의 주도로 이루어졌다. 김성일이 나주목사로 부임해 온 이듬해인 1584년 봄에 이곳 사람인 나덕준羅德峻·나덕윤羅德潤과 함께 성의 서쪽 5리에 있는 대곡동大谷洞에 서원을 건립하였다. 강당을 비롯하여 동재·서재를 갖추고 금양錦陽이라 명명하였는데, 사우는 미처 건립하지 못한 상태였다.[21]

나덕준과 나덕윤의 본관은 나주이며, 정개청의 문인이다. 김성일은 그 후 틈나는 대로 서원에 가서 재생들과 강론하고 성적을 매기기

---

19) 『書院謄錄』·『황해도지』, 황해도지편찬위원회, 1982.

20) 김성일은 조선 중기의 문신, 본관은 의성, 자는 士純, 호는 鶴峰, 아버지는 璡이다. 이황의 문인이다. 저서로는 『杜氏通典』·『丘氏儀節』·『鄕校禮輯』 등을 참고하여 『喪禮考證』을 지었다. 안동의 호계서원, 泗濱書院, 영양의 영산서원, 의성의 빙계서원, 하동의 영계서원, 청송의 송학서원, 나주의 경현서원 등에 배향되었다. 저서로는 『海槎錄』·『喪禮考證』 등이 있으며, 1649년(인조 27)에 문집으로 『학봉집』이 만들어졌다. 이조판서에 추증되었으며, 시호는 文忠이다.

21) 『景賢書院誌』 권1, 「書院古跡」. 한편, 『俎豆錄』(규장각 소장)에서는 '宣祖癸未建'이라고 하여 1583년에 건립한 것으로 표기하였는데, 본고에서는 해당 지역에서 간행한 서원지를 근거로 1584년으로 건립연도를 적용하였다. 경현서원은 건립 뒤 지속적으로 운영되다가 1871년 대원군의 서원철폐령으로 훼철되었는데 1977년에 이르러 복설되어 오늘에 이르고 있다(『경현서원지』, 「경현서원묘정비」 참조).

도 하였다. 설립된 지 2년 만인 1586년 서원의 위패실화사건으로 체직되고 말았다.[22] 경현서원은 처음에 지방유림이 김굉필의 학문과 덕행을 추모하기 위해 금성산 아래(현재 나주시 경현동)에 사당을 창건하여 위패를 모심으로 시작되었다. 이때는 서원이 아니었다.

1587년 후임으로 부임한 임윤신任允臣의 원조로 사우가 건립되고, 한훤당과 함께 김굉필·정여창·조광조·이언적·이황의 4위를 배향하여 오현을 제향하는 서원의 모습을 갖추게 되었다.[23] 이때에 이르러 서원의 명칭도 금양에서 오현서원으로 바뀌었다. 특히 이 시기에는 서원원장으로 김천일·정개청·안방준 등 호남의 이름난 선비들이 임석하여 사풍士風과 학성學聲이 인근에서 추승되기에 이르렀다.[24]

정유재란 때 소실되었다가 1608년(광해군 원년)에 당시 목사로 와 있던 목장흠睦長欽과 지방유림들이 합력하여 중건하였으며, 이듬해인 1609년(광해군 원년)에 유생 시서市西 금선金璇 등의 상소로 '경현景賢'이라고 사액되었다.[25] 그 뒤 1693년(숙종 19)에는 유학 오달주吳達周 등의 상소로 기대승과 김성일을 추가 배향하여 모두 7위를 모시게 되었다.[26]

경현서원은 김성일이 나주 목사로 부임하면서 김성일의 주도로 나주의 유림인 나덕준·나덕윤과 함께 창건되었다. 따라서 경현서원은 특별히 어떤 학연이나 정치세력과도 관련이 보이지 않는다. 나주 나

22) 『錦城邑誌』, 「羅州牧先生別案上」, 羅州市 文化院, 1989.

23) 『景賢書院誌』 권1, 「書院古跡」, 경현서원지 편집위원회, 1983.

24) 金東洙, 「16~17세기 호남사림의 존재형태에 대한 일고-특히 정개청의 문인 집단과 紫山書院의 치폐사건을 중심으로 하여-」『역사학연구』 7, 1977.

25) 『景賢書院誌』 권1, 「五賢書院請額疏」, 경현서원지 편집위원회, 1983.

26) 『書院謄錄』, 民昌文化社, 1990. 肅宗 19년 癸酉 11월 16일. 이후 어떤 때인지는 알 수 없으나 高峯 奇大升(1527~1572)을 추향하여 현재 7인을 모시고 있다.

씨 집안과 지방 유림들의 적극적인 지지가 있었다고 보여 진다.

다음으로 정퇴서원 창건을 주도한 조상우를 살펴보면, 조상우는 17세기 온양군의 유학을 이끌어갔던 대표적인 유학자였다. 온양군 매곡촌에서 태어났으며, 자는 하경夏卿, 호는 시암時庵이며 본관은 양주楊州이다. 광해군 집권시 과거공부를 그만두고 향리에 은둔하면서 도학 연구에 전념했다. 율곡 이이의 학통을 계승한 사계 김장생으로부터 도학을 배웠다. 그는 온양군 서달산(설화산) 아래에 정사를 짓고 석우정石友亭이라 이름하고, 동춘 송준길·포저 조익·잠야 박지계·신독재 김집·후천 황종해 등과 함께 도학을 강론하고 우의를 다졌다.[27]

정퇴서원 건립에 참여했던 학자는 바로 조상우와 함께 도학을 강론하고 우의를 다졌던 인사들이 주축이 되었던 것이다. 조상우는 인조대 원종추숭론에 대해서는 아산현의 잠야 박지계와 의견을 달리하여 반대 입장에 섰으며, 정묘호란시 척화 상소를 올리기도 했다. 인조와 효종대에 수차에 걸친 징소가 있었으나 응하지 않고 학문 연구에 전념했다. 그의 사후 우암 송시열이 행장을 지었고, 1699년(숙종 25)에는 이조참판에 추증되었다. 『역학변의易學辨疑』, 『의예고증疑禮考證』, 『심학지결心學旨訣』, 『시문서예詩文書禮』 등 40여 권에 이르는 방대한 양의 저술을 남겼다.[28]

조상우는 일생 동안 출생지인 온양군에 거주하면서 학문을 연구하고 강학에만 몰두했으며, 정퇴서원 건립을 실질적으로 주도했던 인물이었다. 그는 1692년(숙종 18) 송남거사松南居士 서한주徐漢柱, 충청감사, 유참판兪參判, 임판서 등과 향유들과의 협의에 따라 향현鄕賢으로 추배되었다.

이외에도 정퇴서원 창건에 참여했던 학자들은 이이와 사계 김장생

---

27) 『읍지』 8, 「온양군 읍지」, p. 685 참조.
28) 『아산의 문화유적』, pp. 472~473; 『邑誌』 7, 「溫陽郡 邑誌」, p. 505 참조.

(1548~1631)의 제자들이었다. 특히 안방준은 이이와 성혼(1535~1598)으로부터 직접 배운 학자였고,[29] 인근 목천木川에 거주했던 황종해는 어려서 정구鄭逑의 제자였다가 후기에는 김장생에게 예학을 배운 유학자였다.[30] 특히 황종해는 영남 예학과 기호 예학을 연결하는 가교 역할을 수행했던 학자로 평가받고 있다.[31] 아산현에서 강학했던 박지계는 권득기, 조익 등과 함께 이이의 학설을 계승하면서 17세기 기호 유학의 새로운 학풍을 형성했던 학자였다. 신창현의 유학을 선도했던 조익은 김장생의 제자였으며, 조극선은 조익과 박지계의 제자였다.

조상우는 이이의 학통을 계승한 김장생으로부터 도학을 배웠다. 따라서 정퇴서원 건립의 주도 인물들은 기호학파였다고 할 수 있겠다.

이상에서 서원건립 주도 인물들과 조광조와의 관련성을 살펴보았다. 먼저 도봉서원을 주도한 남언경은 서경덕의 문인이다. 그가 양주목사로 부임하면서 도봉서원의 건립을 주도하게 된다. 다음으로 김장생은 조선 중기의 학자·문인이다. 김장생의 문인인 최명룡과 송흥주는 김장생으로부터 사사 받은 독실한 향유들이었다. 세 번째로 이이이다. 이이는 조선 중기의 학자·문신이다. 네 번째로 김성일은 조선 중기의 문신이다. 마지막으로 조상우는 17세기 유학자로 그는 충청감사와 향유들의 협의에 따라 온양의 향현鄕賢으로 추대되었다.

이와 같이 서원의 창건을 주도한 인물들은 조광조와 직접적인 관계는 없다. 다만 이이와 김장생, 김장생의 문인인 최명룡과 송흥주는 학통으로 연결이 가능하다고 할 수 있다. 남언경과 김성일은 문신으로 조광조를 추앙하는 마음과 후진을 양성하자는 의도에서 서원건립

---

29) 윤사순, 「기호 유학의 형성과 전개」, 충남대학교 유학연구소 편저, 『기호학파의 철학사상』, 예문서원, 1995(이하 『기호학파』로 약칭) pp. 16~19 참조.

30) 『邑誌』 8, 「木川縣誌」, p. 414 참조.

31) 배상현, 「기호 예학의 성립과 전개」 『기호학파』, p. 100 참조.

을 주도하지 않았나 생각된다.

창건주도자나 세력이 알려진 경우에도 개인과 지방유림이 함께 주도한 경우가 많았다. 시기별로는 16세기 후반에서 17세기 후반까지에 집중되어 있다. 그 가운데 사액서원은 13개이며, 고종 때 훼철되지 않은 서원은 심곡서원 하나로 조사되었다. 그만큼 조광조를 모신 서원을 중심으로 일정하게 지방의 여론이나 실력을 행사하는 기능을 하였을 것으로 보인다.

(2) 시기별

선조宣祖 초부터 조광조의 추존사업의 하나로 서원을 창건하게 되는데 시기적으로 변화과정을 〈표 7〉을 통해 살펴보고자 한다.

〈표 7〉 조광조 입향서원의 창건 시기별

시기	서원 명	창건	사액	훼철
선조	죽수서원	1570(선조 3)	1570	1868
	도봉서원	1573(선조 6)	1573	1871
	상현서원	1576(선조 9)	1720	1871
	소현서원	1578(선조 11)	1610	1871
	경현서원	1584(선조 17)	1609	1868
	정원서원	1588(선조 21)	1701	1871
	도동서원	1605(선조 38)	1698	1868
	망덕서원	선조		1871
광해	인산서원	1610(광해 2)		1871
	흥현서원	1612(광해 4)	1616	1871
인조	죽림서원	1626(인조 4)	1665	1871
	정퇴서원	1634(인조 12)		1871
효종	심곡서원	1650(효종 1)	1650	훼철 안 됨
	봉강서원	1656(효종 7)	1675	1871
현종	미원서원	1661(현종 2)		1869
	운전서원	1667(현종 8)	1727	1871
숙종	약봉서원	1688(숙종 14)	1707	1868

〈표 7〉에서 보면 가장 이른 시기에 창건된 서원은 죽수서원이다. 죽수서원은 도학정치의 이상을 구현하다 피화된 조광조를 추숭하기 위해 백운동서원이 건립 된 지 한 세대가(33년)지난 1570년(선조 3) 창건된 서원이다.

죽수서원은 화순군 한천면 모산리에 있는 서원으로, 전라남도 문화재자료 제130호로 지정되었다. 1570년(선조 3)에 지방유림의 공의로 조광조의 학문과 덕행을 추모하기 위해 창건하여 위패를 모셨다. 같은 해에 '죽수'라고 사액되었으며, 1630년(인조 8)에 양팽손이 추배되었다. 선현배향과 지방교육의 일익을 담당하여오던 중, 1868년(고종 5) 대원군의 서원철폐령으로 훼철되었다. 그 뒤 1971년부터 복원을 시작하였다. 서원의 경내는 중앙에 정면 3칸, 측면 2칸의 맞배지붕의 내삼문과 좌우로 둘러진 담장에 의해 제향구역과 강학구역으로 분리된 전학후묘의 형태를 갖추고 있다. 1989년 동재를 신축하고 1994년 외삼문 보수, 1997년 내삼문을 보수하였다.[32]

『죽수서원』지에 의하면 죽수서원의 임원은 구임원과 현임원으로 나뉘고, 원장은 1인으로 경향에서 지위와 덕이 높은 자를 천망하는 것으로 되어 있다. 이는 여타의 서원과 마찬가지 상황이다. 원이院貳와 진신장의縉紳掌議는 1인으로 각각 한사람으로 도내의 지위가 높고 덕이 높은 자를 추천한다. 유림장의는 1인으로 도, 군의 유림 중에서 학문과 덕행 및 신망이 있는 사람을 추천한다. 다음의 유림색장·강수재강장講修齋講長·접유사·장재는 모두 실질적으로 서원의 관리 및 운영을 담당하는 사람으로 서원이 위치한 마을에 거주하는 사람을 택하여 일을 맡긴다.[33]

한편 현임원은 원장, 도장의, 도색장, 장의, 색장이 각 1인이고, 별

---

32) 화순군, 『文化財圖錄』, 2006.
33) 화순군, 위의 책, pp. 43~44 참조.

유사別有司[34]를 2인 두었다.[35] 이 별유사는 사손祠孫이 그 직임을 맡고 다음과 같은 일을 담당하였다.

> 별유사는 장의掌議와 색장色掌이 재산의 수입 지출을 통지함에 따라 총괄하여 인식하고, 잉여분은 보관하고 부족하면 대차貸借하는 일을 한다.[36]

즉 별유사는 서원의 운영, 특히 재정분야를 관할한다. 예를 들어 필암서원의 경우는 1672년(현종 13)에 그리고 1908년(순종 2)부터 1911년(일제강점기)까지 별유사의 직임이 보이는데, 본손本孫이 담당하였다.[37] 그 밖의 서원에서는 서원이 양반사족의 공동이해를 위한 성격보다 후손들의 기구로 변하면서 후손들이 원임으로 취임하는 경우가 늘고 있다. 죽수서원의 경우 별유사의 임기는 무기한이고, 허물이 있으면 방손들이 의논하여 결정하는 것으로 되어 있다. 원장은 서원을 대표하는 직책일 뿐, 실무는 장의와 색장이 담당한다. 그들은 매달 거행하는 삭망분향朔望焚香에서 향사의식, 또 재산의 수입·지출을 담당하여 만3년의 임기가 끝났을 때, 근면하고 성실하다고 평가받으면 재임할 수 있었다.

『죽수서원지』에 보이는 「원의절院儀節」이란 서원에 등원한 유생들이 지켜야할 행동규범이다. 모두 11조목으로 전반의 4조목은 제향祭享에 관한 것이고, 나머지 8조목은 유림이 서원생활에서 지켜야할 내용이다. 그 중 교육활동과 관련 된 것을 살펴보면 다음과 같다.

---

34) 별유사는 본래 規例에는 없었지만, 傍孫 유림 중에서 청렴하고 공평하여 재산이 넉넉한 사람을 선정하여 아울러 일을 맡긴다.

35) 화순군, 위의 책, p. 47 참조.

36) 화순군, 위의 책, pp. 46~47 : 一, 別有司, 依掌色財産收支通知, 總爲認識, 剩餘則保管, 不足則借貸事.

37) 尹熙勉,『朝鮮時代 書院과 兩班』, 集文堂, 2004, p. 430 참조.

1) 서원의 임원들은 매달 삭분향朔焚香에 참여한다[38]

4) 유림은 물론이고 어른 아이라도 학문과 수행이 있는 사람은 모두 서원에 등원하여 첨알瞻謁의 예[39]를 행할 수 있다.[40]

5) 유림으로 서원에 등원한 사람은 단정한 용모로 반듯하게 앉아 강경講經하고 예의를 전습傳習하며 또 사문을 궁구하여 부흥시킨다.

10) 성현聖賢의 책이나 성리性理의 말씀이 아니면 서원 안에서 펼쳐 보아서는 안 되고, 다만 역사책의 반입은 허락한다.

11) 서책과 기구는 (서원)문 밖으로 가지고 나갈 수 없고, 술을 먹거나 이치에 어긋나는 말을 하면 문에 들어올 수 없고, 잡기雜技로 놀 수 없으며, 소란스럽게 행동해서는 안 된다.[41]

서원에서는 매달 초하루와 보름에 분향제를 거행하는데, 참석할 의무가 있는 사람을 규정하고 있다. 서원의 주요 구성원인 지역 유림은 물론이고, 유교적 교양을 갖고 실천하며 살아가는 사람이라면 향촌지역민 누구나가 삭망분향에 참석할 수 있도록 개방하고 있다.

이런 삭망분향은 지역사회에서의 유림의 존재감을 확인하고 나아가 지역민들에게 유교적 교양과 위의威儀를 보급하는 중요한 루트로 작용하였을 것이다.

---

38) 『죽수서원지』 乾册, p. 43. 院任, 每月朔焚香事. 『필암서원지』의 『원의절』에서는 이 조목에 "원임은 매달 삭망분향 때에 차례대로 들어가 참가하는데, 하루 전날 와서 재실에서 묵고 다음 날 새벽 분향한 후에 서원의 사무가 없으면 연이어 머물러 학생들의 비용을 낭비하지 않게 한다."고 덧붙여 원임들에 의한 과외 지출을 경계하고 있다.

39) 첨알의 예는 삭망분향에 참가하여 향을 올리는 것임.

40) 화순군, 위의 책, p. 44. 儒林勿論, 長幼儒學文修行者, 皆可入院瞻謁事.

41) 화순군, 앞의 책, pp. 44~45. 一, 儒林入院者, 整用危座, 講經傳習禮儀, 且究斯文興復事, 一, 非聖賢之書, 性理之說, 則不得彼閱于院中, 但史册則許入, 一, 書册器具不得出門, 被酒悖言不得入門, 雜技不得戱, 喧譁不得行.

서원은 제향공간 이전에 교육공간이었기 때문에 학생들에게 반듯한 자세로 강경하고 유학의 가르침을 실천하여 유학을 부흥시킬 것을 요구한다. 특히 유가의 경전이나 성리학이 교육의 중심내용을 이루고 있는데, 역사책 정도까지는 허용되었다. 이러한 규정은 율곡이 『은병정사학규隱屛精舍學規』에서 제시하고 있는 과거공부를 배척하고 성리학 위주의 공부를 강조하는 학규를 계승한 것이라고 할 수 있다.[42]

또 주목할 것은 서원 소장의 서책이나 기물을 외부로 반출하는 것을 엄금하고 있는 것이다. 이는 서원이 지역 사회에서도 도서관의 역할을 하였기 때문에 서원 관리자가 책임의식을 갖고 관리하게 하기 위한 조치라고 생각된다.

한편 제향에 참여하기 위해서 서원에 등원하였을 경우, 일반적으로 몇 일간 서원에서 머무는 경우가 있고 또 강학에 참가하는 사람들도 숙박하는 경우가 많다. 따라서 엄격한 규율을 정하여 지킬 것을 요구하였다. 의관을 정제하고 '구용九容'의 몸가짐과 '구사九思'의 마음가짐을 갖고 매사에 게으름을 피워서는 안 되었다. 또 말조심을 하도록 경계하는데, 공자가 괴력난신을 말하지 않았던 것을 모범삼고, 범씨范氏의 7계戒[43]를 존심存心할 것을 요구한다.

---

42) 박종배는 조선시대의 학규 중 이황의 『伊算書院院規』와 이이의 『隱屛精舍學規』가 이후 조선시대 서원의 모범이 되었다고 설명한다. 이황의 원규에는 경학을 근본으로 삼고 課業을 말단으로 삼았지만 과업을 완전히 금지하지 못하였던 것에 비하여, 이이의 학규는 서원에서의 과업을 철저히 금지한 排除論으로 설명하였다(「學規에 나타난 조선시대 서원교육의 이념과 실제」『한국학논총』 33, 국민대학교 한국학 연구소, pp. 46~48 참조).

43) 范氏七戒 : 1) 조정의 이해 및 변경의 위급한 소식(邊報)은 말하지 말 것. 2) 주현의 관원의 長短 得失은 말하지 말 것. 4) 벼슬살이(仕進)와 관직에 있을 때의 추종세력은 말하지 말 것. 5) 재산의 다소와 가난함을 싫어하고 부유함을 추구함을 말하지 말 것. 6) 장난과 태만을 업신여기고 여색을 평론하는 말을 말하지 말 것. 7) 인물을 찾거나 술과 밥을 찾는 말을 하지 말

　『원의절』에 제시된 위와 같은 규율은 대부분『소학』의 교육내용과 맥락을 함께한다. 여기서 우리는『소학』의 가르침을 서원생활 속에서 구현하려는 교육목표를 확인 할 수 있다.『원의절』의 항목들은 다른 서원지의 경우도 대동소이하다.『필암서원지』의 경우는 위와 같은 규율 외에 "소자少者는 무릇 거처함에 좋은 곳은 어른에게 미루어 사양하고 먼저 스스로 선택하여 독점에서는 안 되고, 어른이 출입할 때는 반드시 일어나 공경해야 한다"[44]는 조목을 첨가하여 서원 안에서의 위계질서를 중시하였다.

　이렇듯 각 서원은 그 지역사회의 특성과 참가자의 성향에 맞춘 내용을 서원지의 양식에 첨가하거나 생략하고 있다.

　조광조는 1519년(중종 14)에 일어난 기묘사화로 능성현에 유배되었다. 이때 사가독서를 함께 했던 양팽손도 관직을 삭탈당하고 고향인 능성현에서 지내고 있었다. 이에 두 사람은 자연히 만나 서로 의리를 다지게 되었다. 그러나 조광조가 유배된 지 한 달여 만에 사약을 받고 죽자, 양팽손은 몰래 시신을 거두어 화순 쌍봉사 골짜기에 장사를 지내고 마을에 초가집을 지어 제자들과 함께 제향하였다.

　그러다가 1568년(선조 1)에 조광조는 영의정으로 추증되었고[45] 이듬해 문정文正이라는 시호를 받았다.[46] 문정이라는 시호는 '도덕이 있고 학식이 넓으며 올바른 도리를 행한다'는 뜻이다. 이와 함께 조정에서는 조광조를 향사할 서원을 건립하기로 하고 지은 것이다.

　1613년(광해군 5)에 중수하였고, 1630년(인조 8) 유림들과 조정의 김장생 등이 뜻을 모아 양팽손도 추배하였다. 그러다가 1868년(고종

것(같은 책, p. 44 참조).

44)『필암서원지』天冊, 1975년, p. 5 : 少者凡居處必以好之地, 推讓於長者, 毋得先自擇占, 長者出入時, 必起敬事.

45)『宣祖實錄』권2, 선조원년 4월 丙申條.

46)『宣祖實錄』권2, 선조원년 4월 庚辰條.

5) 흥선대원군의 서원철폐령으로 헐려 겨우 단을 마련하여 제향하여 왔다. 1971년 제주양씨 후손들이 도곡면 월곡리에 죽수서원을 복원하였다. 1983년 다시 한양조씨 조국조趙國朝를 중심으로 한 후손들이 본래의 위치인 모산리에 복원을 추진, 월곡리의 건물을 이전 신축하여 현재의 모습을 갖추었다. 1989년에 동재를, 1994년에 관리사를 신축하였다. 향사일은 음력 2월과 8월 정중일丁中日이며, 진설시에 제품祭品은 4변籩[47] 4두豆[48]이다.

다음으로 설립된 곳이 도봉서원, 상현서원, 소현서원 등으로 어떤 일정한 법칙성을 찾을 수는 없다. 도봉서원은 현재의 서울, 상현서원은 평안북도 희천군에 있다. 이처럼 서울, 평안북도 등 어떤 이유에서 순차적으로 행해졌는지는 정확히 알기에는 많은 어려움이 따른다. 위 표에서 보듯이 선조대에 절반 가까이 되는 8개 서원이 창건되었으며, 광해군대부터 숙종대까지 9개 서원이 창건되었다는 사실 이외에는 특별한 것이 없다. 다만 선조 초에 집중적으로 창건된 것은 조광조가 복권된 시기와 연관이 있는 것으로 생각되어진다.

(3) 배향인물

배향인물을 통해 조광조 입향서원의 성격을 고찰해 보도록 하자. 조광조 입향서원과 배향인물과의 관계를 정리하면 〈표 8〉과 같다.

---

47) 변은 대나무로 만든 제기에 마른 제수를 담는 네 가지를 말함이며, 네 가지를 살펴보면, 一. 脯籩 : 肉脯로 쇠고기를 사용함. 一. 菱仁 : 마름. 은행으로 대용함. 一. 稻籩 : 벼. 쌀로 대용함. 一. 栗黃 : 겉껍질을 안 벗긴 밤을 사용함.

48) 나무로 만든 제기에 제수를 담는 네 가지를 말함이며, 네 가지를 살펴보면, 一. 粱簋 : 기장. 좁쌀로 대용함. 一. 韮菹 : 부추의 위·아래를 잘라 가운데를 묶어 사용함. 一. 醯豆 : 마른 소금을 사용함. 一. 菁菹 : 잎이 달린 무를 사용함.

<표 8> 조광조가 입향된 서원의 배향인물

번호	서원 명	배향인물	관계
1	죽수서원	조광조, 양팽손(2명)	양팽손, 동방급제
2	도봉서원	조광조, 송시열(2명)	송시열 후학
3	상현서원	김굉필, 조광조(2명)	
4	소현서원	주자, 조광조, 이황, 이이, 성혼, 김장생, 송시열(7명)	
5	경현서원	김굉필, 정여창, 조광조, 이언적, 이황, 기대승, 김성일(7명)	김성일, 나주나씨 건립주도
6	정원서원	주자, 조광조, 이황, 이이(4명)	
7	도동서원	주자, 조광조, 이황, 이이(4명)	
8	망덕서원	정몽주, 조광조, 김상헌, 조익, 민정중, 조상강, 조명정(7명)	
9	인산서원	김굉필, 정여창, 조광조, 이언적, 이황, 이지함. 기준, 홍가신, 이덕민, 박지성(10명)	기준, 기묘피화인
10	흥현서원	정몽주, 조광조, 이계손(3명)	
11	죽림서원	조광조, 이황, 이이, 성혼, 김장생, 송시열(6명)	
12	정퇴서원	조광조, 이황, 맹희도, 홍가신, 조상우, 강백년, 조이후, 이순신, 강봉수, 신현(10명)	
13	심곡서원	조광조, 양팽손(2명)	양팽손, 동방급제
14	봉강서원	주자, 조광조, 이황, 이이(4명)	
15	미원서원	조광조, 김식, 김육, 남언경, 이제신, 김창용, 박세호, 이원충, 남도진, 이항로, 김평묵 유중교(12명)	김식, 기묘피화인
16	운전서원	정몽주, 조광조, 이황, 성혼, 조헌, 이이, 송시열. 민정중(8명)	
17	약봉서원	조광조(1명)	미상

먼저 조광조와 관계된 서원의 성격과 인물들을 살펴보고, 나머지 서원과 인물들에 대한 것은 개괄적으로 살펴보겠다.

주목을 끄는 것은 죽수서원이다. 죽수서원은 조광조 사후 처음으

로 건립된 조광조 입향서원이라는 사실 이외에도 조광조와 함께 입향
된 양팽손도 주목해야하기 때문이다.

양팽손(1488~1545)은 조선 중기의 문신으로 1510년(중종 5) 조광조
와 함께 생원시에 합격했으며, 1516년 식년문과에 급제해 정언·수찬·
교리 등을 지냈다. 1519년 기묘사화가 일어나자 조광조·김정 등을 위
해 항소하다 삭직되어 고향인 전라도 능성현 쌍봉리에 학포당學圃堂
을 짓고 독서로 소일했다. 그는 사후에 1630년(인조 8) 죽수서원에 배
향되었다. 양팽손은 조광조의 신원을 끝까지 요구하였으며, 조광조가
유배되었을 때에도 함께 하였으며 조광조가 사사된 이후 그의 시신을
수습하였다. 이러한 인연으로 죽수서원에 추배된 것으로 보인다.

다음은 서울의 도봉서원이다. 도봉서원은 근기지역은 물론 전국에
서도 비교적 이른 시기에 건립, 사액된 서원으로 창건과정은 다음과
같다.

도봉서원은 1573년(선조 6) 양주목사로 부임한 남언경[49]이 주도하
여 경기도 양주목 도봉산하 영국사지寧國寺址에 사우를 건립하였다.
선조즉위 직후 권신계에 대한 공격이 가시적 성과를 거두던 상황에서
이이를 중심으로 하는 신진사류들은 을사사화 피화자에 대한 신원 복
권과 사화의 주동자에 대한 완전한 삭출[을사삭훈乙巳削勳]을 주장하며
정국의 주도권을 장악하였다. 서원이 건립되던 1573년 무렵은 구체제
의 청산이 가시화되어 사림의 정치가 본격적으로 도래하던 시기였
다.[50]

당시 서원 공역工役은 남언경과 함께 경외京外에 통문이 널리 발해

---

49) 남언경은 徐敬德의 門人으로 본관은 宜寧, 호는 東岡이다. 陽明學者로 李
滉과도 교유하였다.
50) 선조초년의 政局動向은 다음이 참조된다. 정만조,「선조초의 정계구성과 구
체제의 청산」『한국사』30, 국사편찬위원회, 1998, pp. 34~45 참조.

지는 등 전국사림의 차원에서 이루어졌다.[51] 공역을 주도한 인물들은 부제학 허엽을 위시하여 좌참찬 백인걸, 이조참판 박소립 등 조광조의 문인들이며, 1574년 완료하였다.

특히 부제학 허엽은 공역의 경비 조달을 위해 사문의 선후배 사류들에게 재정적인 부조를 권유하는 등 주요한 역할을 하였으며 원중院中 규령을 마련하여 체제를 정비하였다.[52] 이처럼 선조년간 건립된 도봉서원은 도성에서 가장 가까운 지역인 양주楊州에 위치하여 당시 사림의 정계 진출에 따른 상징물로서 경기 여타지역 서원 건립의 전례를 제시하였다.

서원의 공역이 진행되던 1574년 9월 당시 조정에 포진해 있던 수찬 김우옹金宇顒, 부제학 유희춘, 부교리 윤현尹晛 등이 근기사림의 여론을 대변하여 도봉서원의 사액을 청하였다.[53] 이들은 서원이 도성의 근처이며 첩설이 불가하다는 선조의 반대에 대해 중국의 서원이 수주數州에 다수 병설되었음을 들어 거듭 요청하여, 끝내 '도봉道峯'이라는 사액을 받았다.[54]

1579년 이이는 기문記文을 지어 도봉서원의 성격을 다음과 같이 말하였다

서원의 건립은 본래 사림의 장수藏修를 위한 것이며, 겸하여 선현의 덕을

---

51) 『光海君日記』 권87, 광해군 7년 2월 25일 壬寅條(광해군 7년 이이첨이 曺植書院의 건립 물력을 논하면서 도봉서원 건립시 경외에 回文한 사례를 들고 있는 것이 참고 된다).

52) 李珥, 『栗谷全書』 권13, 「道峯書院記」 己卯(宣祖 12), "… 院中規令 卽諸生 相興 稟定于副提學草堂許曄 是役也 斯文先後輩 咸助其費 而許公實主張焉."

53) 金宇顒, 『東岡集』 권6, 「玉堂請勿禁楊州書院疊設箚」, 甲戌.

54) 『宣祖實錄』 권8, 선조 7년 10월 辛亥條, 甲寅條

높이고 공로에 보답하는 예를 거행하기 위함이다. 따라서 반드시 향선생鄕先生으로 후학의 모범이 될 만한 이를 구하며, 사당祠堂을 세우고 공경을 다하여 많은 선비들이 현인이 되기를 바라는 뜻을 일으키게 할 것이다.… 만약 이와 같이 한다면 정암선생靜菴先生의 도학이 앞에서는 행해지지 않았지만 후대에 실행할 것이니 어찌 사문斯文이 다행이 아니겠는가?[55]

서원의 건립 목적은 사림의 장수를 통해 도학의 강명과 선현[정암선생靜菴先生]의 덕과 공로를 기리기 위함이라 하였다. 또한 이를 위해 훌륭한 사장師長[향선생鄕先生]을 두어 선현에 대한 존숭의 마음을 불러 일으켜야 한다고 하였다. 이렇게 하면 도봉서원은 조광조의 도학을 실행할 강학서원으로 그 역할을 기대 할 수 있다고 하였다.

도봉서원은 건립 때부터 중앙관인들의 관심 하에 공역의 경비를 조달하였으며 사액 후 국가로부터 막대한 전답을 사급賜給받음으로써 경제적 기반을 확충하였다. 도봉서원의 재정은 전래의 영국사寧國寺의 기반[56]과 함께 특별히 사급된 호남면세지 100여 결이 있었다.[57] 또한 임진왜란 후 동교東郊에 있는 오위갑사들의 목마장牧馬場이 폐지되자 이항복이 도봉서원에 이 목장을 주어 재원화하는 등 지원이 이어졌고[58] 조광조의 문인이나 사림들의 개인적인 부조[59]도 계속되어

---

55) 李珥, 『栗谷全書』 권13, 「道峯書院記」 己卯(宣祖 12).

56) 朝鮮時代 서원이 사원의 경제적 기반을 흡수하며 발전한 사례 제시는 다음을 참조. 李樹煥, 『朝鮮後期 書院研究』, 「제3장 書院과 寺院의 관계」, 일조각, 2001.

57) 『備邊司謄錄』, 第96册, 英祖 10月 12月 初1日, "書講入侍時 檢討官 金若魯 所啓 楊州道峯書院 卽先正臣趙光祖 俎豆之地 而創建已累百年矣 士林之 尊奉藏修 亞於太學 曾在祖宗朝 特賜湖南免稅百餘結 此出於尊賢重道之 聖意 書院以此支保矣."

58) 『顯宗改修實錄』 권6, 顯宗 2年 9月 丙申條. 이후 동교의 목장은 徐必遠의 상소로 禁軍에 소속되었으며 도봉서원에는 다른 토지를 주었다고 한다.

막대한 경제력을 소유하였다.

도봉서원은 이후 경향 사림의 내방처이자 경중자제들의 강학 장수처로 운영되었다. 서원의 춘추 향사와 함께 이이가 천명한 강학서원으로서의 위상은 당대의 명사들과 그들 자제의 행적에서 잘 드러난다. 거경자제들의 독서처로서 역할은 1582년(선조 15) 월사月沙 이정구가 젊은 나이에 도봉서원에 들어가 독서하였다는 것[60]과, 1636년(인조 14) 제주祭酒 이식李植이 자제와 제생들에게 도봉서원에 들어가 학업 하도록 권유한 사실에서 알 수 있다.[61] 병란 후 도봉서원은 그 피해를 복구하여[62] 경중자제들의 교유처로서 그 기능을 유지하였다.

도봉서원은 사림 진출의 초기에 건립되었고 도성의 인근이라는 상징성과 조광조의 도학을 기리는 제향처였기에 당대 명사들이 내방하였다. 서원 건립을 주도하였던 남언경과 김우옹은 각기 화담과 남명의 문인이었으며,[63] 퇴계의 고제高弟인 김부윤金富倫·이덕홍李德弘·조목趙穆 등도 서원을 방문하여 시를 남겼다.[64]

---

59) 『宣祖實錄』 권13, 선조 12년 9월 甲辰條. 白仁傑 卒記. 조광조의 문인인 백인걸은 도봉서원 건립이후 녹봉과 마초 값을 모두 서원에 기증하였다.

60) 1582년(宣祖 15, 壬午)秋 余興鄭時晦讀書寧國書院 仍遊道峯水落山(李廷龜, 『月沙集』 卷83, 「遊道峯書院記」) 또한 이때 枕流堂 東樓가 新建되었음이 확인된다(… 倦歸坐枕流堂 東樓 樓卽舊無而今增 …).

61) 李植, 『澤堂集』 別集 卷14, 「贈安進士具秀才兩甥及阿冕入道峯書院讀書」 (仁祖 14年).

62) 李景奭, 『白軒集』 권15, 「道峯書院尊經閣上樑文」, 같은책, 「道峯書院講堂重建上樑文」.

63) 서경덕 계열인 朴淳의 문인 劉希慶은 도봉서원 인근에 우거하면서 講學하였다(行狀). 그는 도봉서원에 자주 왕래하면서 "誓借東齋宿 殘燈夜二更 雲深祠宇靜 水達石欄鳴"의 시를 남겼다(劉希慶, 『村隱集』 권1, 「宿道峯書院」)

64) 金富倫, 『雪月堂集』 권2, 「興嚴榮伯 鄭景廉 嚴榮仲 尋道峯書院 馬上口占」 및 李德弘, 『艮齋集』 권2, 「興趙月川遊道峯書院 歸路 踏靑於東郭門外 以

경중자제나 성균관 거재유생居齋儒生의 독서·교유처로 운영하였던 도봉서원은 이후 광해군대 대북에 대항하는 서인·남인세력이 중심지였다. 1611년(광해군 3) 정인홍의 회퇴변척晦退辨斥 상소上疏로 본격화한 대북세력의 학통 강화 시도를 공박하며 성균관 유생들은 정인홍을 「청금록靑衿錄」에서 삭제하였다. 동부승지 김상헌·지성균관사 이정구·좌의정 이항복 등이 이에 동조하였다.[65] 또한 도봉서원에 대항하는 대북계 서원을 1615년(광해군 7) 도성의 근처인 삼각산 백운봉 아래에 건립(조식曺植을 제향)하고 '백운白雲'이라 사액까지 내렸지만, 도봉서원은 대북에 대립하는 경중 사류의 거점 역할을 계속하였다.

광해군대 대북세력에 의한 근기지역 서원 건립 시도는 이후 서원의 정치화를 촉발시켰다. 인조반정이후 백운서원은 훼철되지만, 사림정치의 전개과정에서 서원은 붕당의 정치 기반으로 자리하였다. 특히 도봉서원은 도성의 인근이라는 지역적 특성으로 인해 인조대 이후 집권 서인계의 대표적 서원으로 부상하였다.

이 무렵 서인계 명사로서 서원에 왕래한 인물은 이항복·이정구·성여학成汝學·이식李植·신익성申翊聖·이경석李景奭·이소한李昭漢·송시열·박장원朴長遠·이건李健·이단상李端相·남용익南龍翼 등으로 기문을 찬하거나 시를 읊어 자취를 남겼다. 또한 도봉산 인근에 그들의 별서別墅나 강사講舍를 두어 독서하면서 제생들과 서원의 향사에 참여하거나 운영에 관여하였다.[66] 이 같은 교유인사의 광범위함과 위상은 다음 글에서 잘 드러난다.

近體一篇記其事 次得四首丙戌(宣祖 19, 1586)」.

65) 『光海君日記』 권40, 3年 4月 丁丑, 乙卯, 癸未條.

66) 도봉서원 인근에 寓居地난 別墅에서 제생들과 강론하며 서원의 향사에 참여한 사례는 다음은 논문 참조. 鄭萬祚, 『朝鮮中期後 京畿北部地域의 士族變遷과 集成村의 發達』 『北岳史論』 8, 2001, pp. 364~370.

도봉道峯은 옛날 영국사 유지遺址가 있던 곳이다. 봉만峯巒이 빼어나고 수석이 깨끗하여 기내畿內 제일의 명구名區로 일컬어졌다. 만역萬曆 계유년癸酉年에 사실이 창건되어 마침내 서울 동교東郊의 대유원大儒院이 되었다. 그 사체와 규모가 성균관에 버금가므로 낙중洛中의 선비들이 여기에 많이 모여들었다.[67]

도봉서원의 조직은 서인계 서원의 원장, 장의, 유사有司체제를 골격으로 하였으며 부원장을 두었다.[68] 운영을 살필 수 있는 원규는 숙종대 권상하가 원유院儒들에게 10여조의 원규에 자문한 것이 있다. 백록동규를 근간으로 하는 원규는 세목細目을 검토한 것으로 태학太學의 조직과 비교하여 논하였다.[69]

도봉서원은 사림의 집권이 시작되었음을 알리는 상징물이었다. 조광조의 개혁이 무산되고 기묘사화로 인해 사사된 데에는 당시 정치상황이 자리하고 있었다. 주지하는 바와 같이 조선 건국은 국가 이념면에서도 많은 변화를 초래 하였다. 즉, 고려시대에 정치이념으로 자리한 호국 불교는 조선의 건국과 함께 고려 말에 전래된 성리학으로 대체되었다.

조선 초의 성리학은 형이상학적인 철학보다는 문물제도를 정비하고 왕권을 강화하는 등 현실적 당면 과제를 해결하는 실효성 있는 학문으로서 자리하였다. 따라서 조선은 여말선초의 성리학자 중에서 유교적 이상주의를 바탕으로 점진적 개혁을 주장하는 포은 정몽주 계열

---

67) 權尙夏, 『寒水齋集』 권22, 「昭曠亭記」.

68) 權尙夏, 『寒水齋集』 권20, 答辯(戊寅 8月, 肅宗 24). 道峯自前有副院長. 西人系書院의 구성에 대하여는 다음이 참조된다(이수환, 앞의 책 제4장 書院의 人的構成과 運營).

69) 權尙夏, 『寒水齋集』 권19, 『答道峯院規』, 『再答道峯院規』, 같은 책, 권20, 『答辯』.

보다 전면적인 제도 개혁을 주장하는 삼봉三峰 정도전 계열의 사림들을 수용하여 건국의 기틀을 마련하기에 이르렀다. 더욱이 태종·세조대 왕권 강화 과정을 거치면서 정치·경제 등 사회 전반에 걸쳐 일정한 궤도에 오르게 됨에 따라,[70] 이미 다져진 국기를 더욱 공고히 할 지배이념으로서 성리학을 요청하게 되었다.

이러한 시대적 요청에 따라 성종대에는 점필재 김종직을 비롯한 성리학자들이 중앙 정계에 등장하게 되었다.[71] 이들 성리학자들의 등장은 공신집단을 중심으로 하는 훈구세력의 정치적 부패에 대항하면서 15세기 이후 정치 판도를 바꾸면서 사림이라는 새로운 정치세력을 형성하기에 이르렀다.[72] 다른 지역에 비해 경제적 기반이 튼튼했던 영남을 중심으로 한 사림들이 중앙정치 무대에 적극 참여하면서 사림 정치가 등장하게 되었다.[73]

성종대 김종직을 영수로 사제 관계나, 지연·혈연 등으로 맺어진

---

70) 이는 고려시대와는 달리 鮮初에는 왕권강화와 함께 태조~세조 기간 동안 8차례에 걸쳐 배출된 공신집단이 議政府와 六曹에 대거 포진하여 이를 중심으로 정치를 운영하는 체제가 이루어졌다.

71) 김종직이 성균관 등 공적인 교육활동이나 현직관료로서 행한 여러 가지 성과를 토대로 그의 문인과 金宏弼·鄭汝昌의 師友 등 사림들이 문과에 급제하기 시작한 것은 1474년(성종 5년)경부터였지만, 그 수가 급격하게 증가한 것은 이들이 문과 급제, 중앙관료 진출, 언관 직에 대거 진출하면서 '吾黨' 또는 '慶尙先輩黨'으로 불리면서 공동체의식을 인정받기 시작한 1485년(성종 16년)부터이다. 이에 대해서는 李秉烋『朝鮮前期畿湖士林派研究』, 일조각, 1984, pp. 7~10; 앞의 책, 1999, pp. 56~57 참조.

72) 士林이란 용어는 여말선초부터 사용되기 시작하였지만, 특히 戊午·甲子士禍를 체험한 中宗朝에 집중적으로 사용되었다. 李秉烋, 위의 책, 1999, p. 10 참조.

73) 사림정치와 조선전기 정치에 대해서는 鄭杜熙, 『朝鮮初期政治支配勢力研究』, 일조각, 1983; 李樹健, 『韓國社會史研究』, 지식산업사, 1968; 이병휴, 『朝鮮後期 士林派의 現實認識과 對應』, 일조각, 1999 등 참조.

영남 중심의 사림세력은,[74] 연산군의 비정[75]을 비판하고 반정을 통해[76] 연산군을 폐하고 중종을 즉위시켰다. 중종반정은 왕권을 중심으로 하는 종전의 정치운영 방식에서 탈피하여 반정의 주도세력인 신권臣權의 강화를 의미하는 것이었다.

이에 따라 중종 이후에는 삼사를 중심으로 사림을 대변하는 언관의 언론이 강화됨으로써[77] 정치운영 방식 또한 사림세력의 공론을 바탕으로 하는 군신공치君臣共治의 형식으로 바뀌게 되었다. 이로써 사

---

74) 『東儒師友錄』에 따르면, 성종·연산군대의 사림들은 김종직의 문인 65인, 김굉필의 사우·문인 41인, 정여창의 사우·문인 47인 등 105인으로 집계되는데, 그 중 영남지방 출신의 사림들은 약 49% 정도를 차지한다. 이들 영남지방 사림파들은 주로 經學 중심의 '修己之學'을 강조하는 학문적 경향을 지닌다고 할 수 있다. 이에 대해서는 이병휴, 위의 책, 1999, pp.99~100 〈표1〉 성종·연산군 대 영남사림파의 구성 참조.

75) 연산군에 대한 최근 연구로는 權延雄, 「燕山君朝의 經筵과 士禍」『구곡 황종동교수 정년기념 사학논총』, 1994 ; 張學根, 「燕山君의 災異論에 대한 認識變化－君權·言權 논쟁을 중심으로－」『경남사학』7, 1995 ; 張熙興, 「燕山君代 宦官政策과 內侍府의 位相強化」『경주사학』21, 2002 ; 金範, 「朝鮮 燕山君대의 王權과 政局運營」『대동문화연구』53, 2006 등 참조.

76) 중종반정을 일으킨 중심인물은 朴元宗·成希顔·柳順汀 등으로 이 시기에는 117명에 달하는 靖國功臣을 배출하였다. 특히 중종조에 활동했던 사림들은 무오·갑자사화 등 두 차례에 걸친 사화에서 주로 희생되었던 김굉필·정여창 등의 문인들로서 李希曾을 제외하고는 조광조·김안국 등 畿湖지방(서울·경기·호남) 출신이었다. 이에 대해서는 이병휴, 위의 책, 1999, pp. 20~21 참조.

77) 언관언론은 조광조가 언관에 진출한 1514(중종 9년)이후 두드러지게 되었고, 이들은 주로 김굉필과 정여창의 문인으로서 銓郎職에 포진하여 자파를 형성하였다. 또한 현량과로 대표되는 薦擧制를 통해 지방에 산재해 있는 '遺逸'이나 성균관 유생들을 선발하였다. 金宇基, 「朝鮮前期 士林의 銓郎職 進出과 그 役割」『大邱史學』29, 1986; 이병휴, 「현량과 연구－ 士類의 진퇴 및 그 배경과 관련하여」『啓明史學』1, 1976; 최이돈, 「16세기 사림파의 천거제 강화운동」『韓國學報』54, 1989 등 참조.

림들은 학통이나 지연적 결합을 통해 공동체 의식을 강화하여 각 지역에서 공론을 형성하는 한편, 언관에 진출하여 왕권을 중심으로 하는 훈구세력을 견제하는 이른바 사림정치[78]가 본격적으로 열리게 되었다. 조광조는 바로 사림정치를 대변하는 중심인물이었다.

조광조는 정치이념으로 성리학적 도덕정치에 바탕을 둔 성학군주론[79]을 강조하고 이를 위해 지치주의운동을 통해 왕도정치를 실천할 것을 주장하였다. 이처럼 유교적 왕도정치 실현을 이상으로 삼는 조광조의 군신공치의 정치이념은 결국 왕권강화를 주장하는 훈구세력들과의 갈등을 초래함으로써 1519년(중종 14) 기묘사화를[80] 초래하게 되었다. 이 과정에서 조광조와 그를 따르던 사림들이 희생되었다.

---

78) '사림정치'는 정치운영 방식에서도 언관언론을 중심으로 하는 사림이 왕권을 견제하는 운영으로 바뀐 것을 의미한다. 즉 군주·의정부·육조를 중심으로 하는 종전의 정치운영체제에서 사림의 공론을 대변하는 삼사·銓曹중심의 '君臣共治'체제로의 변화를 뜻한다. 이러한 사림정치는 이후 사림 세력 간의 상호 견제와 비판으로 발전하였다. 이를 '朋黨政治'라고 칭하는데, 이런 점에서 학계에서는 '사림정치'기와 '붕당정치'기를 구분하기도 한다.

79) 성학군주론은 晦齋 李彦迪이 본격적으로 제기한 이래, 16세기에는 栗谷 李珥(1536~1584)와 退溪 李滉의 성학군주론으로 자리하게 되었다. 이언적에 대해서는 『李晦齋의 思想과 그 世界』, 성균관대 대동문화연구원, 1992, 참조.

80) 기묘사화는 위훈삭제가 시행 된지 4일 뒤에 중종의 밀명을 받은 훈구파인 洪景舟·南袞·沈貞 등이 담합하여 중종 14년 11월에 정암을 나포하면서 일어나게 되었다. 이 사화로 정암은 사사되고, 金絿·金淨·金湜은 絕島安置, 尹自任·奇遵·朴世熹 등은 極邊安置에, 鄭光弼·李長坤·金安國 등은 파직되었다. 기묘사화의 직접적인 원인은 훈구파의 이익과 직접 관련 되어 있는 僞勳削除와 소격서 혁파 등 舊習·舊制의 과감한 개혁을 통해 새로운 통치질서를 수립하려는 급진성 때문이었다. 이에 비해 당시 김안국 등은 향촌교화·향약실시 등 문화적 풍토와 기반 조성에 중점을 두는 점진적인 개혁을 주장함으로써 비교적 온건성을 띠고 있었다. 이병휴, 앞의 책, 1999, p. 65 참조.

기묘사화때 희생된 사림들에 대해서는 이후 각지의 사림과 향촌 유생들이 이른바 기묘명현에 대한 신원과 소통을 주장하는 상소를 올렸다.[81] 이를 계기로 영남지방과 기호지방을 중심으로 향촌 유생층의 세력 기반이 더욱 확장되기에 이르렀다. 이에 따라 기묘명현 소통 문제는 중종 후반기의 중요 정치현안으로 대두되었다. 특히 삼사를 중심으로 하는 언관언론 이외에도 향촌 유생층이 공론을 형성하는 주요 세력이라는 인식이 조정 내외에 확산되면서 이들의 정치참여가 용인되기 시작하였다.

더욱이 명종대에는 문정왕후의 죽음을 기화로 권신들이 전권을 휘두르면서 초래한 폐정에 대해,[82] 이를 시정하자는 향촌 유생들의 비판과 문제제기가 적극 반영되기 시작하였다. 이 때문에 중앙정계에 진출하지 않은 향촌 유생층, 즉 재지 사족들도 공론을 형성함으로써 중외中外언론도 현실적인 주요 공론이라는 인식이 널리 수용되었다.

그러나 1592년(선조 20) 임진왜란을 계기로 일어난 유생들의 의병 참여와 전후 수습과 관련하여 정치체제의 재편이[83] 이루어지는 가운

---

81) 기묘사화의 피화인, 특히 정암에 대한 伸冤과 복권운동은 권신 김안로가 물러난 1545년(仁宗 1) 대간 朴光佑·郭珣 등에 의해 제기된 이래 明宗代에 절정에 달했다. 여기에는 성리학이『朱子家禮』의 실천적 차원에서만 머물러 있는 것이 아니라 四書類와『朱子大全』등의 간행과 보급을 통해 보다 심층적 차원의 經書 이해체계가 사림과 유생들에게 널리 보급됨으로써 특히 서원건립과 함께 학통과 지연을 연계한 이념공동체를 형성하고자 했기 때문이다. 宣祖 즉위년에 정암과 을사사화 피화인에 대한 시원과 복직 조치는 이병휴, 앞의 책, 1999, p. 86 〈표1〉; pp. 83~84 참조.

82) 명종은 인종의 이복동생으로 왕위 등극은 문정왕후의 밀지를 받은 척신 尹元衡과 李芑 등에 의해 이루졌다. 이들은 명종을 보위한다는 명분으로 을사사화를 일으킴으로써 尹任과 柳仁淑·柳灌 등 사림세력을 제거하였다. 이후 정국은 이기 등 28명의 衛社功臣을 중심으로 운영되었다.

83) 군사업무와 행정업무를 관장하는 備邊司를 설치함으로써, 군주·의정부·육조의 체제가 붕괴되었다.

데 붕당화 된 정치세력의 갈등은 더욱 첨예화 되었다. 선조 후반기의
정국은 남인과 북인, 북인 내에서도 대·소북, 대북 내의 육·골북 등
붕당 간의 갈등이 심화되었다.

이처럼 언관언론을 주도하는 사림과 중외언론을 주도하는 향촌 유
생층 간의 다양한 정치세력화는 16세기 말 이래 장차 붕당정치로 표
출되기 시작하였고, 이들 정치세력 간에는 학통과 이념, 정치 현안문
제를 둘러싸고 갈등과 대립이 더욱 노골화 되었다.

특히 선조 즉위 초부터 기묘·을사사화 피화인에 대한 신원운동이
본격화되었다. 을사사화에서 희생된 피화인 중 백인걸·유희춘·노수
신 등이 복권되어 홍문관 등 언관의 고위직에 진출하게 되었다. 조광
조에 대한 신원 논의도 선조 즉위년에 당시 집의 기대승이 제기한 이
래 본격화되어, 정여창·김굉필·조광조로 이어지는 학문적 정통성과
개혁의 실상을 강조하는 신원운동이 전개되었다.[84]

이처럼 유소儒疏[85]를 통한 신원운동은 1570년(선조 3) 5월 이후에
는 조광조에 대한 신원운동을 적극적으로 전개되었다. 1578년에는 병

---

84) 1568년(선조 1년) 4월 태학 유생들이 대궐에 나가 김굉필·정여창·조광조·이
  언적 등 4賢에 대한 문묘종사를 청원하였고, 1570(선조 3년)에는 관학 유생
  들이 이들의 문묘종사를 청원하자, 선조는 이를 불허하는 대신 조광조에게
  시호를 내렸다. 설석규,『朝鮮時代 儒生上疏와 公論政治』, 도서출판 선인,
  2002, p. 144 참조.

85) 조선시대 儒疏는 諫諍疏·彈劾疏·論事疏·時務疏·請願疏·辨誣疏 등으로
  대별할 수 있는데, 문묘종사와 원우의 追·配享운동이 주요 내용인 청원소
  가 가장 큰 비중(전체 유소의 약 42%)을 차지하였다. 이는 유생이 문묘종사
  와 원우의 추·배향을 통해 유교체제의 강화를 위한 기반을 향촌에까지 확
  산함과 동시에 학통강화 운동을 표방한 정치세력의 명분과 사회적 기반을
  확보하는데 집중하고 있음을 알 수 있다. 즉 향촌 유생들은 이를 통해 정치
  적 목적을 달성하기 위한 전위 세력을 형성하였음을 의미 한다고 하겠다.
  이에 대해서는 薛錫圭, 위의 책, p. 76 참조.

조참판 백인걸을 중심으로 조광조의 문묘종사 운동이 전개되었다.[86] 이러한 유생들의 문묘종사 운동은 이황이 죽은 후 그를 포함한 5현의 문묘종사 운동으로 전개되었고, 이 과정에서 향촌 유생들은 서원건립[87]과 사우건립을 강력하게 주장하였다.[88]

특히 16세기 후반부터는 향촌 유생들의 공론이 언관의 공론과 대등하게 성장했을 뿐 아니라 문묘종사와 서원·사우건립 및 추·배향운동을 통해 자파세력을 결집함으로써 서원이 향촌 유생들의 주요 거점이 되었음을 의미한다고 하겠다.[89] 유생 층의 문묘종사 운동은 17세기가 시작되는 광해군 즉위 초에는 절정에 달했다.

즉 1608년(광해군 즉위년) 7월에 경상도 유생 이전李瑊 등의 상소를[90] 시작으로 경상도를 비롯한 강원·전라·황해·충청·평안도의 관학

---

86) 문묘종사운동은 기묘·을사사화의 피화인을 중심으로 전개되었는데, 특히 기묘사화의 희생자인 정암에 대한 신원운동을 시작으로 16세기 말 선조 초년에는 을사사화의 피화인에 대한 신원운동과 종사운동도 함께 이루어졌다. 특히 조선 유생의 문묘종사운동에 대해서는 설석규, 「朝鮮時代 儒生의 文廟從祀運動과 그 性格」『朝鮮史研究』3, 伏現朝鮮史研究會, 1994, 참조.

87) 서원건립은 중종38년(1543) 백운동서원을 효시로 명종대에는 18개소, 선조대에는 50개소가 건립되었다. 이 중 21개소가 당대에 사액을 받는 등 활성화되었다. 이들 서원은 사림 결집의 구심점이자 교육과 강학의 장소였다. 따라서 서원은 16세기 말 이래 지방을 중심으로 中外 언론층인 향촌 유생들의 공론 근거 역할을 담당하였다. 이에 대해서는 李泰鎭, 「士林과 書院」『韓國史』12, 국사편찬위원회, 1981(이태진,『朝鮮儒教社會史論』, 지식산업사, 1989, pp.175~209 所收) : 鄭萬祚, 「朝鮮書院의 成立過程」『韓國史論』8, 국사편찬위원회, 1980 참조.

88) 사림과 유생의 문묘종사 운동은 자파의 도통확립과 관학 및 향교 주도권을 장악할 수 있음을 의미한다면, 원우건립운동과 추·배향운동은 향촌 유생층 등 자파의 사회적 기반을 확대할 수 있는 길이라고 하겠다. 특히 원우건립운동은 노론세력이 송시열의 추·배향운동을 전개하면서 때로는 향촌 내부의 갈등인 향전으로 전개되기도 하였다. 설석규, 앞의 책, p. 87 참조.

89) 설석규, 앞의 책, p. 145 참조.

과 향촌 유생들이 기묘명현을 비롯한 오현을 문묘에 종사하자는 상소
가 쇄도하였다.[91] 1610년 성균관 생원 이지굉李志宏 등이 전후 7차례
에 걸쳐 연명으로 상소하자[92] 광해군은 그해 7월 마침내 오현의 문묘
종사를 허용하였다.[93] 이 과정에서 도봉서원의 건립과 조광조의 입향
을 주청하는 상소는 1568년(선조 1) 여름부터 성균관과 유생 층에 의
해 수차례에 걸쳐 제기되었다. 이들은 4현 즉, 김굉필·정여창·조광
조·이언적의 문묘종사 운동을 전개 하였다. 병조참판 백인걸은 조광
조의 문묘종사를 강력하게 주장하였다.[94]

이와 같이 사림들의 조광조의 신원운동 과정에서 1573년 남언경이
도봉서원을 건립하였다. 도봉서원의 창건은 남언경의 발의로 시작되
었지만, 조광조의 배향을 중심으로 하는 도봉서원의 창건과정은 당시
사림들의 공론을 배경으로 전국 차원에서 이루어졌음을 알 수 있다.

따라서 도봉서원의 창건과 조광조의 입향은 훈구세력을 중심으로
하는 종전의 권력중심이 사림으로 이동했을 뿐 아니라, 사림의 집권
이 본격적으로 시작되었음을 알리는 하나의 상징물이라 하겠다. 또한
1608년(광해군 즉위년) 도봉서원의 복원은 당시 집권세력인 대북파[95]

---

90) 『光海君日記』 권4, 즉위년, 7월 丙戌條.

91) 『광해군일기』 권6, 즉위년, 7월 庚戌; 『광해군일기』 권7, 즉위년 8월 戊辰條;
　　『광해군일기』 권7, 즉위년 8월 戊寅條; 『광해군일기』 권7, 즉위년 8월 壬午
　　條 등.

92) 『光海君日記』 권28, 2년 4월 乙亥條; 같은 책, 권28, 2년 4월 庚子條; 같은
　　책 권28, 2년 4월 辛丑條; 같은 책 권28, 2년 4월 壬寅條; 같은 책 권28, 2년
　　4월 癸卯條; 같은 책 권28, 2년 4월 甲辰條; 같은 책 권29, 5월 乙巳條.

93) 『光海君日記』 권31, 2년 7월 己未條.

94) 金墩, 「宣祖대 儒生層의 公論形成과 朋黨化」 『朝鮮前期 君臣關係 硏究』,
　　서울대 출판부, 2007, p.304.

95) 당시 鄭仁弘을 중심으로 하는 대북파는 1615년(광해군 7) 삼각산 백운봉 아
　　래 南冥 曺植(1501~1572)을 제향하는 백운서원을 창건함으로써 서인세력을

에 대립하는 서인세력과 일부 남인세력의 거점으로서 근기지역 서원 건립의 전례를 제시하며 낙중인사洛中人事와 자제들의 장수 및 교유처로 그 위상을 정립하였다. 조광조로 대표되는 사림들의 주요한 교유처로서 도봉서원의 정신과 이념은 그 이후에도 조광조를 추숭하는 사림들에게 면면히 계승되었다. 이후 120여 년이 지나 송시열의 입향을 둘러싼 논쟁 끝에 노론세력에 의해 송시열이 병향並享[96]되었다.

이러한 논쟁은 도봉서원의 송시열 입향을 둘러싸고 권상하權尙夏를 중심으로 정통론을 확립하려는 병향 시도와 이에 반발하였던 남인, 소론의 갈등은 첨예하게 대립하였다. 이러한 논쟁의 여파는 소론 내의 분기와 나아가 노론세력 내의 정파분립政派分立의 단초를 제공하였다는 점에서 그 정치적 의미를 주목할 수 있다.

송시열의 행적을 살펴보면, 송시열은 조선 후기의 학자·명신으로 본관은 은진銀津, 자는 영보英甫, 호는 우암尤庵·화양동주華陽洞主, 시호는 문정文正이다. 갑조甲祚의 아들이며 사계 김장생과 신독재 김집으로부터 사사받았다. 27세에 생원시에 장원으로 합격하고 1635년(인조 13)에는 봉림대군의 사부가 되어 훗날 효종과 깊은 유대를 맺는 계기가 되었다. 병자호란 이후에는 일체의 관직을 사양하고 향리에 낙향하여 10여 년간 학문에만 몰두하던 중 1649년에 효종이 즉위하자 기용되어 북벌 계획의 핵심 인물이 되었다. 이후 송시열의 정치 생활은 북벌과 예송에 관련하여 부침을 계속하였다.

조정에 나아가기보다는 향리에 은거한 기간이 대부분이었으나 서인의 거두로, 혹은 노론의 영수로 막대한 정치적 영향을 행사하였다.

비롯한 남인의 거점인 도봉서원에 대항하였다.

96) 우암의 도봉서원 入享을 둘러싸고 일어난 노론과 소론간의 논쟁은 정암에 대한 우암의 位次와 관련하여 정암과 동등한 학통을 인정하려는 노론의 並享論과 이에 반대하는 소론의 配享論으로 나눌 수 있다.

1689년(숙종 15년)의 기사환국으로 서인이 축출되고 남인이 재집권하면서 유배와 사약을 받은 이후, 송시열의 행적에 대해서는 당파간의 칭송과 비방이 무성하였다. 그러나 1716년의 병신처분과 1744년(영조 20)의 문묘배향으로 그의 학문적 권위와 정치적 정당성은 공인되었고 영·정조대에 노론의 일당전제가 이루어지면서 그의 역사적 지위는 더욱 견고하게 확립되고 존중되었다.

송시열의 서원 제향은 1694년 갑술환국으로 서인이 다시 정권을 잡자 대대적으로 추진되어 청주의 화양서원을 비롯, 수원의 매곡서원, 영동의 초강서원, 제주의 귤림서원, 강릉의 오봉서원, 경주의 인산서원 등 전국적으로 약 70여개 소에 이르며, 이중 사액 서원만도 37개소가 된다. 저서로는 『송자대전』·『우암집』·『송서습유』·『주자대전차의』·『정서분류程書分類』·『주자어류소분』·『논맹문의통고論孟問義通攷』·『심경석의』·『사계선생행장』 등이 있다.

다음은 경현서원의 경우이다. 경현서원은 전라남도 나주시 노안면 영평리에 있는 서원으로 1584년(선조 17)에 건립된 이 지역 최초의 서원이었다. 1584년 지방유림이 김굉필의 학문과 덕행을 추모하기 위해 금성산 아래(현재 나주시 경현동)에 사당을 창건하여 위패를 모셨다.

경현서원의 건립은 당시 목사였던 김성일과 나주 나씨 가문의 주도로 이루어졌다. 김성일이 나주목사로 부임해 온 이듬해인 1584년 봄에 이곳 사람인 나덕준羅德峻·나덕윤羅德潤과 함께 성城의 서쪽 5리에 있는 대곡동大谷洞에 서원을 건립하였다.

정유재란 때 소실되었다가 1608년(광해군 원년)에 당시 목사로 와 있던 목장흠睦長欽과 지방유림들이 합력하여 중건하였으며, 이듬해인 1609년에 유생 시서市西 김선金璇 등의 상소로 '경현景賢'이라고 사액되었다.[97] 그 뒤 1693년(숙종 19)에는 유학 오달주吳達周 등의 상소로 기

---

97) 『景賢書院誌』 권1, 「五賢書院請額疏」, 경현서원지 편집위원회, 1983.

대승과 김성일을 추가 배향하여 모두 7위를 모시게 되었다.[98] 선현배
향과 지방교육의 일익을 담당하여 오던 중 대원군의 서원철폐령으로
1868년(고종 5)에 훼철되었다가, 1977년 전라남도 유림이 이곳에 복원
하였다.

여기서 주목해야 할 부분은 김성일의 입향이다. 김성일은 남인계
사람으로 이황의 문인이다. 그런데 어떻게 입향되었을까. 이것은 서
원 건립과 틈나는 대로 서원에 가서 재생들과 강론하고 성적을 매기
기도 하는 등 서원 발전의 공적功績이 인정되어 경현서원이 창건된
후 109여 년 만에 추배되었던 것으로 보인다.

마지막으로 심곡서원에 대해 살펴보자. 심곡서원은 조광조의 선영
과 조광조 자신이 묻힌 곳에 있는 서원으로 1972년 5월 4일 경기도 유
형문화재 제7호로 지정되었다. 1650년(효종 1) 조광조의 학덕과 충절
을 추모하기 위해 지방 유림의 공론에 의거, 조광조가 사사된 지 131
년 만에 창건되었다. 같은 해 '심곡深谷'이라는 사액을 받았다. 서원
건립이 논의되기 시작한 것은 조광조가 기묘사화에 연루되어 사사된
이후의 일이었다. 하지만 서원을 건립할 만큼 재정이 충분하지 못하
여 뜻을 이루지 못하고, 정몽주를 제향한 용인시 모현면慕賢面 능원리
의 충렬서원忠烈書院에 입향 하였다. 이후 조광조가 부친을 장례한 후
여막을 짓고 시묘살이를 하던 곳에 심곡서원이 창건되면서 위패를 옮
겨왔으며, 1958년 양팽손을 추가 제향 하였다.[99]

경내는 양팽손의 위패가 봉안되어 있는 사우·강당인 일소당, 재실
의 역할을 하는 치사재治事齋, 장서각·내삼문·외삼문·홍살문 등으로

---

98) 『書院謄錄』, 民昌文化社, 1990. 肅宗 19년 癸酉 11월 16일 이후 어떤 때인지
　　는 알 수 없으나 高峯 奇大升(1527~1572)을 추향하여 현재 7인을 모시고
　　있다.

99) 용인문화원, 『용인시 문화재 총람』, 2007.

구성되어 있다. 사우는 지붕의 좌우에 방풍판을 단 겹처마로 정면 3 칸, 측면 1.5칸이며, 장서각은 사우와 같이 정면 3칸, 측면 1.5칸이다. 일소당은 강당으로서 정면 3칸 측면 3칸의 합각지붕에 겹처마이며, 목판벽으로 각 칸마다 판자문비板子門扉를 달아 사면을 다 개방할 수 있도록 하였다.

원내의 여러 행사와 유림의 회합과 강론에 사용된다. 현재는 학생 부와 일반부로 나누어 지역주민을 대상으로 이곳에서 한문과 서예를 강의하고 있다. 일소당日昭堂이라는 당호는 조광조가 기묘사화 때 사 사 당하면서 남긴 절명시구絶命詩句에서 따온 것이라 한다.

애군여애부愛君如愛父	임금을 사랑함을 아버지를 사랑하는 것 같이 하고
우국여우가憂國如憂家	나라를 걱정함은 집안을 걱정하는 것 같이 하였네.
백일임하토白日臨下土	밝은 해가 이 세상에 내려와서
소소조단충昭昭照丹衷	밝고 또 밝게 나의 충심을 비추어 주네.

당대 최대의 풍운아였던 조광조의 위패를 봉안하고 있는 심곡서원 은 1974년 10월 외삼문을 해체하여 복원한 것을 비롯하여 강당, 내삼 문, 사당을 보수하고 단청하였다. 1975년 7월 담장 65m를 신축, 복원 하고 서고를 보수하였으며 서원 입구에는 홍살문을 세우고 일각문을 복원하였다. 보통 홍살문은 능이나 묘, 궁, 관가들의 입구에 세운 것 으로 두 개의 둥근 기둥을 올리고 지붕이 없이 붉은 살을 쭉 박고 가 운데 태극문양을 새긴 문이었다. 홍살문에 붉은 칠을 한 것은 잡귀를 쫓기 위한 것이고, 서원 입구에 세운 것은 이 문 안에 위대한 사람의 신위가 봉안되어 있으므로 이곳에 들어오는 사람은 반드시 경건한 마 음으로 참배하라는 주술적인 의미가 담겨져 있다.

재실은 정면 4칸, 측면 반 칸의 합각 홑처마이며, 생원이 기거·면학하던 곳이다. 내삼문은 박공지붕집의 3칸 솟을대문이며, 장판각은 맞배지붕에 홑처마로 67종 486책을 소장하였으나 1987년과 1993년에 도난당해 현재 『정암집』 외에 몇 십 권만 전해진다.

흥선대원군의 서원훼철 당시 훼철되지 않고 존속한 47개 서원의 하나로서 해마다 2월과 8월의 중정일中丁日에 향사를 지내며 분향일은 매달 음력 초하루와 보름날이다. 그리고 서원 내에는 수령 500년 된 느티나무가 보호수로 지정되었으며 전답 4,700평의 재산을 가지고 있다.

서원 앞에는 하마비下馬碑가 서있다. 이 하마비는 누구든지 그 앞을 지날 때에는 말에서 내리라는 뜻을 가진 석비로 품귀에 따라서 1품 이하는 10보, 3품 이하는 20보, 7품 이하는 30보 앞에서 내려 가려가게 되어있는 '대소인원개하마비大小人員皆下馬碑'이다. 그리고 송시열이 쓴 강당기가 전해진다.

위에서 살펴본 바와 같이 죽수서원과 심곡서원은 조광조의 동방자인 양팽손이 추배되었다. 도봉서원은 논쟁은 있었지만 학통으로 이어지는 송시열이 추배되었으며, 경현서원은 남인 계열인 김성일이 추배되었다. 이렇게 볼 때 배향인물로 조광조의 입향서원의 성격을 고찰하기란 쉽지 않음이 있다.

그리고 김식과 기준은 조광조의 이념과 사상을 함께 했던 사람들로서 기묘피화인이다. 그러나 무리해서라도 입향서원의 성격을 말한다면 지역적으로나 시기적으로 조광조와 입향인들과의 관계에서 당색은 띄지 않는 다는 점이다.

위에서 살펴본 서원 외에 조광조가 입향된 서원 전체를 살펴보면 가장 많이 배향된 인물은 이황이다. 이황은 9개 서원, 이이는 6개 서원, 주자는 4개 서원에 각각 배향되어 있다. 정몽주, 김굉필, 성혼, 송시열은 3개 서원, 정여창, 양팽손, 이언적, 김장생, 민정중은 2개 서원에 배향되었다. 나머지는 한 번씩 배향되었다.

조광조가 입향된 서원에 배향된 인물들은 성리학적 연원인 주자로 부터 동방이학의 종주인 정몽주로 연결되어 김굉필과 조광조로 이어 지는 학연과 그들을 숭모하는 중앙과 지방 관료들이었다. 그리고 많 이 알려지지 않은 지방의 유림 들인 향현鄕賢들이었다고 할 수 있다.

조광조가 입향된 서원에 배향된 인물들의 총수는 91인이며, 한 서 원에 배향된 인물의 평균은 4~5인이다. 이중 조광조를 포함하여 2개 서원 이상에 배향된 인물 45인을 제외하면 실제 배향인물 수는 46인 이 된다. 한 서원에 가장 많은 인물이 배향된 서원은 미원서원으로 12 인이고, 약봉서원은 독향獨享, 즉 1인이었다.

(4) 지역별

조광조 배향서원을 지역별로 보면 흥미로운 결과를 얻을 수 있다. 이를 지역별로 그룹화하면 〈표 9〉와 같다.

지역별로 보면 조광조가 유배되어 사망한 전라남도에 가장 먼저 사원이 들어서고 있다. 그러나 그 이후로 나주에 한 곳이 추가로 조 성된 예가 있을 뿐 더 이상 건립되지는 않았다. 이러한 양상으로 보 아 전라도 일대는 조광조와 관련된 지역적인 어떠한 특수성이 있는 것으로 보이지는 않는다.

두 번째로는 경기도에 설립된 도봉서원이다. 도봉서원은 당시의 서원들 중에서 도성에서 가장 가까운 양주에 위치하여 당시 사림의 정계진출에 따른 상징물인 동시에 경기 여타지역 서원 건립의 전례를 제시하였다. 특히 도봉서원의 창건과 입향은 훈구세력을 중심으로 하 는 종전의 권력중심이 사림으로 이동했음을 알리는 하나의 특징으로 볼 수 있겠다.

〈표 9〉 조광조 입향서원의 지역별 분포

지역	서원 명	소재지	창건	사액	훼철	배향인물	주도인물
전남	죽수서원	전남 화순군 한천면 모산리	1570	1570	1868	조광조, 양팽손(2명)	지방유림
	경현서원	전남 나주시 노안면 영평리	1584	1609	1868	김굉필, 정여창, 조광조, 이언적, 이황, 기대승, 김성일(7명)	김성일, 나주 나씨
서울	도봉서원	서울특별시 도봉구 도봉동	1573	1573	1871	조광조, 송시열(2명)	남언경
평북	상현서원	평북 희천군 희천읍 하동리	1576	1720	1871	김굉필, 조광조(2명)	미상
	약봉서원	평북 영변군 영변면 서부리	1688	1707	1868	조광조(1명)	미상
황해도	소현서원	황해도 벽성군 고산면 석담리	1578	1610	1871	주자, 조광조, 이황, 이이, 성혼, 김장생, 송시열(7명)	李珥
	정원서원	황해도 신천군 남부면 청양리	1588	1701	1871	주자, 조광조, 이황, 이이(4명)	미상
	도동서원	황해도 송화군 연방면 백운리	1605	1698	1868	주자, 조광조, 이황, 이이(4명)	미상
	봉강서원	황해도 신천군 문화면 연봉리	1656	1675	1871	주자, 조광조, 이황, 이이(4명)	미상
함남	망덕서원	함남 정평군 정평읍 일동천리	선조		1871	정몽주, 조광조, 김상헌, 조익, 민정중, 조상강, 조명정(7명)	미상
	홍현서원	함남 영흥군 영흥읍 도정리	1612	1616	1871	정몽주, 조광조, 이계손(3명)	지방유림
	운전서원	함남 함주군 운전면 차인리	1667	1727	1871	정몽주, 조광조, 이황, 성혼, 조헌, 이이, 송시열, 민정중(8명)	미상
충남	인산서원	충남 아산시 염치읍 서원리	1610		1871	김굉필, 정여창, 조광조, 이언적, 이황, 이지함, 기준, 홍가신, 이덕민, 박지성(10명)	지방유림
	죽림서원	충남 논산시 강경읍 황산리	1626	1665	1871	조광조, 이황, 이이, 성혼, 김장생, 송시열(6명)	김장생 문인 최명룡, 송흥주
	정퇴서원	충남 아산시 배방면 중리	1634		1871	조광조, 이황, 맹희도, 홍가신, 조상우, 강백년, 조이후, 이순신, 강봉수, 신현(10명)	지방유림, 조상우
경기	심곡서원	경기도 용인시 수지구 상현동	1650	1650	훼철 안 됨	조광조, 양팽손(2명)	지방유림
	미원서원	경기도 가평군 설악면 선촌리	1661		1869	조광조, 김식, 김육, 남언경, 이제신, 김창옹, 박세호, 이원충, 남도진, 이항로, 김평묵, 유중교(12명)	양근 지방유림

평북에는 2개의 서원이 있다. 특징은 조광조 개인을 중심으로 김 굉필을 함께 배향하고 있다. 정확한 이유는 알 수 없으나, 아마도 조 광조가 그의 스승인 김굉필을 존경하였던 것을 평안도의 유림들이 답 습하려 했던 행위로 여겨진다.

황해도의 경우에는 주자, 조광조, 이황, 이이를 반드시 함께 배향 하고 있다. 조광조를 그 이전의 성리학과 구별하여 조선 성리학의 시 조로 모시려고 하였던 기호학파들의 의견이 반영되었던 것으로 여겨 진다.

함경남도의 경우는 3개소가 있다. 특징은 조광조의 학통으로 정몽 주를 모시고 있는 것으로 보인다.

충청남도에는 3개 서원이 세워졌다. 맨 먼저 세워진 인산서원을 보면 오현 외에 5인이 입향 되었다. 인산서원은 지방 유림들의 공의 로 세워졌는데, 지방유림들의 성리학적인 사상이 투철하여 오현을 배 향하고 오현의 정신과 학덕을 모범으로 지방 유림들이 철저하게 수신 하고자 하는 뜻이 담겨져 있지 않나 여겨진다.

마지막으로 경기도는 심곡서원과 미원서원이 있다. 심곡서원은 조 광조의 선영이 있는 곳이다. 미원서원은 조광조와 김식의 학문과 덕 행을 추모하고, 양근楊根(양평)의 유림들이 조광조와 김식의 학문과 덕행을 답습하려 했던 행위로 여겨진다. 그리고 남한에 8개 북한에 9 개의 서원이 있다.

조광조의 추존사업으로 서원의 건립과 지역성은 어떤 연관성을 찾 기는 어렵다. 단지 조광조가 배향된 서원이 영남 일대와 전북에서는 건립되지 않았다는 지역적 특성만을 발견할 수 있다. 이에 대한 판단 은 현재의 수준으로서는 어렵다. 참고로 전북은 20세기 중반과 21세 기 중반에 건립된 2개의 서원이 있는데, 본고에서는 16~17세기를 중 심으로 창건서원을 살펴보았기 때문에 각주로 처리하였다.

제5장 결 론

조광조의 정치 활동과, 사회개혁 그리고 조광조의 추존사업에 대해서 살펴보았다. 그 결과 다음과 내용을 알게 되었다. 지금까지 전재된 논의를 요약하여 결론에 대신하고자 한다.

조광조 개혁정치의 특징은 공맹孔孟의 사상과 도학을 정치와 행정 그리고 경제와 사회에 실제로 구현시키고자 하는 데에 있었다. 요순시대의 태평성대를 다시 이룩하기 위하여 글을 쓰거나 주장하는 것에 만족하지 않고, 현실에서 삼대의 지치至治를 이룩하는 것이 지치주의 행정 철학의 목표였다. 그는 왕도정치를 통해 정치운영의 목적이 왕도王道 실현에 있음을 천명하였다.

조광조를 중심으로 하는 사림정치세력은 국가의 정책결정 과정을 장악하게 되자 그들의 사상을 구현시키기 위하여 제반제도와 사회개혁을 급진적으로 시행하였다. 이러한 지치주의를 표방한 조광조와 사림정치세력의 급진적 제도 및 사회개혁 사상은 조선 건국 이래 확고한 정치권력을 구축해 온 훈구파와 대립되었고, 더 나아가 훈구세력의 정치·행정·경제·사회적인 기반을 와해시켜 나가면서 구체화 되었다. 따라서 훈구파의 입장에서 보면 정국공신을 개정하려는 것은 신진이 훈구를 몰아내려는 불순한 기도였다는 것이었으며, 현량과 실시는 나라의 오랜 전통을 무시하고 자기의 사적인 세력을 넓히기 위한 수단으로 이용되었다는 것이다.

그러나 조광조는 당시에 무너져 내린 지배층의 도덕성을 바로잡지 않고서는 나라를 중흥할 수 없다고 판단하였으며, 그러기 위해서는 무엇보다도 다스리는 사람들이 유교적인 가르침을 몸소 실천하는 군자가 되어야 한다고 확신하였다.

그는 정치운영의 현실에서 도를 밝히는 것과 인仁을 행하는 것을 강조하였다. 이것이 이른바 지치주의이다. 이 지치주의 목표는 도덕적인 국가를 만들어 내는 것이다. 조광조는 그 방법이 자신의 덕을 닦는 마음의 수양에서부터 출발한다고 주장하였다. 이는 지배층인 자신들과 군주가 모범을 보여, 일반 백성들에 까지 덕의 교화를 이끌어 낼 수 있다는 것이다. 조광조는 관료들 또한 군자이어야 한다고 하였다.

조광조는 관료등용 론에서 군자의 등용방법을 제시하였다. 그가 제시한 관료로서의 부적격자는 첫째 속인에게 빌붙는 자, 둘째 괴이한 이론을 도출하는 자, 셋째 흉험하기가 현저한 자, 넷째 부화뇌동하는 자 등이다.[1]

따라서 현량과의 설치는 훈구파의 진출을 막고, 군자를 가려서 등용할 구체적 방안이었다. 이는 당시 정국운영의 주체인 훈구와 공신세력을 억제하고, 신진사림을 등용하기 위한 방법이었다. 현량과 실시의 배경에는 사림정치세력을 결집하여 그들을 중심으로 개혁을 추진한다는 정치적, 사회적 의도가 있었던 것이다. 정치적으로는 현량과의 설치, 사회적으로는 향약 실시로 드러났다. 먼저 사회개혁측면인 향약보급은 조광조를 비롯한 사림세력들의 바램이었다. 향약보급운동의 의도는 성리학의 윤리질서, 통치 질서를 향촌에 정착시켜 지지기반을 구축하고, 그것을 토대로 지배세력으로서의 우위를 확보하기 위함이었다.

---

1) 최락도, 앞의 책, p. 115 참조.

　조광조와 사림파는『소학』에 실린 여씨향약을 감사監司를 통해 각 지방에 보급하려고 하였다. 이 향약보급운동은 한양에서의 보급문제로 인한 논란으로 결국 중지되었다. 향약보급운동은 사회적으로는 향촌사회의 재구성을 모색한 것이었으며, 또한 성리학이 정착될 수 있는 사회적 토대를 닦으려는 과정이었다. 이러한 향약보급운동이 조광조의 몰락과 함께 실패로 끝난 것은 사회 전반적으로 아직까지 성리학에 대한 이해가 부족하였기 때문이다. 그러므로 향약은 성리학의 이념이 보편화되고, 성리학의 이념에 철저했던 사림세력들이 정치를 주도했던 다음시대에 이르러서야 본격적으로 시행될 수 있었다.

　또한 조광조는 향거리선鄕擧里選의 정신으로 새로운 인재등용법인 현량과 실시를 건의 하였다. 이것이야 말로 조광조의 개혁정치 가운데에서 가장 문제가 되었던 것이기도 하다. 왜냐하면 현량과는 새로운 인재등용 법이었고, 이를 통해 새 정치세력의 등장을 기대할 수 있었기 때문이었다. 1518년(중종 13)에 조광조가 발의한 현량과는 중국 한나라의 현량방정과賢良方正科를 본 뜬 것으로 시험제도가 아닌 추천에 입각한 인재등용법이다. 이 현량과의 실시목적은 경학을 위주로 하는 조광조 등의 신진사림이 추구하는 제도개혁에 뜻을 같이 하는 지지 세력들을 중앙정계에 진출시키려는 것에 있었다.

　따라서 훈구계열의 대신들은 과거의 중요성을 역설하면서 현량과의 실시를 반대하였다. 그러나 현량과가 실시되어 김식, 안처근, 안호지, 이연경, 박훈 등 28명을 1519년 4월에 선발하였다. 이들 급제자의 선정 기준은 첫째 성리학적 소양, 둘째 성리학적 가치관의 습득여부, 셋째 새로운 향촌질서의 공적, 넷째 현실개혁 의지의 소유여부가 우선적인 기준이었다. 현량과 급제자들을 분석해 보면 연령상으로는 평균 과거합격자들 보다는 높은 편이었으며, 대개의 거주지가 서울과 경기지역에 집중되어 있다. 이들은 수도권 일대의 대표적인 문벌집안

출신이었다. 따라서 이들은 조광조의 우익으로써 정치세력화 하였다. 그와 함께 조광조는 개혁추진의 방해세력인 훈구파의 힘을 약화시키려 하였다.

그리고 조광조의 소격서 폐지 주장은 성리학적인 측면만이 아니라, 다른 의미가 있었다고 보아야 하겠다. 그는 중종에게 성리학과 성리학이 아닌 것, 즉 이단 중 하나를 택할 것을 요구하였다. 이단을 택한다는 것은 중종이 세조나 연산군과 같은 군주가 되려고 하는 것이므로 결코 용납할 수 없다는 강한 의지를 보였던 것이다.

그러나 중종도 소격서가 중요해서가 아니라 조광조의 주장을 그대로 받아들이는 것은 왕의 권위에 심각한 손상이 된다고 판단하였기에 매우 적극적으로 반대하였다. 중종의 뜻이 완강한 만큼 조광조의 주장도 강하였다. 거의 두 달 이상 지속된 논쟁 끝에 소격서는 폐지되었으며, 중종의 권위는 손상되었다. 그리고 그만큼 조광조의 정치적 영향력은 크게 확대되었다.

조광조는 확대된 영향력을 기반으로 해서, 정국공신의 위훈삭제 문제를 제기하였다. 원래 정국공신이란 중종반정을 성공으로 이끈 사람들에게 책봉된 공신 위호였다. 그러나 정국공신에는 참여자뿐만 아니라, 참여자의 친족 등이 대거 들어가 있어 반정초기부터 문제시 되었다. 정국공신 위훈삭제에 대한 논의는 결국 1519년(중종 14) 11월에 정국공신 76명의 위훈이 삭제되는 결과를 낳는다.

조광조 등 사림세력의 개혁정치는 결국 기묘사화로 실패로 끝이 난다. 이 점은 역사적 현실에서 개혁추구와 개혁정치 실현이 얼마나 어려운 일인가를 보여준다. 이러한 점에서 조광조 등 사림세력의 개혁정치와 기묘사화로 인한 개혁의 좌절은 역사적 교훈의 한 예가 된다고 하겠다.

그러나 당시의 절대군주제하絶對君主制下에서 제도개혁과 사회개혁을 한 점 등은 높이 본받아야 할 정신이다. 단순한 이론의 실천이 아닌 보편적인 진리를 실행하려고 하였다는 점, 그리고 진리를 생명으로 보호하고 옳지 않은 일은 용납할 수 없는 정의가 존중되고 진리가 실현될 수 있는 사회를 실현시키려고 한 그의 정치이념은 오늘의 현실에 비추어 볼 때 높이 평가된다고 할 수 있다.

오늘날에도 우리는 정치 개혁과 사회 정화를 체제 전복과 제도 개선으로 이해하고 있다. 이는 절대로 불가한 것이다. 체제 전복은 또 다른 반체제 권력 독점을 의미하며, 제도 개혁은 또 다른 부패한 제도를 낳는다. 체제는 또 다른 체제를 낳으며, 제도는 또 다른 부패한 제도를 낳을 뿐이다.

진정한 개혁은 스스로의 개혁에 있는 것이다. 개혁하고자 하는 사람들은 무엇보다도 자신을 개혁하려고 하지 않으면 안 된다. 자신이 군자가 될 때 비로소 소인들은 사라지고 하늘과 사람이 하나 되며, 임금과 백성이 하나인 이상 국가로 나아갈 수 있는 것이다. 조광조의 정치철학은 바로 이러한 도덕주의에서 출발한 것이다.

이는 개혁의 이념에 원론적으로 충실했지만, 실천 과정에서의 연소기예年少氣銳한 기묘사림의 직선적인 개혁추진이 결국 실패하였다. 바로 이러한 점이 조광조와 사림세력의 사회개혁의 한계점이라 할 수 있겠다.

그러나 조광조는 한국의 역사상 드물게 나타나는 정치개혁가 가운데 한 사람이며, 지금까지도 그의 개혁정치에 관한 내용은 하나의 이상적 형태의 정치로 자주 회자되고 있다. 조광조의 개혁정치는 비록 실패했지만 성리학적인 이념으로 낡은 정치를 개혁하려 하였던 선각적인 조치였다. 다른 성리학자들이 성리학을 다만 학문적으로 연구하고 발전시켰음에도 불구하고 조광조는 성리학 사상을 현실정치에 접목시키려고 애를 썼던 구도자적 성격을 찾아 볼 수 있다. 격량의 역사를 온몸으로 부딪쳐 성리학의 지치주의를 이상적으로 실현하려다 실패하여 사사 되었다. 조광조야말로 순수하게 이론을 현실 정치에 접목하고자 시도했던 도학자적 면모를 보이고 있다.

그의 제도개혁이나 사회개혁의 사상은 선조대 이후의 사림파가 정권을 장악한 이후에 퇴계 이황(1501~1570) 등에 의해 후대의 사림정치 실현에 바탕이 되었다. 특히 조광조가 강조한 군자형의 이상적 관료상과 개혁이념은 조선후기에 까지 영향력을 미쳤다는 점에서 그의 개혁은 당대에는 이루지 못했지만 훗날의 개혁가들에게 의해 계승 되었다는 데에 그 의의가 있다 할 것이다.

한편 조광조에 대한 추존사업은 조광조 개인에 대한 존경과 추숭의 의미가 강하지만, 한편으로는 조광조 추종세력의 형성 배경이 되기도 하였다. 조광조에 대한 추존사업은 조광조의 복권, 문묘종사, 서원의 건립 등의 형태로 나타났다.

조광조가 죽임을 당한 후 그의 업적에 대한 평가를 두고 16세기 뜨거운 논쟁이 일어났다. 조광조 숙청 뒤 며칠 후 성균관 및 전국에 산재한 유생들 수백 명이 조광조의 복권을 집단적 탄원을 제기하였다.

1544년 인종이 왕위에 오르자, 대사헌 송인수宋麟壽는 과거 위주의 인재 등용 책에 대해 신랄한 비판을 가하였다. 그는 과거를 보기 위해 외우기만 하는 공부보다는 스스로 깊이 깨닫는 공부가 훨씬 우위에 있음을 강조하였다. 과거를 통해서는 '산림山林의 유일遺逸'을 등용할 수 없다고 주장하면서, 현령과를 좋은 제도로 보고 조광조도 복권해야 한다고 주장하였다. 인종은 선왕의 조처를 취소할 수 없다고 하여 거부하였지만, 조광조의 복권과 현량과의 회복을 주장하는 주장이 커지자 '조광조 등의 관직을 모두 회복시키고 현량과 급제자도 다시 등용하라'는 것을 대신들에게 유언으로 남기면서 조광조의 복권문제는 더욱 거세졌다. 그 뒤 이황과 기대승이 조광조의 복권을 주장하고

나섰다. 계속해서 사간원과 홍문관에서 상소가 이어지자 선조는 1568
년(선조 원년) 4월 17일에는 조광조를 영의정에 추증한다는 조처를
발표하였다. 이로써 조광조는 죽은 지 40여 년이 지나 복권되었다. 그
러나 이때는 복권만 되었지 문묘종사는 이루어지지 못했다.

조광조의 문묘종사 문제는 1570년(선조 3) 4월에 다시 제기되었다.
성균관 유생들을 중심으로 김굉필·정여창·조광조·이언적 등 4인을
동시에 문묘에 종사하는 운동이 전개되었다. 이로부터 한 달 정도가
지난 5월 초, 조광조와 김굉필을 문묘에 모시자는 정식 건의가 있었
다. 1610년(광해군 2) 9월 5일 마침내 조광조를 포함한 '오현'을 문묘
에 종사하라는 왕의 교서가 반포되었다.

조광조와 관련 있는 서원은 전국에서 19개가 조사되었다. 그 가운
데 16~17세기에 건립된 것은 17개이다. 창건 주도층은 지방 유림이 많
았으며, 김장생의 문인들에 의하여 창건되기도 하였다.

창건주도자나 세력이 알려진 경우에도 개인과 지방유림이 함께 주
도한 경우가 많았다. 시기별로는 16세기 후반에서 17세기 후반까지에
집중되어 있다. 그 가운데 사액서원은 13개이며, 고종 때 훼철되지 않
은 서원은 하나로 조사되었다. 그만큼 조광조를 모신 서원은 지방의
여론이나 실력을 행사하는 기능을 하였을 것으로 파악되었다.

조광조 입향서원의 배향인물은 기묘사화가 일어나자, 조광조를 위
해 신원을 요구하다 삭직된 양팽손을 비롯하여 다양한 인물들이 나타
난다. 조광조 1인만을 배향한 경우는 하나의 사례가 찾아진다. 그리
고 주자와 함께 배향되기도 하였고, 도봉서원의 경우는 송시열과 함
께 모셔져 있다.

조광조 입향서원은 전국 각지에 퍼져 있다. 조광조가 유배되어 사
망한 전라남도 지역에 가장 먼저 사원이 설립되었으며, 경기도 양주
(현 서울특별시)에 도봉서원이 설립되었다. 평안도는 2개의 서원이

있었고, 황해도에서는 주자, 조광조, 이황, 이이를 반드시 함께 배향하고 있다. 이 경우는 조광조를 그 이전의 성리학과 구별하여 조선 성리학의 시조로 모시려고 하였던 기호학파들의 의견이 반영되었던 것으로 여겨진다. 함경남도는 3개가 있다. 특징은 조광조의 학통으로 정몽주를 모시고 있다. 충청남도에 3개, 경기도에 심곡서원과 미원서원이 있다. 심곡서원은 조광조의 선영이 있는 곳이며, 미원서원은 조광조와 김식의 학문과 덕행을 추모하고 있다.

조광조는 38세에 정변으로 죽임을 당한 인물이며, 성리학적 원칙에 충실하려고 했던 인물이었다. 그의 급진적인 개혁정책은 일부에서는 굉장한 지지를 받았으나, 그 반대파들로부터 격심한 반대를 불러일으키기도 하였다. 그러나 조광조의 개혁정책과 그 정책을 원칙적으로 지탱하는 성리학적 가치는 후학들에게 이어져 사후에 복권되어 영의정으로 추증되었다. 조광조를 추모하는 많은 서원들이 창건되면서 배향인물로 모셔져 현재까지 이르고 있다.

참고문헌

1. 사료

1) 史書類

『高麗史』·『高麗史節要』

『朝鮮王朝實錄』 太祖實錄·世宗實錄·端宗實錄·(成宗實錄~光海君日記)·孝宗實錄·肅宗實錄·景宗實錄·高宗實錄·『承政院日記』·『備邊司謄錄』

2) 文集類

鄭夢周, 『圃隱先生文集』, 景仁文化社, 1993.

鄭道傳, 『三峰集』, 國史編纂委員會: 探求堂, 1971.

金宗直, 『佔畢齋集』, 한국문집총간 12. 민족문화추진회, 1996.

金宏弼, 『景賢錄』, 寒暄堂先生 紀念事業會, 2004.

鄭汝昌, 『一蠹集』, 한국문집총간 15, 민족문화추진회, 1996.

南孝溫, 『秋江集』, 한국문집총간 16, 민족문화추진회, 1996.

申用漑·金詮·南袞, 『續東文選』 民族文化推進會, 1968.

李 耔, 『陰崖集』, 韓國文集叢刊 21, 民族文化推進會, 1996.

趙光祖, 『靜菴先生文集』, 景仁文化社, 2004.

李彦迪, 『晦齋集』, 한국문집총간 24, 민족문화추진회, 1996.

李 滉, 『退溪集』, 한국문집총간 29-31, 민족문화추진회, 1989.

奇大升, 『高峯集』, 한국문집총간 40, 민족문화추진회, 1996.

成 渾, 『聽松牛溪集』, 한국문집총간 43, 민족문화추진회, 1996

金誠一, 『鶴峰先生文集』, 민족문화추진회, 민족문화추진회, 1996.

李 珥, 『石潭日記』, 三星文化財團, 1971.

金宇顒, 『東岡集』, 한국문집총간 50, 민족문화추진회, 1990.

柳成龍, 『懲毖錄』, 乙酉文化社, 1971.

金長生·金集, 『沙溪·愼獨齋 全書』, 光山金氏虛舟公派花樹會編, 1978.

張顯光, 『旅軒先生文集』, 景仁文化社, 1993.

李舜臣, 『亂中日記』, 首道文化社, 1953.

李舜臣, 『李忠武公全書』, 한국문집총간 55, 민족문화추진회, 1990.

金 堉, 『潛谷全集』, 성균관대학교 대동문화연구원, 1975.

金 堉, 『潛谷遺稿』, 한국문집총간 86, 민족문화추진회, 1990.

李景奭, 『白軒集』, 한국문집총간 95-96, 민족문화추진회, 1990.

宋時烈, 『宋子大典』, 한국문집총간 108-116, 민족문화추진회, 1995, 1993.

朴世采, 『東儒師友錄』, 불함문화사, 1977.

權尙夏, 『寒水齋集』, 한국문집총간 150, 민족문화추진회, 1995.

鄭齊斗, 『霞谷集』, 한국문집총간 160, 민족문화추진회, 1995.

李 植, 『澤堂集』, 한국문집총간 88, 민족문화추진회, 1990.

李 瀷, 『星湖全集』, 한국문집총간 199, 민족문화추진회, 1997.

洪鳳漢, 『增補文獻備考』, 세종대왕기념사업회, 1994.

李肯翊, 『練藜室記述』, 민족문화추진회, 광명인쇄공사, 1966.

李恒老, 『華西集』, 한국문집총간 304-305, 민족문화추진회, 2003.

李建昌, 『黨議通略』, 乙酉文化社, 1974.

金富倫, 『雪月堂集』, 한국문집총간 41, 민족문화추진회, 1996.

崔奎瑞, 「病後漫錄」 『大東稗林』, 國學資料院, 1991.

『大東野乘』(朝鮮古書刊行會), 癸酉出版社, 1939.

『萬姓大同譜』 學文閣, 1972.

『己卯錄別集』 한국고전번역원, 민족문화추진회, 1982.

『俎豆錄』, 李萬運, 民昌文化社, 1992.

『書院謄錄』, 民昌文化社, 1990.

2. 논저

1) 著書

가평군사편찬위원회, 『가평군지』, 「1. 터전과 자랑 – 자연·취락·사랑」, 자프린
　　　트닷컴, 2006.

姜周鎭, 『조정암의 생애와 사상』, 박영문고 205, 박영사, 1979.

경기대학교 소성학술연구원, 『경기지역의 서원』, 국학자료원, 2004.

경현서원지 편집위원회, 『景賢書院誌』 권1, 1983.

公州大學校 博物館, 『아산의 문화유적』, 충남 아산군, 1993.

金 燉, 『朝鮮前期 君臣權力關係研究』, 서울대 출판부, 1997.

金 燉, 『朝鮮中期 政治史 研究』, 국학자료원, 2009.

金駿錫, 『朝鮮後期政治史研究』, 지식산업사, 2003.

권인호, 『朝鮮中期 士林派의 社會政治思想』, 한길사, 1995.

羅州市 文化院, 「羅州牧先生別案上」 『錦城邑誌』, 1989.

남해경, 「全州文化遺産研究院」 『全北鄕校院宇大觀』, 高敞郡, 2009.

논산시 문화관광과, 한성인쇄사, 2009.

대전직할시사편찬위원회, 『대전 인물지』, 1993.

邊東明, 『고려후기성리학수용연구』, 一潮閣, 1995.

薛錫圭, 『朝鮮時代 儒生上疏와 公論政治』, 도서출판 서인, 2002.

성균관대 대동문화연구원, 『李晦齋의 思想과 그 世界』, 성균관대 대동문화연
구원, 1992.

吳洙彰, 『朝鮮時代 政治史의 再照明』, 범조사, 1985.

용인문화원, 『용인시 문화재 총람』, 2007.

유명종, 『한국사상사』 이문출판사, 1985.

윤사순, 『한국유학사상론』, 예문서원, 1997.

이태연, 『全北院宇錄』, 1973.

임남곤, 『井邑文化財誌』, 정읍문화원, 2002.

임주성, 『高敞郡 非指定 建造物文化財』, 재단법인 전북향교재단, 1994.

李根洙, 『陰崖李耔와 己卯士林』, 서울: 지식산업사, 2004.

李丙燾, 『韓國儒學史』, 아세아문화사, 1987.

李秉烋, 『朝鮮前期 畿湖士林派研究』, 一潮閣, 1984.

李秉烋, 『朝鮮前期 士林派의 現實認識과 對應』, 一潮閣, 2002.

李相佰, 『韓國史: 近世朝鮮前期篇』, 乙酉文化社, 1962.

李樹建, 『嶺南士林派의 形成』, 嶺南大學校 民族文化研究所, 1990.

李樹煥, 『朝鮮後期 書院研究』, 일조각, 2001.

이종호, 『정암 조광조』, 일지사, 1999.

李泰鎭, 『朝鮮時代 政治史의 再照明』, 범조사, 1985.

李泰鎭, 『韓國社會史研究』, 지식산업사, 1988.

李泰鎭, 『朝鮮儒敎社會史論』, 지식산업사, 1989.

李浩彬, 纂定, 「新定牙州誌」 『邑誌』 7, 아세아문화사, 1985.

이호일, 『조선의 서원』, 가람기획, 2006.

鄭杜熙, 『朝鮮初期政治支配勢力研究』, 일조각, 1983.

鄭杜熙, 『조광조 - 실천적 지식인의 삶, 이상과 현실 사이에서 - 』, 서울: 아카
    넷, 2004.

鄭萬祚, 『朝鮮時代 書院 硏究』, 집문당, 1997.

정성철, 『조선철학사』 이조 편, 도서출판 좋은 책, 1988.

정신문화연구원, 『한국민족문화대백과사전』, 1996.

兆陽林氏 大宗會, 『兆陽 林氏族譜』, 제일문화사, 1989.

제임스 류 저, 이범학 역, 『왕안석과 개혁정책』, 지식산업사, 1991.

최이돈, 『朝鮮中期 士林政治構造研究』, 一潮閣, 1994.

최홍규, 『조선후기 향촌사회연구』, 일조각, 2001.

함경남도지편찬위원회, 『咸鏡南道誌』, 1968.

許捲洙, 『朝鮮後期 南人과 西人의 學問的 對立』, 법인문화사, 1993.

玄相允, 『朝鮮儒學史』, 玄音社, 1982.

화순군, 『文化財都錄』, 2006.

황의동, 『한국의 유학 사상』, 서광사, 1995.

2) 論文

姜萬鎭, 「書院과 그 社會的 기능」 『韓國史論』 8, 국사편찬위원회, 1980.

高錫珪, 「朝鮮 書院·祠宇에 대한 연구 추이와 그 성격」 『외대사학』 1, 한국외
    국어대학, 1987.

具德會, 「宣祖代 후반(1594~1608)政治體制의 再編과 정국의 動向」 『한국사론』
    20, 서울대 국사학과, 1988.

權延雄, 「燕山朝의 慶筵과 士禍」 『구곡 황동종 교수 정년기념 사학논총』,
    1994.

金基承, 『牙山地域의 書院研究 - 아산지역 儒學의 持域을 중심으로 - 』, 1995.

金基鉉, 「趙靜庵의 道學觀」, 고려대학교 석사학위논문, 1983.

金光哲, 「靜庵 趙光祖의 政治思想」 『釜山史學』 7, 釜山史學會 1983.

金根洙, 「잠곡의 인간과 그 저서」 『한국학』 21, 1979.

김남형, 「驪江世稿연구 - 문헌적 성격 검토를 중심으로 - 」『한국학논집』제42
　　집, 2011.

김대용, 「士林派의 敎育改革과 그 政治的 意味에 관한 硏究」『敎育哲學』제
　　17輯, 韓國敎育學會, 교육철학연구회, 1997.

金東洙, 「書院通文의 公論性과 서원의 政治勢力化의 요인 - 서원통문「不漫」
　　의 내용 검토 - 」『역사학연구』10, 전남대, 1981.

金　燉, 「中宗代 言官의 性格變化와 士林」『韓國史論』10, 서울대 국사학과,
　　1984.

金　燉, 「宣祖대 儒生層의 公論形成과 朋黨化」『朝鮮前期 君臣關係 硏究』,
　　서울대 출판부, 2007.

金　範, 「조선전기의 왕권과 국정운영」, 고려대학교 박사학위논문, 2005.

金　範, 「朝鮮 燕山君代의 王權과 政局運營」『大同文化硏究』53, 2006.

金炳燦, 「茶山의 小學理解와 小學枝言」『東洋哲學』2, 韓國東洋哲學會, 1991.

金泳斗, 「朝鮮前期 道統論의 展開와 文廟從祀」, 서강대학교 박사학위논문,
　　2005.

金英仲, 「포은 정몽주의 연구」, 고려대학교 교육대학원 석사학위논문, 2010.

金鎔坤, 「16세기 士林의 文廟從祀運動」『金哲埈博士華甲記念史學論叢』, 지
　　식산업사, 1983.

金鎔坤, 「麗末鮮初의 政治動向과 文廟從祀」『孫寶基博士停年記念 韓國史學
　　叢論』, 지식산업사, 1988.

金鎔坤, 「朝鮮初期 文廟從祀」『水邨朴永錫敎授華甲記念 韓國史學論叢』上,
　　1992.

金鎔坤, 「朝鮮前期 道學 政治思想 硏究」, 서울대학교 박사학위논문 1994.

金容郁, 「改革思想과 政治體制 - 靜庵思想을 中心으로 - 」『현대사회』1983 봄
　　호, 현대사회연구소, 1983.

金宇基, 「朝鮮前期 士林의 銓郎職 進出과 그 役割」『大邱史學』29집, 대구사
　　학회, 1986.

金丁鎭, 「靜庵 趙光祖의 道學思想과 春秋義理精神」『韓國의 哲學』14, 慶北
　　大 退溪硏究所 1986.

金鍾敏, 「靜庵 趙光祖의 至治思想硏究」, 高麗大 大學院 碩士論文 1986.

金泰永, 「朝鮮 初期 祀典의 성립에 대하여 - 國家意識의 變遷을 中心으로 - 」

『歷史學報』58, 1973

金恒洙, 「16세기 사림의 성리학 이해 – 서적의 간행·편찬을 중심으로」『韓國史論』7, 1981.

金恒洙, 「宣祖 初年의 新舊葛藤과 政局動向」『國史館論叢』34, 1992.

金鎬城, 「靜庵 趙光祖의 政治思想論攷」『論文集』15, 서울敎大論文集 1982.

文喆永, 「麗말 新興士大夫들의 新儒學 수용과 그 특징」『韓國文化』3, 1982.

민병하, 「둔촌이집」『소간남도영박사 고희기념역사학론장』, 1993.

閔賢九, 「신돈의 집권과 그 정치적 성격(하)」『역사학보』40, 1968

朴乙洙, 「문학작품에 투영된 아산·온양 試考」『順天鄕語文論集』2, 1993.

朴翼煥, 「朝鮮前期 呂氏鄕約 補給運動과 그 性格」『又仁金龍德博士停年紀念 史學論叢』, 1988.

朴鐘培, 「明 嘉靖 9년의 文廟 祀典 개혁과 朝鮮의 대응」『東洋學』34, 2003.

朴 珠, 「16~17세기 湖南士林의 존재형태에 대한 일 考察 – 특히 鄭介淸의 門人集團과 紫山書院의 置廢사건을 중심으로 하여 –」『역사학연구』7, 전남대, 1977.

朴俊圭, 「趙光祖의 政治活動과 社會改革에 관한 研究」, 경기대학교 석사학위논문, 2008.

徐在日, 「靜庵 趙光祖의 言論觀」『湖南文化研究』13, 全南大 湖南文化研究所, 1983.

薛錫圭, 「肅宗廟 院宇동향과 朋黨의 사회적 基盤」『國史館論叢』34, 국사편찬위원회, 1992.

薛錫圭, 「16~18세기의 儒疏와 公論政治」, 경북대학교 박사학위논문, 1994.

薛錫圭, 「朝鮮時代 儒生의 文廟從祀運動과 그 성격」『朝鮮史研究』3, 1994.

孫文鎬, 「靜庵 趙光祖의 政治思想研究 – 士林派의 成長과 關聯하여 –」, 서울대학교 석사학위논문 1983.

안진규, 「이순신의 체육사상 연구」, 한양대학교 박사학위논문, 2007.

宋雄燮, 「中宗代 己卯士林의 構成과 出身背景」『韓國史論』45, 2001.

吳洙彰, 「仁祖代 정치세력의 動向」『韓國史論』13, 서울대 국사학과, 1985.

吳鍾逸, 「趙光祖의 道學思想研究」, 成均館大 大學院 碩士論文 1974.

吳鍾逸, 「朝鮮朝에 있어서 道統의 문제와 霽峰의 位置」『韓國思想史學』4·5, 1993.

吳鍾逸,「高峰思想의 입체적 조명, 그의 인생 역정을 따라서」『전통과 현실』 2호, 광주 고봉학술원, 1992.

와그너Edward Wagner,「政治史的 立場에서 본 李朝 士禍의 性格」『歷史學報』 85, 1980.

禹仁秀,「朝鮮 明宗朝 衛社功臣의 성분과 動向」『大邱史學』 33, 1987.

柳龍桓,『우암 송시열의 喪葬禮에 관한연구-楚山日記를 중심으로-』, 한남 대학교 석사학위논문, 2005.

柳洪烈,「朝鮮에 있어서 書院의 成立(上·下)」『靑丘學報』 29, 30.

윤희면,「朝鮮時代 書院의 祭禮와 位次」『震檀學會』 90, 2000.

李建衡,「朝鮮王朝 鄕校의 獎學政策」『大邱敎育大學論文集』 5, 1970.

李根洙,「己卯士林 李耔와 政治活動과 改革意識」, 京畿大學校史學會,『京畿 史論』 第8號, 2004.

이근호,「肅宗代 申玩의 國政運營論」『朝鮮時代史學報』 8, 1999.

李文子,「종가의 형성과 제사-학봉 김성일 종가를 중심으로-」, 성균관 대학 교 생활과학 대학원 석사학위논문, 2008.

李範鶴,「宋代 朱子學의 成立과 發展」『講座 中國史』 3, 1989.

李範鶴,「黃震의 理學과 心學 비판」『韓國學論叢』 24, 2001.

李秉烋,「麗末鮮初 官學의 實態와 科學敎育」『東洋文化研究』 2, 1975.

李秉烋,「賢良科 研究-士林의 進退 및 그 背景과 관련하여」『啓明史學』 1, 1976.

李秉烋,「朝鮮前期 지배세력의 갈등과 士林政治의 成立」『民族文化論叢』 11, 嶺南大 民族文化 研究所, 1990.

李秉烋,「16世紀 前半期의 政局과 沖齋 權橃의 對應」『李基白 先生 古稀紀念 韓國史學論叢(下), 일조각, 1994.

李秉烋,「朝鮮前期 士林派의 推移 속에서 본 金宏弼의 역사적 座標」『歷史敎 育論集』 34, 2005.

李相洙,「靜庵 趙光祖의 政治思想研究」, 연세대 교육대학원 석사학위논문 1979.

李成茂,「鮮初의 成均館研究」『歷史學報』 35·36, 1967.

李成茂,「朝鮮前期의 鄕校」『한파 이상옥박사 回甲研究論文集』, 1970.

李樹健,「朝鮮時代 鄕村社會의 성장과 鄕約」『鄕土史研究』 제4집, 韓國鄕土

史硏究 전국협의회, 1992.

李樹煥, 「書院의 정치·社會的 考察」『嶠南史學』1, 영남대, 1985.

李章熙, 「牛溪 成渾에 대한 史的 考察」『近世朝鮮시論攷』, 亞細亞文化社, 2000.

李在淑, 「趙光祖의 改革思想硏究」, 이화여자대학교 석사학위논문 1975.

李鍾浩, 「靜庵의 言論思想硏究」, 연세대학교 행정대학원 석사학위논문, 1986.

李振杓, 「趙光祖의 治至主義 改革思想」『釜山史學』7, 釜山史學會 1983.

李泰鎭, 「사림파의 유향소 보급운동 - 조선초기 성리학 정착의 배경」『진단학보』34·35, 1972·1973.

李泰鎭, 「朝鮮前期 性理學과 鄕村社會」『韓國學論集』2집, 계명대학교 한국학연구소,1975.

李泰鎭, 「15世紀後半期의 巨族과 名族意識」『韓國史論』3, 1976.

李泰鎭, 「士林과 書院」『한국사』12, 국사편찬위원회, 1981.

李泰鎭, 「士林派의 鄕約補給運動; 16세기 經濟變動과 관련하여」『韓國文化』4, 서울대학교 韓國文化 硏究所, 1983.

李泰鎭, 「吉再 忠節 追崇의 時代的 변천」『韓國思想史學』4·5, 1993.

이현준, 「奇大升의 四端七情說에 관한 연구」, 강원대학교 교육대학원 석사학위논문, 2005.

李亨雨, 「정몽주의 정치활동에 대한 일고찰 : 공양왕대를 중심으로」『사학연구』41, 1990.

이홍두, 「靜菴 趙光祖 政治改革硏究」, 홍익대학교 박사학위논문, 1985.

李羲建, 「東方五賢의 文廟從祀 小考」『全北史學』7, 1983.

林起煥, 「靜庵 趙光祖의 政治思想硏究」, 경희대학교 대학원 석사학위논문 1982.

張學根, 「燕山君의 災異論에 대한 認識變化 - 君權·言權 논쟁을 중심으로 -」『경남사학』7, 1995.

張熙興, 「燕山君代 宦官政策과 內侍府의 位相强化」『경주사학』21, 2002.

全用宇, 「조선조 서원·사우에 대한 일고찰」『호서사학』13, 1985.

全用宇, 「華陽書院과 萬東廟에 대한 一硏究」『湖西史學』18, 1989.

全用宇, 「호서사림의 형성에 대한 연구」, 충남대학교 대학원 박사학위논문, 1993.

정구선, 「중종조 천거제의 시행과 사림파의 성장」, 東國史學 24, 1990.

鄭杜熙, 「朝鮮前期 支配勢力의 형성과 變遷－그 研究史的인 成果와 課題」 『韓國社會發展史論』, 일조각, 1992.

鄭杜熙, 「조광조의 도덕국가와 이상」, 『한국사 시민강좌』 10, 1992.

鄭萬祚, 「17~18세기의 書院 祠宇에 대한 試論－특히 士林의 건립활동을 중심 으로－」 『韓國史論』 2, 서울대, 1975.

鄭萬祚, 「朝鮮 書院의 成立過程」 『韓國史論』 8, 국사편찬위원회, 1980.

鄭萬祚, 「朝鮮朝 서원의 정치·사회적 역할」 『한국사학』 10, 정신문화연구원, 1989.

鄭萬祚, 「朝鮮時代 朋黨論의 전개와 그 性格」 『朝鮮後期 당쟁의 綜合的 검토』, 한국정신문화연구원, 1992.

鄭萬祚, 「朝鮮中期後 京畿北部地域의 士族變遷과 集成村의 發達, ③延安李 氏－李廷龜 家門」 『北岳史論』 8, 2001,

鄭勝謨, 「書院·祠宇 및 鄕校組織과 지역사회체계」 『泰東古典研究』 3·5, 1987· 1989.

鄭玉子, 「麗末 朱子性理學의 導入에 대한 試考」 『震檀學報』 51, 1981.

鄭亨愚, 「朝鮮鄕約의 實施經緯 및 그 내용에 대한 일고찰」, 『人文學報』 23, 연 세대학교, 1970

정연봉, 「小學의 人性教育論과 그 主體的 수용에 관한 研究」, 동양고전연구 11, 1998.

池斗煥, 「朝鮮前期 文廟從祀論議－鄭夢周·權近을 중심으로」 『釜大史學』 9, 1985.

曺昇鎬, 「靜菴 趙光祖의 改革政治研究」 『江原史學』 6, 江原史學會 1990.

조준호, 「宋時烈의 道峯書院과 入享論爭과 그 정치적 性格」 『朝鮮時代史學 報』 23, 2002.

車勇杰, 「鄕約의 補給과 施行過程－조선전기 서원과 향약－」 『韓國史論』 8, 1980.

崔根黙, 「尤庵 宋時烈의 文廟 및 院·詞從祀에 관한 研究」, 전북대 박사학위 논문, 1987.

崔洛道, 「趙光祖의 政治思想과 國政改革에 대한연구」, 중앙대학교 행정대학 원 박사학위논문, 2001.

최병덕, 「靜庵 趙光祖의 政治認識과 道學的 政治構想」『慶北大學校』 10, 國際政治研究, 2007.

崔完基, 「朝鮮朝 書院성립의 제 문제」『韓國史論』 8, 국사편찬위원회, 1980.

崔異敦, 「16世紀 士林派의 薦擧制 强化運動」『韓國學報』 54, 1989.

崔異敦, 『16세기 士林의 진출과 政治構造의 變動過程』, 서울대학교 박사학위논문, 1991.

崔珍玉, 「中宗初 鄕約成立에 관한 研究」『韓國史學』 6, 정신문화연구원, 1985.

최홍규, 「朝鮮時代 楊州地方의 書院과 詞宇」『경기사론』 3, 1999.

韓寬一, 「朝鮮前期의 小學 敎育研究」, 중앙대학교 박사학위논문, 1992.

韓明基, 「光海君代 大北勢力과 정국의 동향」『한국사론』 20, 서울대 국사학과, 1988.

황의동, 「고봉 기대승의 철학연구」『전통과 현실』 16호, 광주 高峰學術院, 2002.

찾아보기

박준규

1941년 11월 15일 충청남도 홍성출생.
2003년 3월 경기대학교 입학.
2007년 2월 동대학교 졸업, 행정학·사학 학사(복수전공).
2009년 2월 동대학원 문학석사학위 취득(한국사).
2013년 2월 동대학원 문학박사학위 취득(한국사).
경기대학교 강사(2010년 3월부터 현재).

16~17세기 조광조 추존사업과 정치세력의 동향

초판 인쇄 2014년 5월 10일
초판 발행 2014년 5월 20일

저 자 박준규
펴낸이 한정희
펴낸곳 경인문화사
편 집 신학태 김지선 문영주 조연경 노현균 김인명
영업 관리 최윤석 하재일 정혜경
등 록 제10-18호(1973.11.8)
주 소 서울시 마포구 마포동 324-3
전 화 (02) 718-4831 팩 스 (02) 703-9711
홈페이지 http://kyungin.mkstudy.com
이메일 kyunginp@chol.com

ISBN 978-89-499-1026-0 93910
정가 17,000원

ⓒ2014, Kyung-in Publishing Co, Printed in Korea
• 잘못 만들어진 책은 구입하신 서점에서 교환해 드립니다.